研创融合
科研兴教

上海市杨浦区
第十四届教育科学
研究成果汇编

上海市杨浦区教育学院 编

U0361249

上海交通大学出版社

SHANGHAI JIAO TONG UNIVERSITY PRESS

内容提要

　　本书是上海市杨浦区第十四届教育科学研究成果评选活动一等奖的获奖成果汇编，共 32 篇作品，内容覆盖高中、初中、小学、幼儿园各学段。每篇报告分别从背景与价值、过程与方法、内容与成果、效果与影响等方面予以阐述，尽可能全面地梳理了各项成果的理论思考与实践历程。本书为学校、教师开展日常教育科研实践提供了典型经验和实践案例，为后续持续激发区域和学校科研活力、指导与培育高品质科研成果提供了现实参考。

图书在版编目(CIP)数据

　　研创融合　科研兴教：上海市杨浦区第十四届教育
科学研究成果汇编／上海市杨浦区教育学院编.－－上海：
上海交通大学出版社，2025.4.－－ISBN 978-7-313
-32505-1

　　Ⅰ.G632.0

　　中国国家版本馆 CIP 数据核字第 2025NW7794 号

研创融合　科研兴教　上海市杨浦区第十四届教育科学研究成果汇编
YANCHUANGRONGHE　KEYANXINGJIAO
SHANGHAISHI YANGPUQU DI-SHISIJIE JIAOYU KEXUE YANJIU CHENGGUO HUIBIAN

编　　者：上海市杨浦区教育学院

出版发行：上海交通大学出版社　　　　　　地　　址：上海市番禺路 951 号

邮政编码：200030　　　　　　　　　　　　电　　话：021－64071208

印　　制：上海万卷印刷股份有限公司　　　经　　销：全国新华书店

开　　本：710 mm×1000 mm　1/16　　　　印　　张：15.75

字　　数：274 千字

版　　次：2025 年 4 月第 1 版　　　　　　　印　　次：2025 年 4 月第 1 次印刷

书　　号：ISBN 978-7-313-32505-1

定　　价：78.00 元

FOREWORD 前言

　　习近平总书记在党的二十大报告中强调,必须坚持科技是第一生产力、人才是第一资源、创新是第一动力,深入实施科教兴国战略、人才强国战略、创新驱动发展战略。作为国家创新型城区、全国双创示范基地、上海科创中心重要承载区和"科创中国"试点城区,"创新"一直是上海市杨浦区的鲜明底色。

　　多年来,杨浦教育始终坚持"服务区域学生创新素养培育"这一核心价值追求,从创造教育研究到创新试(实)验区建设再到创智教育的蓝图擘画,始终坚持以于漪教育思想为引领,围绕基础教育创新人才培养,聚焦课程与教学关键领域,锚定方向、把握重点、突破难点。

　　作为撬动区域教育改革与发展的杠杆,杨浦教育科研始终坚持研创融合,为区域教育综合改革提供强力支撑,有效助推了区域教育的高品质新发展。为进一步落实全国和上海教育工作会议精神,全面展示杨浦区近年来教育科学研究的成果,调动区域广大中小学、幼儿园教师参与教育科研的积极性,引导教育科研更好地服务教育实践,推动群众性教育科研的持续发展,2024 年 1 月,杨浦区启动第十四届教育科学研究成果评选活动。经过组织申报、专题指导、专家初评和复评、教育局审批,产生了一等奖成果 32 项,二等奖成果 95 项,三等奖成果 225 项。

　　这些获奖成果具有鲜明的实践性、科学性和创新性,反映了杨浦教师对解决教育现实问题、促进教育改革发展、提高教育教学质量与管理效益等方面的实效。相关成果能够清晰阐述立论依据、合理运用研究方法、扎实积累事实资料。反映出广大教师对教育现象的规律性认识、对教育改革与发展的开拓创新,在同类研究中处于领先水平,同时,体现了区域教育综合改革和上海市基础教育创新实验区建设等相关内涵。

　　本书的 32 篇研究报告系此次杨浦区第十四届教育科学研究成果评选活动一等奖的获奖成果，内容覆盖高中、初中、小学、幼儿园各学段。每篇报告分别从背景与价值、过程与方法、内容与成果、效果与影响等方面予以阐述，尽可能全面地梳理了各项成果的理论思考与实践历程。纵观全书，有的研究成果反映了学校坚持以龙头课题为引领，重点突破、以点带面、逐步辐射，形成学校研究集群，使区域改革理念落地生根的实践样态；有的研究成果反映了教师聚焦教育教学中的真实问题，以小切口、短周期、重过程、有实效为基本特征的草根课题研究，彰显了"做中研，研中变"的科研力量。本书为学校、教师开展日常教育科研实践提供了典型经验和实践案例，为后续持续激发区域和学校科研活力、指导与培育高品质科研成果提供了现实参考。

CONTENTS 目录

人工智能在中小学规模化
应用的实践研究

课题负责人:

李鸿娟　复旦大学第二附属学校

课题组成员:

谢燕慧　复旦大学第二附属学校

韩云松　复旦大学第二附属学校

吴　娜　复旦大学第二附属学校

陈　靖　复旦大学第二附属学校

王　珏　复旦大学第二附属学校

王子宜　复旦大学第二附属学校

吴　珊　复旦大学第二附属学校

张倩倩　复旦大学第二附属学校

一、背景与价值

（一）人工智能发展为培养创新素养带来契机

在信息时代,创新素养已成为学生未来发展的核心竞争力。它涵盖了问题解决、批判性思维、创造力等多方面的技能,是学生适应未来社会的重要基础。人工智能技术的快速发展为培养创新素养提供了新途径,个性化学习资源和互动体验不仅能够激发学生的探究精神,还能提升其实践能力。人工智能(AI)辅助教学也能帮助教师根据学生的学习进度与兴趣设计个性化活动,增强教学效果。

（二）中小学人工智能课程体系建设尚待深化

目前，中小学 AI 课程体系仍不完善，存在课程结构单一、教师专业素养不足等问题，难以满足学生深入学习需求。许多课程停留在讲授基础知识，缺乏探究性层面，学生无法有效掌握和应用 AI 技能。因此，构建系统化的 AI 课程体系、提升教师 AI 教学能力已成为亟待解决的课题。

（三）学校具备深化人工智能课程体系建设的良好积淀

作为上海市教育信息化标杆培育校，学校在信息化建设和人工智能教育方面已有丰富经验，形成了良好的教育数字化生态环境，且拥有复旦大学等 AI 专家资源。曾参与"'央馆人工智能课程'规模化应用试点校项目"，并获评"全国中小学人工智能教育基地"。本研究将以此为基础，通过构建课程体系和创新教学活动，提升学生创新素养，推动中小学 AI 教育普及化与体系化发展。

二、方法与过程

（一）研究思路与框架

本研究旨在通过系统性地探索以创新素养培育为导向的中小学人工智能课程，响应基础教育的数字化转型需求。课题目标是探索人工智能课程体系、教学方法及实施保障。研究强调理论与实践的结合，以及持续评估和优化（见图 1）。

（二）研究路径与方法

本研究基于行动研究思路，采用文献研究、问卷访谈、案例研究、实验研究等多种方法，构建了系统的研究路径（见图 2）。

1. 第一阶段：基础研究

在数字化转型背景下，通过问卷、访谈及课例分析，明确创新素养的内涵和培育要点，分析现有课程、教学环境和师资状况，确定研究的价值导向与实施重点。

2. 第二阶段：初步构建

结合文献研究、平台优化、专题培训与行动研究，整合校内外 AI 资源，优化学习平台，组建课题团队并开展 AI 新技术培训，积累初步的教学应用案例。

3. 第三阶段：阶段梳理

以案例分析为主，结合文献研究和问卷访谈，逐步形成适合学校的 AI 教育模式。通过教学案例分析，提炼课程设计、教学方法和评价体系，确定 AI 教育的空间建设，深化实践研究方向。

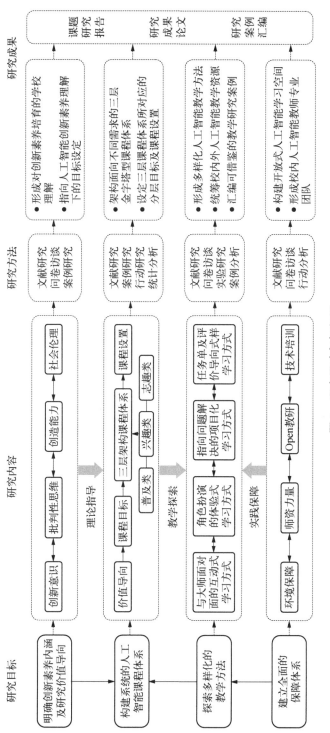

图 1　研究思路与框架图

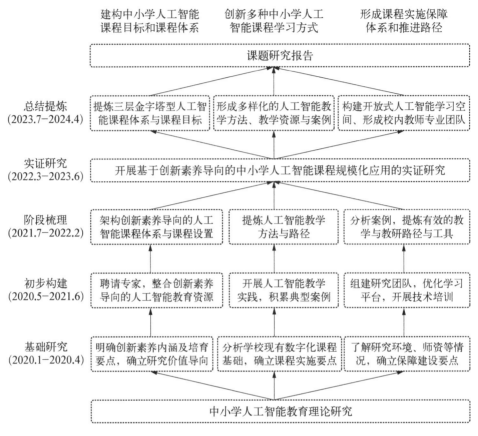

图 2　研究路径图

4. 第四阶段：实证研究

进行创新素养导向的 AI 课程实证研究，主要采用行动研究、案例分析和统计分析方法，对学生创新素养进行多样化评估，优化人工智能教育的实施路径。

5. 第五阶段：总结提炼

总结研究成果，构建三层金字塔型 AI 课程体系与目标，开发多样化教学方法，建设开放式学习空间，形成校内专业 AI 教师团队。完成研究报告，为未来 AI 教育实践提供参考。

三、内容与成果

（一）提炼创新素养培育的课程架构与实施策略

1. 明确创新素养内涵

学校将人工智能创新素养落在四个方面：创新意识、批判性思维、创造能力和社会伦理。通过系统培养,助力学生在 AI 应用中形成正确价值观、锤炼必备品格和拥有关键能力,全面提升他们的创新素养。

2. 满足多样学习需求

课程设计强调分层分类,以普及性教育、差异化教学和可持续发展路径满足所有学生的学习需求:

(1)关注普及性教育:通过基础课程帮助学生了解 AI 的基本概念,培养创新意识。

(2)实施差异化教学:根据学生兴趣和能力,低年级以图形化编程工具接触 AI,高年级则注重算法、算力、大数据等原理知识的学习。

(3)注重可持续发展:通过 AI 社会考察和体验活动,培养学生的责任感与伦理意识,为未来 AI 技术的正确应用打下基础。

3. 以强化实践为基本方式

课程采用项目化学习方式,注重互动和实践类教学活动,如编程课程和机器人制作等,强化学生在真实情境中的操作与创新能力。

(1)项目化情景体验设计:通过设计主题式或情境式的项目,引导学生运用 AI 知识解决实际问题。

(2)项目化合作探究学习:学生在实验和优化方案过程中,增强创造力和解决问题的能力。

(3)项目化作品展示反馈:通过成果展示和评审,学生反思和总结经验,提升社会责任感和价值观。

(二)架构了人工智能校本课程体系

1. 架构面向不同需求的三层课程体系

为满足不同层次学生的需求,学校构建了普及类、兴趣类和志趣类三层金字塔型人工智能课程体系。普及类侧重基础知识普及和体验,帮助学生初步了解 AI 日常应用和社会安全意识;兴趣类面向对 AI 有浓厚兴趣的学生,通过深入学习和实践提升其 AI 技能和应用能力;志趣类则针对具有特长需求的学生,培养他们的创新意识、高水平 AI 应用能力和社会责任感(见图 3)。

2. 设定三层课程体系所对应的分层目标

(1)普及类课程目标:以"普及体验"为主,结合国家课程内容,帮助学生了解 AI 最基本的技术知识及社会应用价值,提升兴趣。

(2)兴趣类课程目标:以"兴趣培养"为导向,学生在教师指导下运用 AI 解

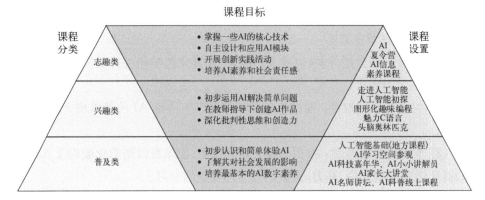

图 3　三层人工智能课程体系架构图

决简单问题,培养批判性思维和创造力。

(3)志趣类课程目标:以"特长竞技"为重点,学生掌握核心技术,能够自主设计并应用 AI 模块,培养高级 AI 素养与社会责任感。

3. 设定三层课程体系所对应的课程设置

学校 AI 课程充分发挥本校特色资源,设置多样化科目以满足学生的个性化需求。课程涵盖普及类活动如 AI 游园会和讲座、兴趣类课程如 AI 启蒙和编程社团,以及志趣类课程如 AI 夏令营和信息素养课程,供学生根据兴趣和能力选择,兼顾差异化教育。具体课程设置见表 1。

表 1　校九年一贯制中小学人工智能课程设置表

类　别	科　目	参 与 对 象	课　时
普及类	人工智能基础(地方课程)	四至七年级全体学生	每学期 16 课时
	AI 学习空间参观	一至六年级全体新生	每学年 2 课时
	AI 科技嘉年华	一至七年级全体学生	每学年 2 课时
	AI 小小讲解员	四至六年级学生自愿报名	每学期 4 课时
	AI 家长大讲堂	一至五年级全体学生	每学期 1 课时
	AI 名师讲坛	六至八年级全体学生	每学期 2 课时
	AI 科普线上课程	一至九年级全体学生	每学期 4 课时

续　表

类　别	科　目	参　与　对　象	课　时
兴趣类	走进人工智能	三至五年级兴趣班学生	每学期 22 课时
	人工智能初探	六至七年级兴趣班学生	每学期 22 课时
	图形化趣味编程	六年级兴趣班学生	每学期 22 课时
	魅力 C 语言	七年级兴趣班学生	每学期 22 课时
	头脑奥林匹克	七年级兴趣班学生	每学期 22 课时
志趣类	AI 夏令营	四至七年级学生自愿报名	暑期 16 课时
	AI 信息素养课程	五至八年级学生自愿报名	每学期 22 课时

4. 三层课程的学生参与及受益情况

经过近 3 年的实践,普及类课程使所有学生对 AI 有了基本了解并激发了兴趣,参与率达 100%;兴趣类课程增强了学生实际应用 AI 解决问题的能力;志趣类课程培养了 AI 特长生的高级技能和创新思维。整体上,分层课程在不同水平上促进了学生的全面发展和创新素养提升。

（三）探索了中小学人工智能教育的学习方式

在 AI 教育中,探索和应用多样化的学习方式是提升学生 AI 素养的关键。学校通过"互动式""体验式""项目化""评价导向"四种创新方式,帮助学生更好地理解和应用人工智能技术。

1. "与 AI 科技大师面对面"的互动式学习方式

学校定期邀请各高校科学及 AI 领域的专家、教授走进校园,开设面对面的讲座和互动活动见表 2。

表 2　学校 2020—2024 年 AI 与科技方面的部分名师讲坛课程列表

讲　座　题　目	主　讲　专　家
勤奋踏实迎接智能时代	褚君浩:中国科学院院士,复旦大学光电研究院院长
人工智能:从幻想到现实	黄萱菁:复旦大学计算机学院教授、国家高层次人才计划入选者

续　表

讲 座 题 目	主 讲 专 家
从"核"谈起	李增花：复旦大学核科学与技术系/现代物理研究所教授。曾于上海交通大学物理与天文学院和意大利南方国家实验室 INFN‐LNS 从事博士后研究工作
城市的由来与未来	陈杰：上海交通大学住房与城乡建设研究中心主任，国际与公共事务学院长聘教授、中国城市治理研究院嘉华教授
漫谈元宇宙	王有为：复旦大学管理学院信息管理与商业智能系教授，入选教育部新世纪优秀人才计划和上海市浦江人才计划
天下"信息"，唯快不破	仇志军：复旦大学信息科学与工程学院教授，博士生导师，上海市传感技术学会理事

学生们积极提问，与专家进行深入交流，写下学习感悟。

插上 AI 的翅膀，飞向未来

　　周五，我和同学们一起到小剧场听了关于人工智能的讲座。其中包括人工智能的具体含义，人工智能的发展史……

　　我想 AI 是科技不断提高的产物，它就像人类飞往美好未来必不可少的翅膀，而我们人类也在不断进步，翅膀能帮助你飞翔，而要飞向哪里还是取决于我们人类这个飞行主体。让我们一起拥抱 AI 技术，飞向充满无限可能的未来吧！

——节选七年级(1)班 赵 XX 同学
聆听讲座《人工智能：从幻想到现实》学习体会

　　这种面对面的互动不仅让学生了解到 AI 领域的最新发展，也激发了他们对 AI 的兴趣，增强了学习的积极性和主动性。

　　2."角色扮演"的体验式学习方式

　　学校利用公共空间创建 AI 学习体验区，如 AI 算法体验区、AI 知识闯关墙、未来城市展示等。通过这些空间的展示需求，学校设置了"AI 导览员"和"AI 小讲解员"角色。学生们在扮演这些角色时，需要深入理解 AI 技术并向他人讲解，从而更好地内化知识，也进一步激发了他们对 AI 的学习兴趣。

3. "指向问题解决"的项目化学习方式

在 AI 课程中,教师常采用主题式项目化学习,引导学生在真实情境中应用 AI 技术解决问题。例如在"AI 趣运动"项目中,学生以小组形式探索人体姿态识别技术,从设计游戏入手提出关键问题,掌握技术应用并制作体感游戏系统。通过项目展示和演示,学生不仅提升了实践能力,还培养了创新思维和逻辑思维,也提升了团队合作能力。

4. "评价导向"的任务单式学习方式

在 AI 课程中,学校采用任务单和评价导向的方式,确保学生在目标明确的路径中逐步进步。每个任务单列出学习目标和评价标准,学生按任务单完成任务,教师则通过过程性评价及时反馈进展。例如,在一次 AI 科技馆参观中,学生们分组完成任务单要求,最后教师通过积章系统进行评价。这种方式激发了学生的学习兴趣,增强了他们的团队合作和自主学习能力。

(四)形成人工智能校本课程的保障体系

1. 环境保障——打造了开放式、多功能的人工智能学习空间

为确保 AI 课程的顺利实施,学校进行了环境规划,不仅建设了人工智能创新实验室,还打造了遍布校园的 AI 体验区,如 AI 发展史走廊、算法体验区、智慧服务点和 AI 知识闯关墙等。这些空间配备了 AI 体验模块、小型机器人和多种 AI 软件,为每位学生提供了实践和探索机会,构建了"人人皆学、处处能学、时时可学"的学习环境,保障课程的高效运行。

2. 师资力量——建立了专业化、校内外协作的人工智能教师队伍

学校鼓励教师积极参与 AI 课程学习,不断提升教学能力。同时,学校与复旦大学计算机科学技术学院、复旦大学信息科学与工程学院以及开放大学信息中心等高校院所合作,定期邀请教授与专家为师生开设讲座和工作坊。同时,还邀请企业 AI 工程师参与课程设计与教学,确保内容紧跟前沿。通过校内外协作,逐步形成了校内外结合的专业 AI 教学团队,有效支持了人工智能校本课程的实施。

3. Open 教研——开启了 AI 助力教师开放式的教学思维碰撞

在 AI 课程实施过程中,教师们主动自学 AI 知识并设计 AI 课堂教学。通过定期教研活动进行头脑风暴,促进创意交流和团队成长。在这些教研活动中,AI 技术也发挥了重要作用。学校引入 PBL AI pro 项目化教学助手,辅助教师设计主题式项目,激发项目教学设计的灵感,帮助教师创新性地进行课程设计。

4. 技术培训——提供了多层次、输出式的人工智能技术培训

学校采用多源头的培训方式,包括市区培训、校内实时解答和自主线上微课,提升教师和学生的 AI 技能。同时,学校还注重培训成果转化,通过教学实战、科研总结和论坛分享,将培训内容转化为教学案例和研究论文,推动更多教师参与 AI 教学。这种模式有效提升了技术水平,推动了 AI 教育的广泛应用。

四、效果与影响

（一）成果创新与亮点

1. 建构了中小学人工智能课程目标和课程体系

学校构建了覆盖普及类、兴趣类和志趣类的中小学人工智能教育课程体系,为所有学生提供 AI 学习机会,促进多层次发展。这种系统性的课程设置和目标导向是该项目的创新之处。

2. 创新了多种中小学人工智能课程的学习方式

学校采用了多种创新的学习方式,包括"与 AI 科技大师面对面"的互动式学习、"角色扮演"的体验式学习、"指向问题解决"的项目化学习以及"评价导向"的任务单式学习方式。提升学生 AI 素养,培养创新思维和实践能力,体现了教育模式的创新。

3. 形成了较为完善的课程实施保障体系和推进路径

通过构建完善的环境保障、专业师资、开放教研和多层次技术培训,形成了全方位支持人工智能教育的实施保障,实现基础设施、教师培训和学生学习的全面覆盖,确保课程的高效运行,是项目的另一大亮点。

（二）实践成效

1. 学生创新素养提升

学校已将 AI 课程纳入教学计划,覆盖一至九年级,普及类课程参与率达100%。学生创新素养显著提升,多次在市区及全国比赛中获一、二等奖和最佳团队奖,展示了学生的优秀表现和全面发展。

2. 教师专业素养发展

通过 AI 培训和教研,学校组建了 AI 教学团队,教师多次在市区和国家级比赛中获奖,并在专业刊物发表论文。教师出版的相关专著和优秀课例在全国比赛中获创新课例奖,充分体现了教师在 AI 教育中的专业成长。

3. 学校的社会影响与认可

学校的人工智能教育项目不仅在校内产生积极影响,还在更广泛的社会层

面获得认可。2024年,学校被评为"全国中小学人工智能教育基地"。项目成果被光明日报、上海人民广播电视台等媒体报道,AI教育经验得到了推广,具有一定的社会影响力。未来,学校将深化人工智能教育,持续提升学生的信息素养和创新能力,培养适应未来社会需求的综合性人才。

探究·构建·迭代：教育均衡视角下教师流动评价机制的创新与实践

课题负责人：

丁利民　上海理工大学附属小学

课题组成员：

潘华萍　上海理工大学附属小学

徐　晶　上海理工大学附属小学

肖晨瑶　上海理工大学附属小学

董　敏　上海市杨浦区内江路第二小学

薛　蕾　上海市杨浦区开鲁新村第二小学

王　珍　上海市杨浦区水丰路小学分校

李蓓蓓　上海理工大学附属小学

一、背景与价值

　　"公平与质量"是当前教育改革的核心议题。集团化办学作为推进教育公平、满足民众对高质量教育需求的关键策略，尤显重要。其中，师资是学校发展的基石，在教育均衡化进程中，其流动问题成为集团化发展的一大挑战。上理工附小教育集团自 2009 年成立以来，以上理工附小为核心，联合周边四校构建教育"共同体"。初期，集团 267 名教师中高端教师仅占 9 名，且集中于核心校。

　　为应对这一挑战，集团以"师资"为核心，积极探索教师流动机制。2010 年起，集团内试点师资流动，历经十余年实践，以师资队伍建设为突破口，力求在教育公平视野下创新教师流动评价机制，促进教师队伍结构优化与资源合理配置。

2018 年，"教育均衡视角下的教师流动机制研究"获教育部重点课题立项。

二、方法与过程

（一）研究方法

为保证研究的信度和效度，综合采用文献研究法、调查研究法、个案研究法等研究方法，力求通过多种研究工具互补不足。

（二）实施过程

1. 准备阶段

成立研究与管理中心，吸纳集团各校骨干力量，组建跨校研究团队，通过多方查证分析资料，确定核心概念，设计并论证项目整体推进方案。

2. 启动阶段

以文献研究为基础，梳理社会功能理论，论证教师流动是推进教育均衡优质发展、实现教育公平的关键抓手；以调查研究为工具，以现存问题为导向，从位于流动第一线的教师角度出发，关注教师实际想法及经验，进而探索出教师流动的成效、实施方式、影响等；以机制构建为落点，聚焦教师流动主动性激发与流动效益提升，构建教师流动的基础机制。

3. 实践阶段

结合行动研究、个案研究等，分三轮进行。第一轮实践研究，指向教师参与成长、指向流动推进和管理两个维度，构建教师流动基础机制；第二轮研究，以数据货架盘整、算法模型优化、应用场景开发等为抓手，搭建教师流动评价实践模型，为教师专业发展精准画像；第三轮实践研究，结合调查研究、行动研究等，科学设计流动对象、流动期限、流动形式、成效评价等细节的规范，制定奖励政策及配套保障机制。

4. 总结阶段

通过过程性资料汇总、论证与优化等进行实证分析，提炼经验成果，并依托市、区平台辐射推广。

三、内容与成果

（一）循证改进，让流动更有温度

1. 聚焦关键节点的策略分析

为破解"谁去流动""如何流动""什么样的流动才是好的流动"等流动实践中的关键问题，邀请第三方开展教师流动综合调研，以流动机制、教师情况与流动成效为三大块面,收集一线教师对流动工作的真实想法和可行性建议,多维度、全方位了解教师流动工作已采取的措施和实际取得的效果,分析问题及深层原因,为完善合理的教师流动机制提供对策与建议。甄别流动实施中的优势与不足、影响流动意愿的主要因素等,锁定制度基础、人员筛选、流动准备、流动实施等关键节点,构建实践模型,进而梳理出操作策略。

2. 策略生成下的制度梳理

把握流动的准备、启动、实施、评价等关键环节,提炼有价值的经验做法,陆续形成《上理工附小教育集团流动教师工作职责和管理条例》《流动教师工作手册》等,并建立配套激励保障机制,如《上理工附小集团流动教师津贴发放办法》《教育集团流动准备方案细则》《教育集团流动动员宣讲指南》《流动教师分层培养制度》《流动教师适应期指南》《流动交流例会制》等。从教师真实需求出发,搭建平台、提供支持、加大激励,让流动更有温度。

3. 不同层次流动的个案观察

教师是实现流动效果的关键。其是否积极参与和良好表现,取决于个体成长需求是否被重视。解决之道在于通过职业发展评估,针对不同类型教师采取不同策略,发现其闪光点。通过个案观察,积累典型案例,追踪教师融入新学校文化、与学生互动及教学策略调整的过程。基于此,明确不同层次教师流动的目标与任务,为分层、分类培养提供依据,确保每位流动教师获得个性化支持,提升因材施教能力。骨干教师流入时,应明确赋权,纳入带教青年教师和培育教研文化等任务,使其专业文化在学校内持续产生影响,助力流入校实现短期与长期的质量提升。

(二)数字赋能,让流动成事成人

1. 采集系统:信息化思维改造评价流程

以"评估体系研发"和"数字技术支持"为两大支柱,构建采集系统。一方面,通过系统规划,从需求调研到调整优化,构建全面的教师专业发展评价体系,涵盖师德师风、专业发展和立德树人等方面,为教师提供精准反馈。另一方面,利用数字技术强化教师评价和教育治理,设计基于国家标准和教师业务档案的数据字段,建立教师个体数据货架,整合结果性评价与过程行为数据,以信息化手段优化流程,构建全面、高价值的教师专业发展数据网络。

2. 画像系统:数字化思维构建教师画像

基于指标体系与本校教师各类数据,研究教师专业发展画像的诊断分析模型,如教师个人工作投入度、引领度,学科/学校队伍合理度、潜力度,帮助学校更有针对性地聚焦培养方向、发现潜在问题、寻找潜力人才等。

教师专业成熟度算法模型：基于国内外对于教师成熟度、教师专业发展阶段理论的研究，通过论证、研讨、比对，形成一个还原度较高的算法模型，对教师专业发展情况进行描摹刻画。成熟度主要体现为两个方面，一是专业成熟度，二是心理成熟度。专业成熟度体现为教师对专业领域的敏感性及钻研精神，对专业知识和专业技能方面的理解力、主动性等。心理成熟度主要意味着更高的组织适应程度、职业兴趣和成就感，包括教师选择职业的需要、动机、兴趣、日常工作中体现的合作性、责任感、组织适应及沟通能力等。

学科成熟度算法模型：使用集团各所成员校的教师个人成熟度的数据，形成每一所学校在各个学科上的学科成熟度得分，进行比对，并不断进行模型调优，最终确定计算学校学科成熟度的计算依据。

集团教师流动均衡匹配模型：以往，教师流动工作的开展往往伴随着自上而下的行政要求和自下而上的主动意愿，而非是科学地评估哪一位教师需要流动，哪门学科应该流动等问题。而在本研究中，结合数据分析呈现如何通过科学的供需关系和师资的最优配置，从而在集团内通过流动来实现整体的教育均衡目标。依据"人数匹配""供需匹配""优势保持""动态调整"原则，实现智能匹配、精准流入、最优配置。

3. 智能系统：智能化思维促进专业提升

依托智能系统，以专业发展状态的核心数据得以全面梳理与清晰描绘，如教育教学认识、课堂教学行为、日常师生互动、职业情感表达、教育活动作品等。通过分类收集、量化处理、过程积累，为教师自我成长状态绘制了一份直观生动的数字画像，提供了成长导航与反馈支持，帮助其规划个人发展蓝图。

数据流通，定位发展路径：通过"我的成长曲线"和"我的个人画像"，对集团每个教师的职业发展轨迹、成长闪光点进行具象刻画。从教师的专业成熟度描绘教师个人发展轨迹，对教师职业生涯中的发展拐点、发展低谷和发展高峰一目了然；从先进称号、荣誉获奖、教学科研成果等多角度，展示教师职业历程中的闪光时刻，帮助教师发现自己的突出优势，从而对教师个人发展起到扬长避短和科学引导的作用，实现教师个人层面个性化的职业发展定位。

全景导航，指引成长方向：分项能力雷达图谱，以年度为单位，通过学业成绩、学生满意度、教研组评价、管理层评价等多种途径，诊断每个教师的专业发展现状，从教育教学、协同成长、师德师风等维度，直观呈现个人专业成长的优势与短板，持续帮助教师发现闪光点，做好职业定位和规划，有效突破教师职业倦怠、职业高原、亚健康等问题。

任务驱动，优化目标管理：职称晋升体系与骨干专业发展阶梯是每个教师由新手走向成熟的必经路径。结合教师职称评选及杨浦区骨干评选的重要因素，建立教师职业发展目标管理模型。基于教师画像和自身发展方向，呈现教师当前自身的目标定位，及时了解自身的达成情况，提醒教师个人近期应关注的任务要求。同时，对于集团和学校，可全盘掌握教师的发展状态，智能提醒已达到评选条件的教师对象，及时、定向为教师搭建相应的成长平台，提供支持与保障。

场景构建，数字学习生态：充分利用现代数字技术的算力算法优势、深度学习技术优势、大数据库存优势，推动专业发展数据沉淀，并联结教师的专业需求与研训资源，构建研修自适应模式。依据教师成长过程中的个体差异性，包括专业知识储备、实践能力水平、培训课程的投入度和掌握程度等，研发多样化的学习资源，智能推送、分发，为教师专业发展活动提供密集、优质、灵敏的资源支撑，用数据信息流带动教师专业发展活动品质升级。

（三）做强梯队，让流动效益延续

流动效益要真正体现，并且克服"短期匮乏"等现实问题，不仅着眼于流动对象的选配，更重要的是做强整个梯队，从而实现以优带优、促优培新的和谐生态。聚焦"选育用管"环节，创新机制设计，建立支持系统，整体提升集团学校的教师队伍面貌。

1. 精心"选"：联合招聘机制：

集团设立专业委员会，吸纳集团内骨干教师加入，并联合教研室学科教学专家、第三方咨询公司等，从应聘教师的个性特征、价值观念、知识能力、专业教学技能、工作态度等维度，构建科学规范的考察标准与流程，甄选优秀人才，增强教师的人岗匹配度。

2. 精深"育"：双导师培育机制

新教师是教师队伍的"源头活水"，让新教师在职业生涯的起步阶段接受规范、均衡、优质的培训，不仅可以通过高标准、高起点引领新教师步入工作正轨，缩短新教师成为合格教师的成长周期，更可以从源头上尽可能缩小教师间的差距，促进教师队伍的整体均衡优质发展。实施双导师制，从基地学校挑选优秀的学科教师与班主任教师组成导师团队，为教师提供全方位、高水平的指导。

3. 精准"用"：骨干分配机制

流动的可持续效用，在于"造血"而非"输血"。流动的并不是"教师岗位"，而是教师身上附着的"教师素质"，教师基于新情境开展教育教学活动，提升质量才是流动的价值取向。着眼于这一价值取向，派出的骨干教师在流动之初，须制订《流动交流任务书》，明确交流期间的流动任务，例如带教学科团队、带教青年教师、带项目组开展研究等，并围绕日常工作、课堂教学、课程建设、辐射引领等内容细化 KPI 指标，促进教师有意识地实现"流动价值"。

4. 精细"管"：干部孵化机制

中层团队直接影响学校规划的战略性管理，是学校发展的"中流砥柱"。成员校受规模、传统及机制等因素的局限，其中层团队缺乏顺应时代发展的变革转换意识和高效管理能力，新生力量"青黄不接""后继乏力"。为此，应建立集团后备干部的遴选、轮岗、培养、考核的人才孵化机制，打造青年干部"选育用管"培养链，精细做好后备干部的吸纳储备提量、开源扩流。

四、效果与影响

以教育公平为旨归，以促进优质资源的辐射作用最大化、实现教育质量提升为目标，助力每一所学校提升质量，共同抵达人人精彩、校校精彩的"诗与远方"。

（一）集团学校均衡发展

依托信息化平台，实现了智能匹配。2020 年，流动比例达 10.5％，共 29 名教师参与，涉及语、数、英、音乐、科技等多门学科，骨干比例达 27.6％。学科成熟度和校际均衡度显著变化：从薄弱学科（数学）的成熟度变化上来看，集团内薄弱校该学科的成熟度显著提升（21.96％）（见表 1），集团在该学科的差异程度显著缩小（−45.64％）（见表 2），整体均衡性得到大幅提升。

表 1　数学学科在流动前后的学科成熟度变化情况

集团成员校	流动前数学学科成熟度	流动后数学学科成熟度	学科成熟度变化幅度
内江路第二小学	3.78	4.61	21.96％

表 2　不同学科在流动前后的学科成熟度差异系数变化情况

学科	流动前集团成员校间差异系数	流动后集团成员校间差异系数	集团成员校间差异系数变化
数学	0.13	0.07	−45.64％

（二）集团教师快速成长

集团师资队伍建设水平呈显著上升趋势。集团高级教师从成立之初的5名，上升至15名，骨干教师从4名上升至47名，且覆盖所有成员学校。每年流动比例超过10％，其中，骨干教师占30％左右。流动带动了教师因材施教能力的发展，流动教师在课题研究、教学评比等方面精进突破，20％青年教师流动回原校后担任了教研组长、备课组长，89.5％流动教师的教育教学能力显著提升，96％流动教师的组织沟通能力有了提升。

2016—2024年，集团共计流动了135人次，向成员校输出了5位校级干部。在成员校新的环境中，流出的骨干教师发挥了"鲶鱼效应"，打破了专业发展上安于现状的局面，激活整个师资团队的发展动力。

（三）集团成果深化辐射

集团办学实践为学区化集团化办学提供创新思路，经验广泛辐射，产生良好教育与社会效应，获央视、新华网等10余家媒体报道肯定。"教育均衡视角下的教师流动机制研究"立项为教育部重点课题，出版专著并在学术期刊发表多篇报告。教师流动实践成果获市级奖项，并在上海教育博览会高峰论坛等重要会议上进行交流，广受好评。

"双新"背景下学校课程规划设计与实施的进阶研究

课题负责人:

张哲人　同济大学第一附属中学

课题组成员:

陈　怡　同济大学第一附属中学

王康茜　同济大学第一附属中学

张　燕　同济大学第一附属中学

钱悦文　同济大学第一附属中学

张　瑾　同济大学第一附属中学

陈新幻　同济大学第一附属中学

刘林青　同济大学第一附属中学

孙凌宇　同济大学第一附属中学

　　同济大学第一附属中学2020年被评选为"普通高中新课程新教材实施国家级示范校"。学校以解决"双新"落实中的实际问题为导向,制定《普通高中新课程新教材实施国家级示范校建设工作三年规划》,在此基础上设计课程规划,基于课程规划实现"高质量地执行国家课程、有特色地实施校本课程"的目标,积极探索数字化赋能育人方式变革,并最终实现了课程规划1.0到2.0再到3.0版本的进阶,为上海市乃至全国"双新"背景下学校课程规划的设计与实施提供了可参考、可借鉴的样本。

一、背景与价值

（一）学校实施"双新"的现实条件

生源方面，学校生源多样，学情差异较大，对课程的需求差异较大，且学生选课组合多，分层教学及辅导困难大。师资方面，教师群体趋于年轻化，在市区有影响力的高端教师较少。课程方面，课程内容尚未完全满足学生个性发展需求，课程的系统性和结构性，实施质量和评价有待提高。学习环境、课堂教学有创新，但整体变革有限，信息化教学尚未常态化。

（二）课程规划的设计与实施需要"进阶"

作为国家级"双新"示范校与第四轮课程领导力示范校上海市种子校，学校深感责任重大，因此最早开始研制学校课程规划，并于 2020 年根据教育部和上海市教委总体要求，邀请华东师范大学课程所崔允漷教授团队多轮指导，精心打磨，研制完成《同济大学第一附属中学课程实施规划》。这份规划被选入"上海市普通高中课程实施规划案例集"。

但是，经过一段时间的实施，学校越来越意识到课程规划的研究应该是一个不断地深化的过程，是一个边实践、边提炼、边反思和边完善的动态过程。一成不变的课程规划无法适应新的需求，而"进阶"是课程规划发挥成效的关键。

二、方法与过程

（一）研究方法

1. 文献研究法

通过文献研究，对"学校课程规划""课程方案研究"以及"课程规划的文本分析"等进行全面分析，以此为依据搭建研究框架。

2. 文本分析法

遵循质性研究方法论框架，采用文本分析法对所搜集到的数据进行深入研究。根据得出的结论为学校课程规划的进阶设计提供优化策略。

3. 案例研究法

以本校的课程规划方案作为分析样本，从学校课程规划构成的几个方面进行案例研究。

4. 行动研究法

本研究在原有的课程规划方案的基础上逐年"进阶"，通过"实践-反思-再实践-再反思"的方法，迭代进阶。

（二）实施过程

学校以进阶思维探索解决国家课程方案实施中的关键问题，提出了学校课程规划及实施的进阶路径。主要分三个阶段实施：

1. 蜕变式进阶阶段

课题组应用文献研究和专家咨询法，从"传统"课程规划及实施过渡到"双新"课程规划及实施，将"双新"的新要求转化为学校课程规划中的具体方案和措施。

2. 行动式进阶阶段

课题组实施行动研究，学校整体设计课程实施工具，在学科中进行实践探索，联合外部专家对原因进行剖析和工具优化，并再度应用于学科教学实践中，循环往复、不断迭代。

3. 共享式进阶阶段

课题组应用案例分析法，学校在更大范围内将不同学科的实践经验进行交流，在扩大成果影响的同时，倒逼研究团队进行自我反思，不断完善。

三、内容与成果

（一）建构了课程规划与实施进阶的整体推进机制

1. "双高智融"机制

学校联合高校教育研究专家与学科专家，将高校专家的理论智慧与一线学校的实践智慧有机融合，高校专家指方向、提思路，一线学校重实施、积经验，双方定期研讨，共同反思，通过"实践-反思-再实践-再反思"的行动研究优化了课程实施。

2. 螺旋迭代机制

学校在课程实施阶段，采用逐年进阶和分科进阶的方式，当年发现问题当年解决，后一年课程实施重点监测上一年的问题。同时，所有学科并非按照统一步调，而是充分尊重学科特点，分科、逐年进阶，以螺旋式的进阶在保障正常教学秩序不被打乱的情况，润物无声地优化课程实施。

3. 评价牵引机制

学校以目标为起始，以多元主体的满意度、体验感为优化课程实施的重要参照，在实施过程中积极收集学校管理者、教师、学生乃至家长对学校课程实施的评价意见，同时也聘请专业团队对学校的课程质量进行评价，以评价牵引实践的优化，回应多元主体对高质量教育的期待。

（二）蜕变式进阶成果：课程规划与实施工具

第一阶段，学校从"传统"课程规划与实施过渡到了"双新"课程规划及实施，形成以下成果：

1. 重构了聚焦国家课程政策的"双新"课程规划

学校以"合目的、合一致、合可行"为基本原则，在教育管理部门和高校研究专家支持下，落实了新课程的"设计图"。

"合目的"强调的是课程规划要符合国家政策要求，充分体现学校的办学思想。通过 SWOT 分析，学校总结了课程改革的基本经验和不足之处，确立了"信息技术赋能，促进学生全面而有个性的发展"的课程理念，勾勒了蕴含信息化教育特色的毕业生形象。

"合一致"关注课程规划的要素完整，结构合理，内在逻辑一致，以最大限度地支撑目标的达成。学校以引导深度学习和信息技术相融合导向，设计了学科课程方案、学期课程纲要和单元教学规划等文本，规范学科教学内容，体现最新教学理念。

"合可行"注重的是课程规划的操作性，让课程规划真正成为学校课程实施的"案头书"。所以学校课程规划表述应准确具体，指向"双新"关键、重难点课程问题的解决，让每一位教师、学生、家长都能清晰地找到自己在课程建设和实施中的定位，知道自己应该做什么。

2. 构建了"五育并举、特色鲜明"的"双新"课程体系

通过对课程规划的持续研究，学校形成了"立德树人、适合人人、五育并举、迭代发展"的学校课程体系。具体体现在：

1）国家课程校本化建设

对标"双新"，学校严格执行国家课程标准，开足、开齐、开好国家课程，并对课程进行优化。我们遵循学科的逻辑、学生发展的逻辑抑或问题解决的逻辑，将学科的学分安排做了三年的总体安排、设计，并根据学分进行内容和课时配比，科学安排不同学科内容的课时，保障课堂教学内容的有效衔接。在严格落实国家课程课时要求的基础上，更好地契合学校学生的实际情况。

学科课程建设方面，加强课程实施方案的编制，推进基于课程标准、指向深度学习的学期课程纲要、单元教学设计等各级课程文本建设，形成了单元设计策略、模板与规格。

劳动课程建设方面，从探索校内劳育课程建设到与社会实践基地联动开发劳育课程再到与同济、复旦等高校共同实施学段贯通的劳育课程，课程实施成效

不断提高。《智慧生活,匠心善学——学校劳动课程方案》作为上海市劳动课程建设典型案例发表,《金工实践中的工匠精神》被评为上海市劳动教育优秀课例并在"上海教研"公众号中推送,学校获评上海市劳动教育特色学校。

2) 建设了适应学生特征的选修课程

学校基于学生个性化、多样化的学习需求,依托同济大学优势资源,有特色地开发和实施校本课程,构建跨学科课程群。如推进"点线面"课程进阶,打造"AI人工智能"课程等"同济元素"鲜明的特色校本课程。同时,建立校本课程审议制度,探索实施绩点制。

2024年,学校荟萃全校教师近100篇研究论文的三本"双新"专著已出版;所有学科均形成了可示范、可参考的学期课程纲要与单元计划、课时计划等课程实施文本。

3. 形成了"双新"课程学分和学程细化的样本

高标准执行国家课程是新课程、新教材改革的要义,所以把"学分"进行内容和课时配比是新课程、新教材实施示范校的一个基本的要义和基本的步骤,也是刚性执行国家课程的一个非常重要的内容。

（三）行动式进阶成果:实践路径与工具的优化

第二阶段,学校基于实践不断反思、提炼,从文本到实践,再从实践到文本,形成以下成果:

1. 建立了文本-实践-文本的进阶路径

在学校课程规划指导下,由各学科教研组根据课程规划的要求,组织各学科教师研发本学科教学指导性、参考性的文本,为具体学科教学提供样板参照。经过一段时间的教学实践,再对之前制定的各项文本进行调整与完善。从学校整体课程规划到学科课程纲要再到单元教学规划再到教学实践,再从实践中反思、进一步完善文本,形成了清晰的进阶路径。

2. 形成了教材内容有机整合的实践路径

学校在迭代和进阶课程规划的过程中发现必须要对教材整体做一个深度的思考,尤其是要形成教材内容有机整合的实践路径。我们基本的方向是"渗透"和"融合"。

所以,学校在课程规划的指引下,组织各学科组以学科核心概念为主线重组教材内容,从而将学科核心素养与教材内容实现有机融合,加强课程内容的结构化特征,在内容设计上体现整体性、一致性和阶段性,让学生的学科核心素养培养有了"施工图""路线图"。

3. 构建了课程实施的流程、工具

学校在高质量实施国家课程,有特色地实施校本课程的基础上,初步形成了相关课程实施的流程、路径。除此之外,学校还借助信息化手段,通过数据进行教学分析,进一步优化课程实施。

4. 构建了模态多样、重视过程的评价模式

为检测课程规划是否在课堂中真正落地,学校通过数字基座构建起一个数据驱动、技术协同、应用多样的智慧教育评价环境,包含晓德助手、评课助手等30 多个轻应用,赋能课堂教学评价与学生学习评价。教师基于同行的评课反馈和学生的学习反馈,可以全面了解课堂实施的实际情况与改进意见,优化课程建设;学生根据数据反馈,可以形成个性化的动态"数字画像"和"数据档案",了解自己的优势与短板,建构"成长轨迹图谱",为选修课程的选择提供参考。迄今为止,全校 1 300 多名学生每学期末都通过智能平台开展课程评价,100 余节校级以上公开课被评次数达 1 000 余次,丰富的数据为课程规划的迭代提供了依据。

(四)共享式进阶成果:数字赋能的联合共建教研模式

第三阶段,经过长时间的"反思-实践-再反思",学校将课程规划迭代实践中的经验进行提炼总结,在交流辐射探索经验的过程中继续反思可以进一步优化的地方,实现课程规划更加深入、全面的进阶。

在课程规划的 1.0 阶段,学校就鼓励"引进来",以学科核心素养培育为主题组织了 40 余场教研活动,通过线上与线下融合的专题报告、专家讲座等,增强了教师对课程规划制定与"双新"课堂实践要素的认识。

在课程规划从 2.0 到 3.0 的迭代阶段,为检测教研模式的成效,学校组织全体教师"走出去"。

一是建设校际联合教研机制。利用平台推进集中培训、网络研修与实践应用相结合,形成"骨干引领、学科联动、团队互助、整体提升"的研修共同体,与曹杨二中等多所学校围绕"课程规划与课堂教学"联合教研 10 余次。

二是探索建立与民族地区学校的研修共同体。学校以赴民族地区学校支援的骨干教师为抓手,与 10 余所民族地区学校协同构建"校长-管理干部-班主任-学科教师"研修共同体,围绕"课程规划下的课程实施"开展数字化教研活动 10 余次。

四、效果与影响

(一)所获荣誉

2022 年学校课程规划与年度课程计划获得了"上海市优秀课程规划"的荣

誉。学校依托市级"双新"课题"'双新'背景下学校课程规划及实施的进阶研究"加强对课程规划的研究,通过不断地更新与迭代,推动了教与学方式的变革。课堂实践成果获得上海市基础教育成果奖、同济大学教学成果特等奖、杨浦区基础教育成果奖特等奖等殊荣。

（二）辐射交流

目前已开展国家级课堂教学展示活动 2 次、市级课堂教学展示活动 7 次,为贵州省兴义市第一中学、云南迪庆州香格里拉中学、新疆乌鲁木齐第八十中学等10 余所民族地区学校提供课堂观摩、讲座交流 20 余次。"双新"成果申报市、区级教育教学研究课题立项 10 余项,在上海教研等市、区级以上学术期刊上发表相关论文 30 余篇。

（三）媒体报道

"双新"成果在市区乃至全国推广辐射,人民网、人民教育、学习强国、上观新闻等主流媒体刊登相关报道多达 20 余篇。

小学生学习情感培育的十五年探索

课题负责人：

郑小燕　上海市杨浦区平凉路第三小学

课题组成员：

张　颖　上海市杨浦区平凉路第三小学

商凌鹏　上海市教师教育学院

朱远妃　上海市杨浦区平凉路第三小学

康　丽　上海市杨浦区平凉路第三小学

施玉豪　上海市杨浦区平凉路第三小学

时运佳　上海市杨浦区平凉路第三小学

顾佳玥　上海市杨浦区平凉路第三小学

吴嘉蕴　上海市杨浦区平凉路第三小学

一、背景与价值

对学生学习情感的关注，既是源于对学习情感本身价值的认可，也是源于学校办学愿景落地的现实需要。从学习情感的价值看，学习可以满足学生多方面的需要，由此产生兴趣、自信、快乐等情感体验，这些情感体验不仅是衡量学生学习负担的重要标尺，是激发学生学习自觉的重要元素，是学生想象力、创造力生成的重要保障，也是教育遵循本质、回归立德树人的内在要求。大量研究表明，积极的学习情感与学生学习成效存在显著正相关关系，以学习情感为代表的非智力因素是造成学生学业表现差异的最重要因素。由此，我们期望通过学习情感的培育，来减轻学生学习心理减负，逐步打造出"高质量轻负担"教育样态。

本研究针对教师对学习情感培育的"认知不足"和"实践不力"的现象,聚焦亟待解决的 3 个主要问题:① 小学生的学习情感是什么? ② 如何培育小学生的学习情感? ③ 如何对小学生的学习情感进行评价?

二、方法与过程

本研究针对教师对学生学习情感培育"认知不足"和"实践不力"的现状,围绕学习情感"是什么""怎么培育""如何评价"的问题,采取"理念引领-重点突破-系统推进-提炼深化"的策略,就学习情感培育的内涵、路径、策略、评价及保障等展开了历经四个阶段、跨越十五年的持续研究。

(一)第一阶段(2008.7—2012.8):理念引领-校本研修-理解自洽

该阶段聚焦的核心问题是学习情感培育的内涵与具体要求。通过对"学习情感""学习情感培育策略"等领域相关文献的梳理,形成《小学生学习情感培育研究综述》,确立本研究的立足点和创新点。通过问卷、访谈、学业质量绿色指标报告,把握学校学生学习情感的现状与需求。在归纳、概括、提炼的基础上,明确了兴趣意愿、行为态度和信心情绪是小学生学习情感的核心构成要素,师生关系、教学指导、学习成效、校园环境和家校合力是影响学习情感培育的关键因素,形成学习情感培育的个性化认知与表达。在此基础上,依托校本研修,增强教师培养学生学习情感的意识。

(二)第二阶段(2012.9—2014.8):评价设计-课例研究-重点突破

该阶段聚焦的核心问题是学习情感如何评价以及如何通过课堂教学进行培育:① 通过对学生课堂上在兴趣意愿、行为态度和信心情绪三方面表现的观察,将学生学习情感状态归纳为三种水平六种类型。② 通过对影响学生学习情感的五大关键要素的课堂观察,对教师学习情感培育的课堂实施水平进行了等级划分,分为三个水平等级,研究厘清了每一个水平等级的范围,赋予了其典型行为的描述,并提供了促进积极学科情感水平的课堂实施改进性建议。③ 通过教研活动,总结归纳出提升学习情感的 N 项课堂教学策略,并在实践中不断优化,形成关注学习情感培育的课例。④ 通过不断扩大学生样本数量和客观分析评价结果。⑤ 在关注学生整体的同时,还聚焦学生个人,通过对学生的课堂观察、调查、访谈等,提炼了提升不同学习情感水平学生学习情感的策略。

(三)第三阶段(2014.9—2020.8):路径设计-纵横贯通-系统推进

该阶段的核心问题是建构学生学习情感培育的路径与保障系统。坚持系统化思维,纵向贯通学习情感培育的年段序列,横向贯通课程教学、德育工作、评价

改革、校园环境建设等各领域,形成贯通学校教学和管理的学习情感培养体系:
① 在课程教学方面,基于学习情感培育内容序列,以学校课程体系为基,在课程
理念、课程目标、课程实施、课程评价中体现对学生学习情感的培育,从而构建指
向小学生学习情感培育的课程体系。② 在德育工作方面,展开凸显学习情感培
育的德育活动,凝练了班级建设和个别教育中提升学习情感的策略。③ 在评价
改革方面,将学习情感指数纳入学生青苹果徽章评价系统,将学习情感培育指数
纳入教师评价体系。④ 在校园环境建设方面,借助文化长廊与"一班一品"特色
建设,营造宽松、舒适的校园环境。

(四)第四阶段(2020.9—2023.9):经验提炼-成果固化-推广辐射

该阶段的核心问题是凝练生成学校层面培养学生学习情感的有效经验,完
善小学生学习情感培育的系统推进方案与路径,优化学习情感评价体系,凝练指
向学习情感培育的课堂教学策略、学生个体提升策略、校园环境营造策略等,并
对其进行固化,形成专著。与此同时,在集团、外省市学校进行成果推广和辐射,
放大成果的实践效益。

三、内容与成果

(一)本成果的主要观点

1. 建构了学习情感培育的基本框架和实践路径

1)形成了小学生学习情感的"1+5"基本框架

其一,提炼了"1 组"小学生学习情感的核心构成要素。基于卢家楣的"以情优
教"、班杜拉的"提高学生的自我效能感"以及韦纳的"归因理论"等理论和师生实践
体验,总结提炼了小学生学习情感的核心构成要素:兴趣意愿、行为态度和信心情
绪。小学生学习情感构成要素的校本化理解,不仅建构了小学生学习情感诊断的
标准依据,也为学生学习情感评价体系的设计和评价工具的研发奠定基础。

其二,归纳了影响学生学习情感发展的"5 个"关键因素。综合问卷调查与
访谈结果,明确师生关系、教学指导、学习成效、校园环境和家校合力是影响学生
学习情感发展的 5 个关键因素,其中师生关系和教学指导直接制约着学习成效
的高低。

2)架构了小学生学习情感培育的实践路径模型

坚持系统化思维,纵向贯通学习情感培育的年段序列,横向贯通课程教学、
德育工作、评价改革、校园环境建设等各领域,架构了小学生学习情感培育的实
践路径模型(见图 1)。

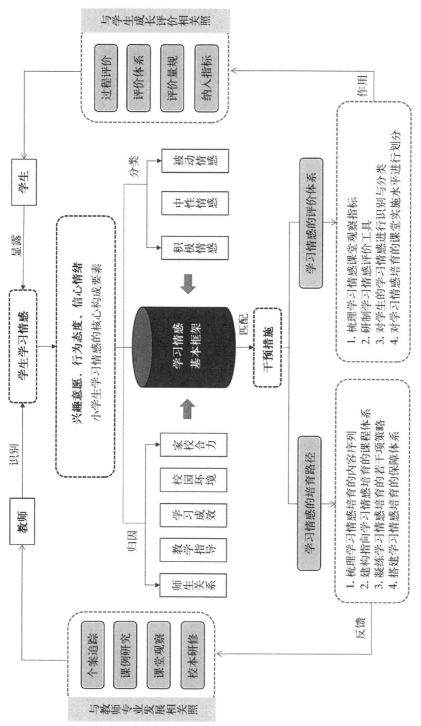

图 1 小学生学习情感培育的实践路径模型

本实践路径模型的实施策略,归结起来就是"三个嵌入,三个关照",具体而言:

其一,研究嵌入学校整体课程与教学改革,和教学理念相关照。通过课程与教学的整体变革呼应小学生学习情感的主要组成要素,将学习情感评价整体纳入课堂教学评价体系,推动学校育人方式的整体转型。

其二,研究嵌入学校学生人才培养体系,和评价模式相互关照。在学生"青苹果徽章"系统中增加对学生学习情感的评价,当教师通过评价工具观察或了解到学生的学习情感水平提升时,教师会通过"青苹果徽章"评价系统发放相应的徽章,系统后台自动进行统计,形成阶段性或期末的学生成长档案,作为学生综合素质发展评价的一部分进行呈现,不仅达到了提升学生学习情感的目标,也有效促进了学生的全面发展。

其三,研究嵌入学校教师队伍建设,与教师成长相互关照。关注与培育学生的学习情感是教师专业发展的重要内容之一,将其与教师专业发展相结合。例如,请教师选择1—2位学习情感水平较低下的学生,与之签订"情感速递"手册。通过"情感速递"手册,分析学生的困难点和原因,记录学生个体教学和心理辅导过程中有效的做法,分享学生点滴的进步。

2. 建构了小学生学习情感评价体系

基于小学生学习情感的三个主要维度——学习兴趣、学习态度、学习信心,设计了一系列的学习情感评价工具,并制定了学生学习情感的评价标准,建构了小学生学习情感评价体系。

1) 开发了学习情感的评价工具

为了更好地诊断学生的学习情感,教师自主设计了两大类学习情感诊断工具,从教师和学生两个视角对学生的学习情感进行全面评价。一类是调查类,主要用于调查分析学生学习情感的习得结果,如《学生情感调查问卷》;一类是记录类,主要用于记录学生学习情感培养的过程性表现,如《学生学习情感教师评价记录表》《学生学习情感课堂观察记录表》《学生学习情感课堂分指标的观察量表》《学生学习情感访谈记录表》等,这些评价工具中包含了指向学生学习情感核心构成要素的相关问题。

2) 梳理了学生学习情感的类型

基于评价工具的校本化应用,将学生学习情感状态归纳为积极、中性、被动三种水平,将学生情感分为乐天型、乐趣型、努力型;稳定型、观望型、适中型;逃避型、依赖型、应付型,并赋予9种类型的水平和典型行为描述(见表1)。

表 1　学生学习情感类型表

情感水平	学生类型	组　成　要　素		
		兴趣意愿	行为态度	信心情绪
积极	乐天型	高	中	高
	乐趣型	高	高	高
	努力型	中	高	中
中性	稳定型	中	中	中
	观望型	低	中	中
	适中型	中	中	低
被动	逃避型	低	低	低
	依赖型	中	中	低
	应付型	低	中	低

积极情感水平及其对应的学生类型：

① 乐天型学生：这类学生心态乐观，即使面对困难和挫折，也能保持积极的心态，相信自己能够克服。

② 乐趣型学生：他们能从学习中找到乐趣，享受学习的过程，对新知识充满好奇和探索欲。

③ 努力型学生：这类学生知道学习的重要性，会付出努力来取得好成绩，他们的学习动力主要来自对目标的追求。

中性情感水平及其对应的学生类型：

① 稳定型学生：这类学生的学习情感相对平稳，没有明显的起伏。他们对待学习既不过于热情也不过于冷淡，能够保持一定的学习节奏和效率。

② 观望型学生：这类学生对于学习持有一种观望态度，他们不太主动表达自己的观点或情感，往往等待他人的引领或示范。他们需要更多的引导和鼓励来激发学习动力。

③ 适中型学生：他们的学习情感处于中等水平，既不会过于积极也不会过于消极。他们通常能够按照教师的要求完成学习任务，但缺乏自我驱动和创新

能力。

被动情感水平及其对应的学生类型：

① 逃避型学生：这类学生对于学习持有逃避的态度,他们可能由于各种原因对学习感到害怕或厌倦,因此选择避免与学习相关的活动。

② 依赖型学生：他们过度依赖他人的指导和帮助,缺乏自主学习的能力。在学习上,他们往往等待教师的指示或同学的帮助,缺乏独立思考和解决问题的能力。

③ 应付型学生：这类学生只是为了应付任务或考试而学习,他们缺乏真正的学习兴趣和动力。他们可能只关注表面的知识,不深入思考和探索。

（3）划分了学习情感培育的课堂实施水平。

对学习情感培育的课堂实施水平进行了等级划分,分为"基本实施""实施度较高""实施度高"三个水平等级,研究厘清了每一个水平等级的范围,赋予了其典型行为的描述,并提供了促进学习情感培育的课堂改进建议。

3. 建构了指向学生学习情感培育的课程体系

其一,梳理了学习情感培育的年段序列。依据小学生学习情感的三个主要组成要素构建了匹配小学低中高三个年段的学习情感培育序列,为指向学生学习情感培育的学校课程体系构建奠定基础（见表2）。

表 2 学生学习情感培育的年段要求

	兴趣意愿	行为态度	信心情绪
低年级段 （一、二年级）	有趣	学习习惯	自控感
中年级段 （三、四年级）	兴趣	学习方式	自尊感
高年级段 （五年级）	志趣	学习价值	成就感

其二,以"构建促进学生全面、生动、自主成长的课程"为目标,构建了指向小学生学习情感培育的学校课程体系,努力为孩子们打造一个快乐生活、生动成长的乐园。"青苹果乐园"课程包含了"阳光屋、智慧堂、运动场、艺术台、探险岛"五大主题板块,涵盖三类课程,对接综合素质评价,并在其中渗透对学生学习情感培育的总要求和分年段要求（见图2）。

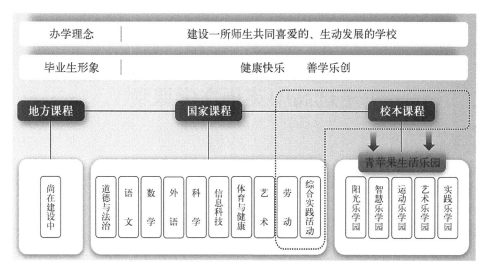

图 2　平凉路第三小学"青苹果乐园"课程体系结构图

基于"无边界的教与学"理念,学校的一切课内与课外课程、校内与校外活动,都关注对学生学习情感的培育,如"百个儿童家庭科技实验角"科技探究课程、"滨江 DREAMS"跨学科课程、"探·神奇博物馆"博物馆课程、"乐动心灵氧吧"心理课程、体育兴趣化课程等。

4. 凝练了学习情感培育的若干种策略

其一,从课堂教学入手,基于"不同类型的学生对不同类型的课堂教学活动有着不同的偏好"这一研究观点,本研究总结和提炼了在课堂教学中提升学习情感的策略,如"手拉手"策略、"目标靶"策略、"定时器"策略、"万花筒"策略、"争上游"策略、"对话"策略、"指南针"策略、"哥德巴赫"策略等。其二,从学校系统变革入手,基于"教育理应充满对生命的关怀和对人的个体的情感和价值的遵循"这一教育观点,本成果凝练了班级建设和个别教育中提升学习情感的策略。在班级建设中,可以通过"理解"策略、"无错"策略、"谅解"策略、"冷处理"策略、"融情"策略、"无障碍沟通"策略和"团队提升"策略来提升学习情感;在个体教育中,可以通过"聚光灯"策略、"放大镜"策略和"拐杖"策略来改善学习情感类型为"被动型"的学生的学习情感状态。其三,在"让精彩活动促进每一个儿童健康快乐成长,生动活泼发展"活动理念引领下,开展丰富的主题教育活动、社会实践活动、城市少年宫活动,实现全面生发精彩。其四,通过管理创新,要给师生营造生动教与学的时空,让每一位学生在生动的学习过程中,满足生命求知的需求,体会童年生活的快乐,获取持续发展的能量,丰富自我成功的体验。

走进高中英语文学课堂

课题负责人:

祁　慧　上海市控江中学

一、背景与价值

近年来,阅读素养在英语教学中越来越受到重视,从阅读能力到阅读素养的转变是英语素质教育提升的重要途径。阅读没有捷径,它是个体生命的沉淀,是一种基于良好的阅读习惯和阅读兴趣的生存方式,是人之为人的一种素养。

"走进高中英语文学课堂"的研究是在教育理念更新、国际交流需求增加以及提升学生综合素质的大背景下展开的。现代教育理念强调学生的全面发展,高中英语文学课堂作为英语教学的重要组成部分,其教学价值逐渐被认识和重视。在经济全球化背景下,国际交流日益频繁,英语作为国际通用语言的重要性日益凸显,因此,高中英语文学课堂不仅有助于提升学生的语言能力,还能拓宽他们的文化视野,培养审美情趣和人文素养,从而全面提升学生的综合素质。此外,将英美文学作品引入高中英语课堂,可以极大地丰富教学内容,帮助学生更好地理解英语国家的文化背景和思维方式,提升他们的英语阅读能力和语言应用能力,进而推动英语教学改革,使教学更加注重学生的主体地位和实践能力的培养,提高英语教学的质量和效果。因此,"走进高中英语文学课堂"的研究具有重要的价值。

二、方法与过程

(一)研究方法

笔者采用实证研究的方法,深入探索了高中英语文学教学的现状及其存在的问题。通过问卷调查、访谈、课堂观察等多种手段,笔者全面收集了高中英语文学教学的第一手资料,旨在揭示当前教学实践中的真实面貌。研究发现,尽管英语文学教学在提升学生语言能力和文化素养方面具有显著优势,但在实际教学中仍存在诸多问题,如教学内容单一、教学方法陈旧、学生参与度不高等,这些问题严重制约了英语文学教学效果的发挥。

在此基础上,笔者进一步探讨了英语教师如何在高中英语课堂教学实践中有效推行基于思维能力培养的英语文学教学。通过引入批判性思维、创造性思维等理念,笔者设计了一系列创新的教学活动和策略,旨在激发学生的学习兴趣,提高他们的自主学习能力和思维能力。同时,笔者还强调了教师在教学过程中的角色转变,从知识的传授者转变为学生学习的引导者和伙伴,共同探索文学作品的深层内涵和价值。

为了求证英语文学教学对提高学生英语学科素养的重要性,笔者还进行了对比实验和效果评估。研究结果显示,参与英语文学教学的学生在语言能力、文化素养、思维能力等方面均取得了显著进步,进一步证明了英语文学教学在提升学生英语学科素养方面的独特价值和重要作用。这一研究不仅为高中英语文学教学提供了有力的理论支持和实践指导,也为推动英语教学改革和提高教学质量注入了新的活力和动力。

(二)实施过程

本课题的研究问题是"如何在英语文学教学中培养学生的思维能力?"。研究对象是笔者任教的某示范性高中 2016 届、2019 届和 2022 届创新班高一和高二的学生。创新班的学生英语基础相对较好,对于开展基于思维能力的英语文学教学实践研究有一定的语言保障和学习热情,参与研究的学生总人数为240 人左右。整个实践研究历时 6 年,分为两轮:第一轮是高中英语文学阅读教学的尝试和摸索阶段,主要聚焦文学阅读的课堂教学;第二轮是调整和改进阶段,主要聚焦文学阅读的课外延展性。除实践研究外,本课题还开展了反思性研究和发展性研究。反思性研究是针对两轮行动研究的总结和反思,探讨不同体裁的文学作品的教学方法;发展性研究探讨的是高中文学阅读的前景及其质量提升问题等方面。

第一轮实践研究探讨了高中英语文学课堂教学实践的策略和模式,经由案例分析,展现了五种文学课堂教学模式:文学词汇课程、文学阅读课程、文学写作课程、文学读写课程和文学戏剧课程。

通过第二轮实践研究,开发文学课程的课外延展性,借鉴了国外"文学圈"的阅读模式,论证"文学圈"模式对于培养二语学习者自主学习能力和高阶思维能力的作用。

通过反思性研究,总结了之前两轮研究得与失;分析了四种类型的文学体裁(小说、散文、诗歌和戏剧)的教学方法;论证了高中英语文学阅读实践能显著提升学生的英语学科素养,文学阅读不仅能提高学生的语言能力,培养学习自主学习能力,而且有利于提升学生的思维品质和文化品格。

三、内容与成果

本课题以培养学习者思维品质为出发点,建构基于思维过程的英语文学课堂教学框架,使学习者对英语文学文本产生感知理解,从而帮助学习者提升理解力,训练思维力,提高审美力和促进表达力。采用实证研究的方法,分析高中英语文学教学的现状和存在问题;探讨英语教师如何在高中英语课堂教学实践中有效推行英语文学作品的"思维型"教学;求证英语文学教学对提高学生英语学科素养的重要性。本课题对课外阅读课程的拓展也起到了实践指导的作用,如对文学阅读课程或文学选修课的开展具有一定的理论导向和实践指导意义。

（一）研究内容

本研究涵盖了文学阅读教学的可行性、教学策略,课堂教学模式、课程结构安排、评价等方面,结论涉及高中文学阅读教学的价值、路径、经验和改进等方面。总结出了三个层级的基于思维能力培养的文学阅读教学策略和方法。

1. 英语文学课堂教学模式：四种课型及操作

本研究通过实践研究初步提出文学阅读在课堂教学中可尝试的课型：文学词汇课、文学阅读课、文学写作课、文学戏剧课等;并提出了相应的课堂教学策略,即调动学生积极性、读写结合、合作分享、体验欣赏等等。

1）文学词汇课——咬文嚼字、解读文本

咬文嚼字(chewing the words)是文本解读的过程。文本意义的解读是阅读理解的目的,而文本的意义是在读者与文本的双向互动中产生的。因此,在英语文学阅读教学中教师不能只关注语言形式,而应更加注意语言符号的动态的表意过程以及读者在阅读当中的地位和作用。

2）文学阅读课——师生共读、共享作品

文学阅读本身就是仁者见仁、智者见智。在文学阅读的课堂上,不应该设置所谓的权威和标准答案,而是应该鼓励学生针对文本阅读表达出自己独到的见解和认识。所以,笔者将文学阅读课的主题基调设置在"师生共读、共享作品"的基础上。

3）文学写作课——读写结合、以读促写

文学写作课是在文学阅读课的基础上进行语言的输出和思想的表达。所以文学写作课一定是"读写结合、以读促写"的，是对文学阅读课程的一种外化检验。高中阶段的文学写作课仍是一种基础读写实践，教师应该鼓励学生通过阅读积累有用的语言知识和写作素材，学习文学名著中的写作方法和技巧，反之也可检查和加深学生对阅读内容的理解。

4）文学戏剧课——读演结合、加深理解

基于文学作品的台词朗读和戏剧表演是文学听说课特有的一种形式，"读演结合"有助于学生更好地理解作品，同时在表演的过程中也训练了学生口头语言表达能力。教师可以根据所涉及的文学作品，选择一些经典片段让学生观看并模仿，在模仿的过程中，学生能够将文学作品的二维空间升华到三维立体空间，进一步检测学生对文本的理解。

2. 英语文学课程模式：必修和选修结合

本课题的第二轮研究主要是涉及文学课外阅读，选用了外教社《牛津英语分级读物》（第三级）作为阅读补充教材，笔者任教的两个班级利用一学年时间完成了《巴斯克维尔猎犬》《失踪的科学家》《红色英勇勋章》《双城记》《犯罪与侦探故事》五篇文学名著简写版的阅读。课外文学阅读也采用了"文学圈"的阅读模式，由学生组成学习小组，自行选择文学文本阅读，进行文学日志撰写，完成读书笔记，进行读书交流，完成阅读小报等一系列活动。

（二）研究成果

本研究丰富了教学内容，提高了教学效率，提升了教学品质，在教学理念、教学内容和教学方式三方面都有所突破和创新。

1. 教学理念之创新：围绕英语学科核心素养

在高中阶段开展基于思维能力培养的英语文学阅读教学顺应了英语学科"核心素养"研究的大背景，新颁布的《普通高中英语课程标准》将英语学科的核心素养定位在四个方面：语言能力、文化品格、思维品质和学习能力，基于思维能力培养的文学阅读的教学目标与核心素养的四个定位不谋而合。

学生可以从文学读本中汲取原汁原味的语言精华，从而提升了学生的语言能力。学生对于英语学习的态度随着教学内容和教学方式的改变由被动转为主动，体现在英语阅读的延展性：从课内应试型阅读转为课外兴趣型阅读，从而提高了学生的学习能力。文学阅读不仅仅是一种外在的行为，更是一种内在的触动,是与作者心灵的碰撞和思维的交锋,所以文学阅读不仅能提升学生的语言综合语用能力和学习能力,更富含精神的养分,丰盈和润泽了学生的精神生命,使高中生在异域文化的浸润中,形成正确的人生观和世界观,因此文学阅读把发展学生的核心素养作为英语学科的教学目标,寻找在高中英语课堂教学中培养学科核心素养的触发点、关联点和结合点,探索培养学生的语言能力、思维品质和文化品格的可行路径。

2. 教学内容的创新:拓展英语学科课程资源

现行上海高中各校所采用的英语教材大多为《牛津英语》《新世纪英语》《英语》(上教社)和《英语》(外教社),这四套教材内容大多体现语言的工具性价值,缺乏人文性的内容素材,教材内容的单一与精彩的文学世界形成鲜明的反差。大部分英语教师对教材的使用还是倾向于教教材而不是用教材教,从而过分地依赖教材,而非主动、创造和批判地使用教材,为了帮助学生积累语言内容,有些教师会要求学生背诵课文,但是现行教材中并非每一篇课文都适合或值得学生背诵,学生虽然在课文背诵上花了很多时间,但是却没有达到老师预期的效果,反而扼杀了学生学习英语的积极性,可见课本的选材对于学生核心素养的培养起着至关重要的作用。

3. 教学方式的创新:借鉴英语学科母语教学

传统的语言教学模式偏重于教师的权威式讲解和知识传授,没有充分体现出对学生的创造性和综合能力的锻炼。英语作为二语教学,教学方式大多采用知识点的灌输和信息的传递,学生是"learn English"而不是"acquire English"。但是,笔者通过研究英语母语教学的方式,发现语言学习是一种沉浸式的体验和平等的交流,在这种阅读环境中,学生不再是被动的接受信息的器皿,而是参与其中的阅读主体,学生可以自由地、创造性地对文学作品进行批判性的思考,表达自己的特有观点,而不是拘泥于一个所谓的标准答案,这样的阅读才是动态的阅读,而非一成不变的静态阅读模式。

四、效果与影响

本课题成果《走进高中英语文学课堂》已经于 2023 年 12 月由上海交通大学出版社出版,其效果与影响深远而全面。通过引入英美文学,不仅极大地丰富了教学内容,改善了教学效果,使得课堂氛围更加活跃,学生的学习兴趣和动力得到显著激发;而且,文学作品的深入赏析和讨论,不仅帮助学生更好地理解英语国家的文化背景和思维方式,提升了他们的英语学科素养和跨文化交际能力,还培养了他们的批判性和创造性思维。此外,文学作品中蕴含的人文精神和深刻思想,更是对学生人文素养的一次滋养,引导他们思考人生、社会和自然等重大问题,培养了他们的社会责任感和人文情怀。因此,高中英语文学课堂不仅能够提升学生的语言能力,也能够全面塑造他们的综合素质。

新技术支持下幼儿园运动课程的
科学性检测分析与研究

课题负责人：

孙映丽　上海市杨浦区翔殷幼稚园

课题组成员：

俞　音　上海市杨浦区市光二村幼儿园

傅婵慧　上海市杨浦区翔殷幼稚园

陆思琪　上海市杨浦区翔殷幼稚园

丁　琳　上海市杨浦区翔殷幼稚园

黄一凡　上海市杨浦区翔殷幼稚园

高汝瑾　上海市杨浦区翔殷幼稚园

安　娟　上海市杨浦区翔殷幼稚园

陈笑颜　上海市杨浦区翔殷幼稚园

李　玮　上海市杨浦区翔殷幼稚园

顾燕婷　上海市杨浦区翔殷幼稚园

一、背景与价值

（一）现阶段更新迭代幼儿园运动课程的需要

《关于推进学前教育深化改革规范发展的实施意见》中提出要"提升学前教育数据管理水平,实现教育数据的全面、及时、精准采集与归集共享,构建过程性评价诊断模型。"翔殷幼稚园作为运动特色示范园,多年来致力于运动课程的研究,然而现有的运动课程体系已比较老旧,不适应当前数字化时代发展的需要。

因此,将新技术与幼儿园运动课程相结合,通过运动手环采集的生理指标数据来支持教师反思运动课程安排的合理性、组织实施的有效性,是不断调整、发展、迭代适宜性运动课程的需要。

（二）新技术在幼儿园运动课程中未得到充分利用

数字化信息技术在幼儿园领域的应用多是利用电子教具、教育软件、多媒体课件等,更多是信息技术支持下的幼儿园集体教学活动形式的改变,借助信息技术让集体教学活动更加直观、形象。但在幼儿园课程领域,鲜少看到有新技术的运用,对于课程的科学性未经过数据检测,如何将新技术与幼儿园运动活动的教学目标和教育原则相结合,也是当前研究亟须关注的问题。

综上所述,一套科学、适宜的新技术支持方法迫在眉睫,本文旨在通过量化研究,创建运动课程资源库,共建新技术支持体系,焕发数据平台的魅力。

二、方法与过程

（一）研究方法

1. 文献研究法

通过查阅文献,了解与项目相关的研究状况、研究方法和经验等,为界定概念、制订研究方案和拟定调查方案等提供理论依据,完成情报综述。

2. 行动研究法

教师基于行动研究法的范式“计划-行动-观察-反思”实施每日、每周、每月的运动课程,并基于数据结果不断优化调整运动课程方案,通过对教师收集的数据进行分析,形成一定的行动研究范式,并总结优化幼儿园运动特色课程方案,形成运动课程资源库。

3. 调查研究法

以座谈会、交流沟通等形式,通过问卷组织对学校教师、家长的访谈,收集他们对软件平台及相关数据的意见和建议,以改进、完善软件平台及数据体系。

（二）实施过程

1. 课题准备阶段

确立调研方案,请专家进行论证。项目研究组领衔人、核心成员和科研负责人制定了课题研究方案,组织专家讨论会,在听取专家意见后,对研究方案作了进一步调整和完善。

2. 规划实施阶段

殷翔幼稚园确定了与上海仁微电子科技股份有限公司的合作,共同开发了

"幼儿园运动课程质量监控平台"。确定课程实施基本框架和课程实施过程性数据收集过程,并基于当前幼儿体质体能数据优化调整运动课程内容。

3. 成果总结阶段

梳理研究取得的成果与不足,并撰写研究报告。

三、内容与成果

（一）开发了长周期、全覆盖的数字化课程监控平台

在上海市教委、上海体育大学等诸多专家的帮助下,基于园所自身发展需要,殷翔幼稚园与教育科技有限公司建立"共同投入共同研发"的园企合作机制,选用了带有智能定位功能的运动手环,合作开发了符合课题研究需求的"幼儿园运动课程质量监控平台"。

该平台的优势是为教师制作了随时可查可见的"幼儿园运动课程质量监控平台"网页版链接,具有"全园监控大屏""班级监控大屏""全园数据""班级数据""个人数据""分析评价""定位轨迹"等列表选项,功能十分齐全,教师可以根据不同的需求进行数据提取,比如可以分析班级幼儿整体的户外 2 小时运动时长、中高强度达标情况、班级幼儿某段时间平均心率变化的情况,还可以分析个别幼儿的一天的步行轨迹、运动量、心率变化等。教师可以通过电脑或手机登录平台,不受场地限制,实时观察全园幼儿的活动情况,并利用统计图表进行比较分析,使教师形成"线下实践＋线上评价"的方式。此外,此平台上开设有专门的"运动课程分析"板块,教师只需手动输入活动各个环节的时间,幼儿平均心率、最大心率、最高心率、实际练习时间等内容即可自动生成数据分析图,十分清楚、快捷地展示教师运动课程的实施情况,也满足了教师依靠新技术手段自主检测、分析运动课程的需要。

平台为幼儿园课程的实施提供了长周期、全过程的数据动态监测体系,既是教师进行课程决策和评价的重要工具,也是课题研究成果的重要载体。

（二）形成了数据驱动下的区域自主运动和集体运动互促互进的运动课程实践路径

手环赋能下,翔殷幼稚园教师形成了区域自主运动和集体运动互促互进的运动课程实践路径。

在幼儿区域自主运动中,教师通过运动手环采集幼儿在运动中的生理数据,包括心率、消耗的卡率、活动轨迹、运动密度等,结合教师的全程观察及视频拍摄,"观察"与"监测"就能相辅相成,支持教师动态调整运动活动实施,逐渐形成

了手环数据"日看"、"周看"与"月看"的实践模式。每日,教师会调取上午幼儿区域自主时间段的班级幼儿平均心率折线图,分析班级幼儿运动强度的整体变化情况。每周,教师会调取班级平均心率周变化折线图,直观地了解幼儿在同一场地上与器材互动的运动量,关注这一周幼儿运动强度的变化。每月,教师会横向比较本班幼儿与平行班幼儿在同一场地的运动情况,也会纵向比较班级幼儿在上一场地的运动情况,从数据的角度分析场地大小、材料提供、幼儿动作、有效运动时长等可能存在的原因,借鉴不同场地的优势不断优化另一场地的运动情况。

在集体运动课程的组织实施中,主要形成了通过"数"读幼儿、"数"析方案、"数"评实施、"数"说反思四大实施策略。以"数"读幼儿,即教师在实施幼儿运动课程的准备阶段中,通过智能运动手环平台实时观察每一位幼儿的心率、活动量、消耗的卡率等,对幼儿各项数据进行解读;以"数"析方案,即教师利用统计分析后的可视化数据,以数为依据,提升教师解读、制定、分析、优化集体运动方案的能力;以"数"评实施,即教师利用中班级幼儿平均心率数据,对课程实施环节(热身、游戏、集中分享、放松)、时长、教师行为(语言、动作示范、组织管理等)进行分析;以"数"说反思,是教师对整个利用数据设计、实施、评价的过程进行反思,以更合理地设计运动方案,推动更科学的动作设置、活动结构设计和活动场景创设等,不断指引、优化、调控教师教育行为。

(三)重塑了教师基于循证的运动课程评价理念

教师以往对幼儿的运动情况评价不够精准,存在主观臆断的风险。如今,依托信息技术,幼儿佩戴了运动手环,老师们在自然的状态下观察着每一个幼儿的运动情况,再结合自己对幼儿运动现场的观察识别,对数据进行获取、处理、分析、解释、应用。运动手环等各种信息化设备如同教师的"第三只眼睛",将幼儿在运动中隐性的生理变化以数据方式呈现出来,教师在组织运动课程中可以实时把握控幼儿的运动负荷,准确分析和评价幼儿的运动能力,合理地安排和调节运动课程的运动负荷大小,给教师提供教学支持的改进依据和相关决策支持,促使教师每天能从孩子的行为和行为结果来反思运动课程安排的合理性、组织实施的有效性。

智能穿戴设备等数字产品的开发与利用让幼儿运动强度、心率变化、运动轨迹等过程性数据可以得到及时采集和分析,教师对幼儿评价逐渐由静态转向动态、由结果转向过程,幼儿园教师据此能全面勾画出幼儿的运动情境,绘制幼儿运动的精准画像,实现儿童学习与发展的全员、全过程、全方位的伴随式过程评价,构建幼儿动态运动数据成长档案。智能穿戴设备的出现已经成为教师运动课程设计与评价中不可或缺的工具,也重塑了教师从基于经验到基于数据的运动课程评价理念的转变。

（四）构建了完整的幼儿园园本运动课程数字资源库

在对已有资源进行分类、整理的基础上,将此次研究相关的运动课程资源划分了三类,分别是集体运动课程资源、区域运动课程资源和基于数据进行行动改进的教师运动课程实施案例集。

第一类的集体运动课程方案来源于教师,最终也为教师所用。教师基于幼儿手环数据和班级幼儿运动的实际情况,会设计出基于数据的集体运动方案,将教师成熟的集体运动公开课以视频的方式记录保存,然后再组织年龄组教师集体研究、讨论、优化,以便事后进行对比研究。在每学期末筛选出的优质运动课程方案,在梳理走、跑、跳、钻、爬、平衡、投掷等幼儿基本动作技能发展特点的基础上,按照大小中大班三个年龄段进行建夹分类,分门别类梳理了按照基本动作技能和材料种类划分的集体运动方案、"运动游戏"资源包、"移动型器械玩法"资源包、"固定型器械玩法"资源包,最终积累了大班集体运动课程方案256篇,中班集体运动课程方案223篇,小班集体运动课程方案228篇,教师可以按照自己的需求自由选择课程资源使用。

第二类的区域体育活动的资源主要偏向于幼儿使用,以幼儿运动的学习资源为主。这些资源大多以实物的形态存在,我们将器械器材按照大型的、小型的、固定的、可移动的、专项动作技能的、低结构等种类来划分,以图文并茂的方式列表呈现器材的名称、数量、放置的位置等;而场地资源则是将各处所、场地命名,辅以照片及适宜开展哪些体育活动及游戏的建议等。如从发展幼儿的身体素质出发,从"平衡""耐力""力量""协调灵敏"四个方面对已有的运动环境、运动器械进行归类统计,从数量上判断物质资源的配备是否全面而均衡,在"幼儿需求-教师支持"的过程中不断完善运动课程资源库的内容和功能。

第三类是教师在实践过程中积累的基于"数据＋证据"幼儿运动课程实施案例,包含区域自主运动场景下基于幼儿运动量大小、场地特点、材料器械玩法、运动轨迹等如何解读与分析的幼儿手环数据的案例,集体运动场景下基于数据的对幼儿热身环节、课程组织设计环节、放松环节进行科学化设计的案例,激活家长和幼儿主体参与到数据解读过程的案例等不同内容,共计积累教师解读和应用手环数据进行运动课程的经典案例20篇,这些案例是技术赋能幼儿园课程的生动体现,具有深刻的研讨和反思价值。

（五）完善了幼儿园运动课程的组织管理制度

科学的管理是幼儿园运动课程高质量发展的保证。在引入智能手环后,在强大的信息技术和数据分析技术支撑下,幼儿园管理者编制了包括"设备管理使用""数据采集与管理""课程实施"及"课程管理"等一系列规章制度,为幼稚园运动课程科学、优质发展保驾护航,也为评价教师工作的有效性和专业性提供了科学、可视化的依据。

首先,在设备管理使用上,翔殷幼稚园已经制定并形成相关制度,包括《可穿戴设备的管理制度》《可穿戴设备的采购制度》《可穿戴设备的班级配置和使用制度》《可穿戴设备的充电制度》《可穿戴设备的消毒管理制度》《可穿戴设备的损耗和赔偿制度》《可穿戴设备异常情况处置制度》《可穿戴设备日常管理与保障的监督制度》。

其次,在数据采集与管理上,对于数据从采集、分析、应用上都形成了一套较为成熟的流程;在数据的安全方面,制定了《数据安全管理制度》,规范数据使用范围,规定数据修改、查询、存储、使用等的访问权限;数据库及备份文件保存等都有了相关的规定。

最后,在课程的实施与管理上,教师可以通过对班级幼儿活动数据的整理分析,更深入了解幼儿,更好地优化课程组织实施,提升教师的课程领导力,给予教师自主反思评价课程的空间和机会。

四、效果与影响

（一）幼儿的体质体能明显得到改善

在课题实施初期,随机选取了四个班级作为研究样本,经过对比发现,智能运动手环对于促进幼儿的视力健康、身高增长以及体重控制均产生了显著且积极的影响。

自2021年至2024年,翔殷幼稚园幼儿的视力异常率、肥胖率及超重率均呈现出明显的下降趋势,有效改善了以往存在的"眼镜孩儿"和"大肚孩儿"现象,为幼儿的健康成长奠定了坚实基础(见图1)。

（二）幼儿的基本运动技能获得发展

2020年选取小班幼儿男女生共120名,对校本幼儿在3岁、4岁、5岁、6岁分别进行体质监测,对比发现,殷翔幼稚园幼儿的测试成绩均超过《2020年上海市国民体质监测公报》中所公布的幼儿平均水平,这表明殷翔幼稚园幼儿的运动能力得到了显著提升,切实体现了新技术支持下幼儿园运动课程实践的积极成果(见表1)。

图 1　全园幼儿(347 名)近四年健康数据变化图

表 1　殷翔幼稚园样本幼儿与上海市第五次国民体质监测幼儿体质指标均值平均水平对比

性　　别	年龄（岁）	立定跳远（厘米）	坐位体前屈（厘米）	15 米绕障碍跑（秒）	双脚连续跳（秒）	走平衡木（秒）
男（公报组）	3	58.9	11.3	9.7	9.1	10.4
	4	77.7	11.7	8.4	7.1	8.9
	5	92.9	11.4	7.5	6	6.9
	6	99.4	10.8	7.3	5.6	6.1
男（样本组）	3	58.7	12.1	9.3	9.1	10
	4	79.6	12.2	8	6.5	8.2
	5	96.2	11.9	7.2	5.8	6.1
	6	102.1	11.7	7	5.4	5.2
女（公报组）	3	58.8	12.1	9.9	9.3	10.3
	4	75.4	12.9	8.7	7.2	8.8
	5	88.8	13.3	7.6	6	7.4
	6	96.0	12.8	7.4	5.7	6.3

性　　别	年龄（岁）	立定跳远（厘米）	坐位体前屈（厘米）	15米绕障碍跑（秒）	双脚连续跳（秒）	走平衡木（秒）
女（样本组）	3	58.8	12.1	9.9	9.1	10.3
	4	78.6	13.2	8.5	7.1	8.5
	5	94	13.4	7.5	5.6	6.9
	6	99.2	13.1	7.2	5.5	5.9

（三）教师的信息技术素养逐步提升

在此过程中，教师借助手环智能监控平台，深入探索信息技术与幼儿之间的关联，通过数据可视化方式展现原本模糊的教育活动过程，帮助教师更精准地把握幼儿的运动数字画像，同时不断提升教师的信息技术素养。

（四）幼儿园的示范辐射作用不断发挥

翔殷幼稚园积极将积累的经验和成果在市级、区级、集团校等多个层面进行广泛推广，从而在区域范围内产生了积极且深远的影响。

融的教育
——东辽阳中学融入教育十五载

课题负责人:

吴鸿春 上海市东辽阳中学

课题组成员:

冯　嬿 上海市东辽阳中学

隋文同 上海市东辽阳中学

吴甲天 上海市东辽阳中学

一、背景与价值

在教育公平和推进均衡教育的背景下,学校不仅要给随迁子女提供接受教育的机会,更多的是要培育他们健全的人格,让他们更快地融入这个国际大都市,基于此,杨浦区在全市率先成立了由进城务工人员随迁子女人数较多的学校组成的"农民工同住子女教育工作课题研究协作组"。东辽阳中学地处杨浦区定海街道,承担着接纳进城务工人员随迁子女的重任,随迁子女人数很快超过了学生总数的 80%,学校同时成为课题研究协作组组长单位。

当时学校主要面临"四不""四障碍"的现实问题。"四不",即办学质量不高,顶层设计不够,实践路径不明,办学资源不足。"四障碍",即心理融入障碍,行为融入障碍,学习融入障碍,家庭教育融入障碍。鉴于此,学校实施"融入教育",将"以学生为本"价值理念贯穿始终,通过"融汇"的学校治理、"融合"的学生成长、"融通"的课程建设、"融慧"的课堂文化构建 、"融洽"的教师发展、"融融"的环境优化和资源配置实践探索,努力让教师不忘初心、勇担使命,使随迁子女健康、愉悦发展。

二、方法与过程

（一）研究方法

1. 文献研究法

结合本课题的研究内容，阅读有关流动人口的调查报告，查阅相关文献，了解家庭教育科学理论，搜集相关资料，为本课题提供基础和可供借鉴的事实材料及坚实的理论依据。

2. 调查研究法

采用个别谈话、问卷调查等方法，了解农民工同住子女家庭的教育方式，通过家访的形式，调查农民工家庭状况，辅佐研究的开展。

3. 行动研究法

在家庭中的感恩教育及其指导研究中，通过专家的讲座、咨询，探寻适合家长进行教育的方法，并在研究过程中不断反思、修正，找到适合学校指导家庭开展感恩教育的途径和方法。

4. 案例研究法

选择部分家长、学生作为主要对象，通过案例追踪研究，并对其在共时与历时两个层面上进行比较，分析影响学生健康发展的要素。

5. 经验总结法

依据家庭中存在客观事实，提出期望目标。再依据这个目标搜集资料并进行科学分析，制定出适合学校的学习型家庭指标，然后，在实施过程中积累经验，最后有目的、有计划地对经验进行总结和分析，从经验中找到事物间本质联系，并拟定研究报告。

（二）实施过程

1. 第一阶段：文献研究与现状调研（2018.9—2019.6）

学习和研究文件精神、相关中华民族传统文化精髓，收集并学习关于"融合"的教育理论文章，为学校"融"的教育提供支撑。开展广泛深入的调查研究，撰写调研报告。

2. 第二阶段：理论支撑和模型构建（2019.7—2019.12）

厘定"融"的教育依据和"融"的教育模型框架结构，精心设计研究计划，为本项研究奠定基础。

3. 第三阶段：实施计划和落实行动（2020.1—2022.9）

学习并内化学校的愿景、使命和毕业生形象，全面落实办学理念的实施路径和方法,项目化推进学校重要变革,提炼推进"融"的教育策略。

4. 第四阶段：数据采集与成效检验(2022.10—2024.12)

反思总结"融"的教育,成果梳理与研究展望,研究成果付梓出版。

三、内容与成果

本项目至今已开展了 3 项研究,分别是"'融'的教育依据研究""'融'的教育内涵研究""'融'的教育实践路径、运作机理研究"。

(一)"融"的教育依据研究

1."融"的文化依据

主要包括"和而不同"的价值认同;"融会贯通"的价值认同;"知行融合"的价值认同。

2."融"的政策依据

主要包括"五育有机融合"的教育政策;"学科有机融合"的教育政策;"家校社有机融合"的教育政策。

3."融"的理论依据

主要包括"和谐发展"的理论;"融合课程"的理论;"融合教学"的理论;"师生合作"的理论。

4."融"的校情依据

主要包括"学校历史的沿革""优先解决的障碍""发展战略的选择""领衔'16＋1'课题研究"。

(二)"融"的教育内涵研究

1."融"的教育校本理解

"融"的教育是学校的教育情怀、境界和灵魂。东辽阳中学秉持"融"的教育办学核心理念,其内涵主要包括:"五育融合"的教育观、"三维融通"的教学观和"心理融入"的生命观。

2. 学校使命

东辽阳中学的根本使命是"学校致力于学生教育的整体发展,服务于学生的生命成长",旨在指导和引导学生成为能够实现自我的、自信的、有责任感的终身学习者。

3. 学校愿景

东辽阳中学的愿景是"以上海市文明校园创建为载体,进一步将学校办成'理念鲜明、管理精细、质量优化','融教育'特点明显的家门口好学校"。

4. 毕业生形象

东辽阳中学的毕业生形象是"以'为了每一个学生的未来奠基'为宗旨,深化'融'的教育,传承优秀民族文化、践行社会主义核心价值观,使之成为'厚德自信、勤奋好学、合作阳光'的有个性、有特长的合格初中生,在此基础上成就一批较为优秀的初中生群体"。

(三)"融"的教育实践路径、运作机理研究

基于现实问题与调研现状,学校在"融"教育实施中长期探索实践,在六个方面努力提升办学质量,实现学校教育全面进步和学生全面发展。

1. "融汇"的学校治理

学校"治理"区别于学校"管理",主要表现为从人治走向法治、从封闭走向开放、从控制走向协调、从单一走向系统、从约束走向自主的理论与实践创新。"融汇"的学校治理聚焦学校发展行动,规范利益多元相关者的责任、权力和利益的组织结构和制度,通过合作、协商、伙伴关系互动等方式和专业工具与标准来管理学校事务,包括学校内部的结构性治理和外部的功能性治理。首先,学校坚持并加强党的全面领导,建立党组织领导的校长负责制,提升党支部组织领导力,加强党员队伍建设。其次,学校加强民主管理参与度,依法依规保障教职工参与民主管理和监督,在民主决策过程中把好政策关、群众关和程序关,注重提升民主管理参与度与实效性。最后,学校着力加强学校与家长及社会的合作办学,设立"融教育"家校联盟会参与学校的管理和监督,并整合社区人才、家长、公益组织资源,共同助力学生健康全面成长。

2. "融合"的学生成长

促进学生健康成长是学校一切工作的出发点和落脚点。学校从教育哲学思想出发,树立"学生总是发展变化的"观念;树立"学生是一个和谐的整体",坚持"五育融合",促进学生全面发展。在品德教育方面,学校明确"融"的好少年的培养目标、内容、途径和评价体系,坚持课程、文化、活动、实践、协同育人,多维度、多渠道设立评价标准,结合学校特点、发挥学生所长。在学业质量管理方面,学校关注学生学业状况,探索学业质量综合评价新路径,加强《新课程方案》《新课程标准》专题学习研讨,主动对接中考新政要求,加强学案研究,融合信息技术,结合校情落实减负增效与"五项管理"。在体质健康发展方面,学校坚持"体教融合"教育思想,牢固树立"健康第一"思想和体育育人理念,让学校体育融入学生生活,使之成为学生学习生活的重要组成部分,并通过协作联动与纳入课程的方式,促进学生体质健康发展。在心理健康教育方面,学校坚持"德心融合"的教育

思想,将学生心理健康教育纳入学校发展新五年规划中,成立心理健康教育领导小组并设立心理教研组,每学年为预备年级学生进行心理健康普测,充分保障心理辅导设施,同时设置生存宝典课程,加强学生心理健康教育。

3. "融通"的课程建设

"融通"的课程建设围绕培养"整体的人"的目标,坚持"五育融合"的教育观,"教材内外贯通""课堂内外贯通"和"校园内外贯通"的"三维贯通"教学观和"心理融入"生命观,构筑具有生活意义的课程内容,创建具有个性的学校文化。学校在课程政策的框架下,对学校课程实施 SWOT 分析,并评估学生及社区对课程的需求与期待,实施课程计划。"融通"的课程计划主要包括设计与毕业生形象对应的课程结构,以及学校厘定开设的课程相互之间的关系;按年级分周课时安排全校的课程计划,按照有关要求开齐、上足规定的课程;协调国家课程与校本课程、学科课程与活动课程、正式课程与专题活动的关系;聚焦学校课程计划中的关键点作进一步的补充和展开。在课程计划实施过程中,学校坚持深化课堂文化,变革学习方式,提升综合能力,落实育人目标,实施劳动课程,提升劳动素养,建设特色课程,促进个性发展,完善自我督导,帮助培养学生健全的个性和完整的人格。

4. "融慧"的课堂文化构建

课堂是教学的主阵地,是师生成长的舞台。"融慧"的课堂文化是通过智慧型教师的教育智慧,创建、激发富有生命力的、有效的课堂,提升教师和学生生命质量的课堂文化。这种课堂文化提倡建立师生平等、和谐的课堂气氛,在课堂教学中,强调师生互动,共同探讨的教学模式,让学生自己去体验、去认识、去探究,从而达到自我完善、自我提高,从而促使生命的发展。学校秉持"融慧"的课堂理念文化,基于校情对国家课程二次开发,以学案创编重构内容版块,创编重设教学问题与情景,同时注重差异和分层教学,加强课堂教学"学、亮、竞"研究,提升课堂品质。此外,学校还结合信息技术,创设了"融慧"的课堂制度文化,规范教学主体的行为,具有行为导向的作用,能保障课堂教学持续运行,提升学校教育教学质量。

5. "融洽"的教师发展

教师是立教之本、兴教之源,承担着让每个学生健康成长的重任。为全面贯彻习近平总书记关于教育的重要论述和全国教育大会精神,深入落实《中共中央、国务院关于全面深化新时代教师队伍建设改革的意见》,推进实施教育部等七部门《关于加强和改进新时代师德师风建设的意见》,学校面向广大教师组织开展师德教育,引导广大教师坚定理想信念、厚植爱国情怀、涵养高尚师德,坚持为党育人、为国育才。在师德教育方面,学校不仅组织开展师德专题教育活动,真正把教书育人和自我修养结合起来,而且积极开展师德典型的宣传,让良好师德引领新时代教育风向标,通过挖掘典型、评选"感动校园人物"等方式,进一步加强师德师风建设,充分展现广大教师爱岗敬业、关爱学生、教书育人、无私奉献的良好形象。在专业发展方面,学校致力于提升教师专业能力,以区级重点课题"基于融入教育的校本研修机制创新行动研究"为抓手,项目驱动、创新机制,扎实开展基于"融教育"的师资培训实践探索,从观念内容、方法、平台等维度全方位构建起校园"融研修"机制。同时,学校落实全员育人导师制,在教育过程中以《心家园·导师工作手册》为载体,班主任、导师、家长和学科老师相互配合、相互协调,形成教育合力,达到共同育人、全员育人的目的。

6."融融"的校园环境

校园环境是教育环境之一,是实现学校文明的重要标志。校园环境分为物质环境和精神环境,对学生的身心发展有潜移默化的影响,整洁、优雅、团结、紧张的环境能使学生养成积极向上的人生态度。一方面,学校以包含"融文化"主幕墙、"融文化"办学思想、学生社团展示、上海时间轴、校社会主义核心价值观文化长廊和名著导读专题文化墙的"融"文化新景观为主体,建设优美环境,营造浓厚人文气息;另一方面,学校打造"城市少年宫",研发"琴""棋""书""画""术"象征办学特色的"五艺"课程体系,开设"触摸上海"与"生命安全"体验课程,加强资源配置,满足学生需求。

四、效果与影响

（一）融教育办学特点彰显

学校连续三届获评上海市文明单位,两届上海市行为规范示范学校,2023年获评全国国防教育示范校。学校目前是上海市模范职工小家、上海市智力助残优秀集体、上海市教育国际交流协会会员单位、上海市非遗在校园示范校、上海市摔跤重点学校、上海市十佳非遗传习基地、沪东将棋活动中心,是杨浦区首批新优质学校。学校连续17年沪籍学生合格率100%,参加随迁考的学生45%左右考入中高职一贯通学校。《"融教育"办学概念引领下的体艺教育》刊登于《上海教育科研》,《随迁怎可失败,回乡也能成功——学校"融入教育"创新实践路径16年探索》获"黄埔杯"教育征文市级三等奖、区级一等奖。5年来,学校科研成果获评市区等第奖50余项。

（二）师资队伍不断壮大

在现有教职工 42 人中，有上海市第四期双名工程攻关计划名师后备人选 1 人，上海市第四期高峰计划青春期项目参与者 1 人，市教研室和杨教院重大合作项目——综合德育活动目标体系的实施状况项目组 1 人；区学科带头人 1 人，区学科中心组成员 4 人；区骨干教师 4 人，高级教师 4 人，师资队伍结构合理，不断趋向优化。

（三）"五艺"课程绽放异彩

五年来，初步构建起以"琴"（行进管乐）、"棋"（将棋）、"书"（生存宝典）、"画"（麦秆画）、"术"（柔摔、花样跳绳、高尔夫、笼式足球、毽球）为标志的校本课程体系，过程中教师研发校本教材、读物共计十余册，一专多能的融教育特色教师群体初步成形，学生社团各类各级区级以上获奖 400 余项。麦秆画制作和手工布艺 2 门课程被区教师进修学院立项为区域共享课程。学校受邀参加上海电视台的少儿春晚，在电视荧幕中一展东辽阳学子昂扬向上的新时代少年风采。

新课程研究：探秘上海海岸

课题负责人：

郑志英　同济大学附属新江湾城实验学校

好奇心不仅是探索科学规律的起点，更是进行科学创造的源泉。它是推动科学研究和探索的核心动力。正是好奇心，激发了学生提出一个个真实问题。有些问题不仅值得探究，而且是构建课程的起点。

一、背景与价值

（一）课程背景

1. 好奇心的重要性

伟大的科学家爱因斯坦曾说，"我没有什么特别的才能，我只是充满强烈的好奇心。"习近平总书记在 2020 年 9 月 11 日科学家座谈会上强调，好奇心是人的天性，对科学兴趣的引导和培养，要从娃娃抓起，使他们更多了解科学知识，掌握科学方法，形成一大批具备科学家潜质的青少年群体。

2. 政策导向

《义务教育科学课程标准（2022 年版）》指出要从学生已有经验出发，引导学生在真实的情境中解决真实的问题，发展探究能力。

3. 学校资源

1）学校是博物馆课程试点校

借助社会资源，与多个场馆有着深度合作，为学生开辟第二课堂学习阵地。把所有科技教育和活动都纳入课程建设的范畴，构建了具有科技教育特色的校本课程体系，成为杨浦区博物馆课程试点校，获上海市首届校外教育实践课程优秀成果征集及展示活动课程一等奖。

2）出版 9 册系列博物馆课程读本

作为科研室主任，我带领老师们开发了生态环保、城市发展、海洋科普等课程，出版 9 册系列博物馆课程读本，并被列入上海市中小学生、幼儿园书馆（室）图书配置推荐目录。

3）博物馆课程研学时间

学校每月集中一个半天时间，分年级开展不同主题的探究活动，让学生在各类场馆游历中学习。

4. 问题情境

在自然博物馆的"上海故事"展区开展研学活动中，有学生发现"上海版图的变化"，不由自主地提出"上海滩每年都在变大，我怎么感觉不到呢？""上海滩是怎样形成的？上海海岸线为何会不断向海里扩展呢？"等问题。

（二）解决问题的价值

1. 满足好奇心和学习需求

学生提出问题的背后反映了他们的好奇心、求知欲和学习需求。解决这些问题不仅能满足学生的好奇心，激发对科学的探索兴趣，还有利于培养科学思维和科学精神，能帮助他们深层次地理解上海城市的发展历史，增强可持续发展的意识，增进对家乡的热爱。

2. 作为设计主题学习活动的起点

从问题的意义、价值的角度，对学生所提出的问题进行甄选，而后确定将"上海滩是怎样形成的？"作为核心问题，作为设计主题学习活动的起点。

二、方法与过程

（一）研究方法

1. 文献研究法

文献调研和实地考察贯穿整个过程。通过文献分析，对综合实践活动课程有一个全面、系统的认识，整体把握当前综合实践活动研究状况、存在的问题与不足，以及研究发展方向和趋势。

2. 行动研究

在全面实施素质教育背景下，对课程需求进行分析，对课程目标、课程内容和实施策略进行策划；通过实地考察、课堂教学和模拟实验开展课程实施行动；对课程实施进行总结和反思，制订更好的实施策略，进行下一轮行动研究。

3. 问卷调查法

设计问卷调查学生兴趣和探究问题，调查对象为三至五年级小学生，制定活动方案和内容、学习单和实施策略；设计多元评价方式，以更好地评价课程效果，优化课程体系，提高课程质量。

（二）研究过程

研究过程主要包括五个阶段。

第一阶段　课程设计：确立明确的课程目标，基于课题研究依据的理论基础，设计课程内容和课程结构体系，研发合适的活动和教学方式。主要任务是深入了解上海海岸的地理环境、自然生态和重要的基础设施，以便规划课程主题内容和实施策略。

第二阶段　资源整合：收集学习资源，确定主要的活动方式，建立教师资源库，与中国航海博物馆、上海自然博物馆、同济大学海洋地质国家重点实验室等建立课程共同合作体，整合教育资源，准备器材，设计活动方案和教案，制作PPT 和教学视频，准备模拟实验，确保课程顺利实施。

第三阶段　课程实施：通过学生对海岸生态湿地、海岸线和重大基础设施等的实地考察，结合课堂教学和模拟实验等，完成课程实施行动。对实施效果与不足进行分析和总结，优化实施策略。在课程实施中，设计探究学习单，提供学习支架，借鉴康奈尔大学的笔记法，系统地整理和梳理探究主题和关键问题，通过培养良好的行为习惯，提高学生的实践创新能力。

第四阶段　课程评价：以收集的学习单和问卷调查结果作为课程评价的重要依据，深入了解学生在活动中的思考、收获和体验，关注学生的主题学习活动过程、真实体验和进步，全面评估课程设计、实施策略和教学方式的可行性和有效性。此外，学生通过动手实践、作品展示和口头报告等展示活动成果，评价课程效果，以此优化课程体系。

第五阶段　课程推广：通过公众号发布课程活动信息；举办系列专家讲堂，传播最新科技成果和应用范例，组织湿地与博物馆等体验活动，扩大参与体验的青少年群体。

总结课程实施经验和成功案例，参加各类科创活动，开展理论基础研究，发表研究论文，编撰并出版课程读本和专著，拍摄探秘海岸科普片，加快课程推广应用。

三、内容与成果

课程目标：通过课程学习，旨在帮助学生深入了解上海海岸的自然和历史文化、生态湿地,以及海岸巨大建设成就及其先进科学技术,培养学生的探索精神、实践创新能力、团队合作精神和社会责任感,提升其综合素养,实现全面发展。

(一)课程内容

2016年伊始,开展了一系列探秘上海海岸主题学习活动,总结活动方案。其中,"探秘上海海岸"海洋科普实践活动方案、"上海滩是怎样形成的"主题探究活动设计与实施方案、"临港新城湿地生态"主题探究活动方案、"探秘青草沙水库"主题研学活动方案、"探秘上海港口"主题研学活动方案、"探秘东海大桥"主题学习活动方案,先后获得了全国青少年科技创新大赛科技辅导员科技教育创新成果一等奖1次、二等奖1次、三等奖2次和上海市科教创新成果一等奖5次、二等奖1次。

围绕上海成陆历史、湿地、港口、水库、跨海大桥等开展主题学习活动,设计了7个探秘主题和18个学习活动站点的主题学习活动课程内容,见表1。每个站点设计了场景简介、主题内容、学习单、问题角、探究园、交流台和活动案例等;活动案例又包括了活动目标、活动准备、活动内容和拓展活动,提供了翔实的资料和图片,极具可操作性,后据此编著《行走的学习:探秘上海海岸》读本,专供中小学生研学,旨在引导他们探索上海海岸的魅力,提高实践创新能力和综合素养,实现全面发展,可供中小学教师在开展综合实践活动时参考。

表1 探秘上海海岸主题学习活动站点

探 秘 主 题	站 点
上海成陆历史	第1站 青浦崧泽遗址博物馆
	第2站 上海自然博物馆—上海故事展区
上海湿地	第3站 浦东金海湿地科普馆
	第4站 临港新城滴水湖湿地
	第5站 崇明西沙湿地公园
	第6站 横沙岛湿地
	第7站 长兴岛湿地

续　表

探　秘　主　题	站　　点
上海港口	第 8 站　吴淞口国际邮轮港
	第 9 站　外高桥港
	第 10 站　洋山深水港
上海跨海大桥	第 11 站　中国航海博物馆—航海与港口馆
	第 12 站　东海大桥
上海水库	第 13 站　青草沙水库
	第 14 站　上海科技馆—大江行地展区
上海人造海滩	第 15 站　奉贤人造海滩
	第 16 站　金山人造海滩
上海岛屿	第 17 站　九段沙
	第 18 站　佘山岛

（二）课程成果

1. 构建跨学科主题内容，推进跨学科项目化学习，倡导五育融合教育理念

课程涉及科学、工程、技术、生物、生态、环境、地理、地质、艺术和数学等诸多学科和领域，打造了跨学科主题学习活动课程体系，采用恰当的教学方式，结合模拟实验进行跨学科项目化学习。同时，倡导全面发展的五育融合教育理念，培养学生的品德、智慧、体魄、审美和劳动等多方面的综合素养。

2. 突破课程学习活动的边界，打造轻松愉快的学习场景

课程引入跨学科主题学习和实践活动项目，将课堂教学与实践活动完美结合，在进行课堂教学的同时突破学习活动边界，让学生在真实场景中进行实践性探索和具身性体验，打造轻松愉快的学习场景，激发他们的探索兴趣和求知欲望，使其能更加主动地去探索未知世界，进而培养其观察能力、沟通能力和解决问题能力。

3. 探索与解决身边的现实问题，培养学生发现和解决问题的实践创新能力

探秘上海海岸主题学习活动将书本知识与身边的现实问题有机地结合起

来,这非常有助于激发小学生对周围世界的探索兴趣和思维潜能,有利于培养学生发现问题、解决问题的实践创新能力,树立家国情怀,全面提升综合素养。

4. 基于儿童发展心理学理论,构建小学科技教育生态系统

课程由小学科学学科拓展而衍生。遵循布朗芬布伦纳提出的儿童发展心理学理论,研发基于儿童个体发展的主题内容和匹配的教学方式;加强师资建设;拓展学校教育资源,如蓝色探秘站和小农夫工作坊;充分整合学校、家庭和社会等的科技教育资源,从微观、中观、宏观层面对构建小学科技教育生态系统进行实践研究。研究成果以论文形式发表在《上海教育科研》。

5. 形成校本课程,撰写研究成果专著

总结活动主题内容、活动方案、实施过程与策略、成功案例,形成"行走的学习:探秘上海海岸"校本课程;总结课程背景、价值取向、实施经验和反思,以及主题内容设计和课程评价依据的理论基础的研究成果,撰写《新课程研究:探秘上海海岸》专著。

6. 拍摄科普片,构建立体式海岸科普教育平台

科普片构建了立体式海岸科普教育平台,聚集了海洋科学家、场馆专家等多方力量。通过最新科技和多媒体资源,为学生提供全方位、多维度的海岸科普教育服务。学生可以通过杨浦 APP 和学校公众号参与在线科普展览、专家讲座直播、科创活动等,跟随科考队员了解上海海岸变迁、成陆历史、海洋奥秘和科技。除了在线平台,还提供其他形式的主题学习活动服务。

四、效果与影响

(一)课程激发了学生兴趣和求知欲望,提高了学生创新能力和综合素养

课程大幅激发了学生的兴趣和求知欲,学习积极性大幅提高。学生的探索精神、团队合作精神和社会责任感得到了很好的培养,创新创造能力和综合素养得到大幅提升。多位同学获上海市科创达人奖、上海市科学十佳诠释者及杨浦区优秀科普传播达人等荣誉称号;多人次获得创新大赛等科创奖项。

(二)提供参照样例,支持综合实践活动课程的开发与实施

撰写并出版的《新课程研究:探秘上海海岸》专著,为广大中小学教师研发综合实践活动课程提供参考样例。《行走的学习:探秘上海海岸》专供中小学生研学,可供中小学教师在开展综合实践活动时参考。

(三)建立课程合作共同体,提升教师专业素养

课程的实践与研究,以及课程合作共同体的建立,使教师课程设计、活动组

织策划水平等专业素养得到明显提升。

（四）提出构建小学科技教育生态系统的举措，以实现高质量小学科技教育

基于发展心理学生态系统理论对小学科技教育生态系统进行实践研究，提出构建科技教育生态系统的举措，对实现高质量小学科技教育具有重要的作用。

（五）课程科研结硕果，对推进区域海洋科普教育具有重要作用

探秘上海海岸主题学习活动吸引了约2万余名学生参与。"探秘东海大桥"主题学习活动方案获第37届全国青少年科技创新大赛科技教育创新成果二等奖和第38届上海市科教创新成果一等奖；"探秘上海港口"主题研学活动方案获第36届上海市科教创新成果一等奖；"探秘青草沙水库"主题研学活动方案获第37届上海市科教创新成果二等奖；"上海滩是怎样形成的"获上海市第九届小学科学长周期探究优秀项目展示活动一等奖。

（六）课程推广应用

（1）在杨浦区教育局和少科站支持下，拍摄3集《追寻上海海岸变迁足迹》科普片，构建立体式"海岸科普教育平台"，被多家新闻媒体报道，在上海杨浦APP播放，吸引4万多人次观看。

（2）在中国科协主办的2021年新疆骨干科技辅导员培训班作题为《从课程到科创》90分钟的培训讲座；《上海滩是怎样形成的》在2022年上海市自然学科教材教法研讨活动中向上海市各区教研员和科学/自然教师等作线上线下公开展示。

（3）"探秘东海大桥"主题学习活动课程方案在上海市科学会堂宣传栏常年展示。

（4）出版《新课程研究：探秘上海海岸》和《行走的学习：探秘上海海岸》著作。

指向高中生工程素养培育的
特色课程群开发研究

课题负责人：

徐　隽　上海理工大学附属中学

课题组成员：

张皓宇　上海理工大学附属中学

叶理辛　上海理工大学附属中学

李晞鹏　上海理工大学附属中学

王建业　上海理工大学附属中学

黄茹清　上海理工大学附属中学

顾凌燕　上海理工大学附属中学

顾　超　上海理工大学附属中学

王利平　上海理工大学附属中学

陆　煜　上海理工大学附属中学

王智颖　上海理工大学附属中学

一、背景与价值

在当今快速发展的科技时代，工程技术已成为推动社会进步和经济发展的重要力量。面对未来的挑战，培养高中生的工程素养，不仅有助于他们的个人职业发展，也能够为国家创新驱动发展战略奠定基础。但当前高中教育体系中，工程素养的培育缺乏系统性和深度，难以满足时代对人才的需求。

指向高中生工程素养培育的特色课程群开发研究，旨在构建一套科学合理的课程体系,通过跨学科的知识融合与实践活动,提升学生的工程思维、创新意识与解决问题能力。这一研究既是对当前教育现状的深刻反思,也是对未来发展趋势的积极回应。

该研究的价值在于能够为高中教育注入活力,推动教育内容与方式的创新。通过特色课程群的开发,学生能在学习理论知识的同时,参与工程设计、制作与测试等实践活动,加深对工程原理的理解,培养实际操作能力。这种课程模式有助于激发学生的兴趣和创造力,为其在未来选择工程、技术等相关领域的学习与职业道路奠定基础。

指向高中生工程素养培育的特色课程群开发研究,是教育改革的必然趋势,也是培养未来工程师、推动科技进步的重要途径。这一研究有望为高中生提供一个更加开放、多元、实践的学习平台,助力其成长为具备创新精神和实践能力的时代新人。

二、方法与过程

（一）研究方法

1. 文献研究法

通过文献研究,梳理国内外关于高中生工程素养培育的理论和实践成果,明确研究背景、现状和发展趋势,为课程群开发提供坚实的理论基础。

2. 行动研究法

以上海理工大学附属中学作为试点,与教师紧密合作,共同设计并实施指向高中生工程素养培育的特色课程群。通过教学实践,不断反思、调整和优化课程内容和教学方法,形成一套具有推广价值的特色课程群。

（二）实施过程

1. 需求分析与课程设计

通过文献研究了解当前高中生工程素养的培育现状和不足,结合对高中生、教师及行业专家的调研,明确课程开发的需求与目标。基于需求分析结果,进行课程设计,明确课程目标、内容框架和教学策略,初步构建出指向高中生工程素养培育的特色课程群。

2. 课程实施与反馈

选择上海理工大学附属中学部分班级进行试点教学,将设计好的课程群投入实际教学。在教学过程中,密切观察学生的学习情况和教师的教学反馈,定期收集数据,分析教学效果。

3. 课程评估与优化

根据收集到的反馈和数据,对课程进行全面评估,找出存在的问题和不足,进行针对性的修改和优化。经过多轮迭代,最终形成完善的、效果显著的特色课程群,为高中生工程素养的培育提供有力支持。

三、内容与成果

(一)形成了高中生工程素养培育的主要观点

1. 建构了"高中生工程素养"的内涵框架

基于国外工程素养的相关界定,对接中国学生核心素养的表述,结合高中生身心发展的需求,从本校特色出发确定了我们研究的高中生工程素养包括系统思维、实践创新、交流合作和责任伦理四大核心要素(见图1)。

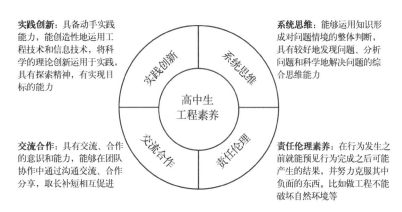

图1　高中生工程素养的基本内涵

2. 确立了"工程素养"培育的进阶式课程目标

"工程素养"是核心素养的校本理解与表达,根据学校育人目标和工程素养培育的四大要素,学校把"工程素养"课程目标设定为:了解工程领域的基本概念,掌握与工程相关的基础知识与基本技能;初步具备运用工程思维及方法尝试解决实际问题的能力,有一定的迁移意识与迁移能力;培养科学与人文精神,形成与自然和谐共生的责任担当。

学校根据工程素养培育课程目标,结合学生发展特点,形成了阶段课程目标:

第一阶段目标:通识入门导引,激发学生对"工程"学习的兴趣。

第二阶段目标:分科拓展深化,理解工程学科思想方法、实践能力和文献处理方法。

第三阶段目标：综合迁移应用，结合上海市综合素质评价，应用所学工程知识，开展课题研究，学会将工程思维与学科概念、学科基本逻辑相结合，进行较有深度的思考。

（二）建构了高中生工程素养培育的特色课程体系

1. 课程的开发路径

学校课程开发团队首先查阅有关工程素养研究的论著，再经过专家咨询和教师讨论，确定工程素养内涵。依据课程开发所指向的素养目标构建框架，根据学生的学情确定了"通识课程""'工程+'课程""实践课程"三个主要的课程版块。在此基础上，课程开发团队采用"先课例，再课程"的课程开发思路，以课例研究助推课程开发。通过一个学年的课例尝试，课程开发团队积累了一系列基于工程素养培育目标，经过课堂实践检验的有效学习资源、学习方式和学习流程。课程开发团队整合课例资源，着手编制课程文本资料和课程纲要，厘清课程目标，构建内容框架，整理有效实施方式，完善评价方案；编写学习材料，对接国家课程和教科书，形成供学生学习的支持性文本材料，最终形成三个版块的具体课程。（见图2）

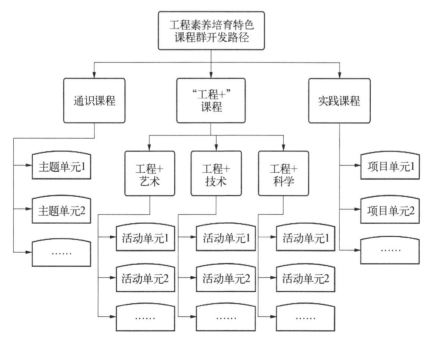

图2　工程素养培育课程群的开发路径

2. 课程的系统架构

学校梳理了学科核心素养和工程素养的关系，形成了《学科工程素养培育实施指南》，从而在国家课程的校本化实施中进一步融入了工程素养培育，并开发了工程素养培育"1＋3＋2"特色课程群。（见图3）

图3　学校工程素养特色课程群示意图

"1＋3＋2"特色课程群的"1"是工程素养通识课程，即注重高中生工程基础的"工程素养通识课程"，它面向全体学生，强调工程素养培育需要有全面和广博的知识基础和扎实的知识积淀。"3"是注重工程能力学习的"工程与科学"课程群、"工程与技术"课程群、"工程与艺术"课程群，这些课程供有工程素养兴趣的学生选修。"2"是与劳动课程相结合注重动手实践的"工程实训课程"，以及与综合实践活动相结合、注重自主参与的"工程实践体验"，这些课程主要服务于有工程素养特长的学生，为其提供实践和体验的平台。

3. 课程的三大特色

第一，课程设置全面与特色兼顾。学校面向全体高一学生开设了工程素养短课程，包括工程与创意、机器人基础、工程机械概论、虚拟技术四门短课程，课程面向全体学生，培养学生对"工程素养"的兴趣和基本技能。

针对部分对工程类课程有更多需求的学生，学校与上海理工大学工程实训中心合作开发了高中生工程实训课程，课程从学生实践能力入手，通过对简单的钳工、铸造、数控加工、材料成型等操作技能的学习，培养学生的实践能力，强化工程素养培育的过程与环节，让学生体验工程实践的过程，感悟工程实践的重要性，收获工程实践的成果。

第二，课程设计理论和实践并重。学校积极开发以工程素养培养为核心的、以项目研究为基础的、与研究型学习相结合的STEAM课程，注重学生在真实的情境中学习的经历。结合创新实验室建设，学校还开设了基于创新实验室的活动类课程和走出校门联合社区高校的工程素养实践活动类课程，借以增加学生实践探索的机会，促进科学探究和工程设计的融会贯通。

　　学校的工程素养研究型课程以社团活动为载体,学生可以通过自主选择,深入社会,考察实践,完成课题报告。每学年,学生可以从自主研究类课程课题库中自行选择课题,开展研究性学习,体验课题研究的真实过程。

　　第三,课程实现系列化和文本化。学校目前已形成了一整套工程素养培育校本学习手册:《尚理智造2035》《工程与科学》《工程与人文》《工程与数学》《工程与艺术》《scrach2》《生活中的化学》《物理拓展实验光电篇》《物理拓展实验力学篇》《植物克隆》《机器人》《数学建模》《数字油画》等共23本。

　　(三)探索了工程素养培育课程的实施路径

　　建构真实情境。特色课程实施基于真实情境,我们将学科观念、科研探究能力和素养培育贯彻在整个特色课程中,课程实施中我们注重学生的真实需求,将"中国智造""人工智能""创新创业"元素融入课程中,综合运用任务、项目、大概念、大问题等类型界定单元,以单元学习内容与生活实践紧密相连为原则,将原来以知识传授为主的工程与机械单元重新调整,挖掘机械工程在社会生活中的应用场景,单元内容也从机械制造进化到智能智造。例如《尚理智造2035》中工程与机械单元,以"一带一路"援非建设的故事情境为主线,带领学生置身于10年后的中非共建工程中,让学生化身为真正的工程师,攻克一道道工程难题。

　　设计层级任务。在设计"任务"时,我们将一个"任务"分解为四个层级:

　　"启动任务"引领学生进入情境;"具体任务"直指在这个情境中要解决的实际问题;"项目任务"将具体任务聚焦于一个"难关",推动学生设计出切实可行的模型或方案来攻克难关;"汇报任务"则要求学生展示自己完成任务的策略。

　　推进自主探究。在课程实施过程中,教师的主要任务是启发、点拨和推动,学生成为整个学习过程中真正的主角。学生主动利用已经习得的基本知识和基本技能,针对任务,自主设计解决方案,自主实验方案的可行性,自主在"试错"后进行方案的调整和改进。教师则在关键时刻给予学生启发、提醒或方法的指导,以帮助学生体会到完整的知识、技能形成的过程,最大限度地开发学生的潜力。在课程实施过程,教师扮演"交流组织者"的角色,在学生遇到难题、产生争议时,有效地组织学生开展互动探讨,集思广益以碰撞出思维火花。

　　(四)探索高中生工程素养评价的实施路径方法

　　学校结合"上理之星"评选,探索综合评价形式。评选分为三个版块,分别是初评阶段、中评阶段与终评阶段。初评阶段,学校组织动员,学生自荐与教师推荐相结合,评选小组根据学生情况拟定候选人。中评阶段安排一场综合技能测试,由"论文摘要""动手实践""工程创新素养测试""虚拟制作"组成。最后的终评阶段，第一个环节是"主题设计"，学生将在 2 周的准备时间内完成自己的创意设计，并最终展示；第二个环节是"即兴问答"，最后的环节是"自我展示"。"上理之星"的评选为学校工程创新教育的发展起到了重要的推动作用。

学校与专业团队合作定制工程素养必修课程资源 APP 及开发互动交流的学习评价系统。学习评价系统能让学生在任何时间地点获得与工程素养课程相关的资源，课程 APP 及与教材内容相匹配的视音频教材，能记录下学生的学习经历，丰富学生的体验，提高学生的学习兴趣。此外，通过互动评价系统，学生的学习作品也将记录在档案中。教师可以通过数据记录，完整了解学生的学习过程和学习状态，便于对学生进行过程性评价。学生也可以通过互动评价系统进行自评、互评与分享交流。评价通过学生的自评、互评及师评，从不同角度全面评估，让学生工程素养的个性特点得以刻画。

四、效果与影响

（一）显著提升学生工程素养

本研究开发的指向高中生工程素养培育的特色课程群，在实施后，显著提升了学生的工程素养。学生们不仅掌握了扎实的工程基础知识和技能，还通过项目式学习，亲身体验了工程设计的全过程，从问题定义、方案设计到原型制作和测试评估。这种实践性的学习方式，不仅培养了学生的创新思维和问题解决能力，也让他们更加自信地面对未来的学习和职业挑战。

（二）积极推动教师专业发展

该课程群的实施对教师专业发展产生了深远影响。参与课程设计与实施的教师，不仅提升了自己的工程素养和教学能力，还形成了跨学科的教学团队，促进了教师之间的交流和合作。此外，教师们还积极参与课程评估和反馈，不断优化教学方法和课程内容，确保了教学质量和效果的持续提升。这种教师的专业成长，为学校的工程教育改革注入了新的活力和动力。

（三）广泛辐射研究成果

该课程群的开发不仅在学校内部产生了深远影响，其研究成果还广泛辐射到了更广阔的教育领域和社会层面。通过分享和交流，该课程群的成功经验为"全国理工联盟校"和正在建设中的特色高中提供了宝贵的参考和借鉴。该课程群还得到了上海理工大学的关注和支持，为 U－S 教育合作和发展奠定了坚实的基础。

统编版小学语文高年段单元教学
"问题链"的设计研究

课题负责人：

朱　倩　上海市杨浦区打虎山路第一小学

课题组成员：

柴亦扉　上海市杨浦区打虎山路第一小学

何梦蕊　上海市杨浦区打虎山路第一小学

毛禹鉴　上海市杨浦区打虎山路第一小学

一、背景与价值

（一）研究的背景

随着教育改革的不断深入，传统的以教师为中心的教学方式已经逐渐转变为以学生为中心的教学方式。基于新一轮课程改革发展的需求，"问题链"设计作为一种以学生为中心的教学方式，不仅能够激发学生的学习兴趣和动力，还能够培养他们的创新思维和解决问题的能力。而立足学生语文核心素养发展的需求，教学中的"问题链"对学生语文能力的形成有较强的导向作用，是促进学生理解和掌握知识以及发展思维的有效手段。

然而，在当下课堂中我们会看到：提问次序杂乱无章，缺乏整体逻辑；提问指向不明确，缺乏针对性；问题难易度失衡……同时在"单元教学问题链设计"领域方面，相关研究尚不成熟，缺乏相关设计与学科基础理论知识的多重碰撞，同时形成的相关学科实践案例也较少。

（二）研究的价值

从语文单元教学的理论层面来说，本研究可以找到"单元教学"与"问题链"设计的结合点，使教学中问题链设计的研究具体化、理论化。从问题链理论研究发展层面来说，可以推动单元整体教学研究的新发展，为相关研究提供新的研究视角。而从实践层面而言，单元教学"问题链"的设计不仅有助于实现"双减"政策之下的高效课堂，同时可以促进学生的思维发展和教师学科专业能力提升。

综上所述，如何基于统编版小学语文教材，展开科学的、系统的单元教学"问题链"的设计研究，成为当下新课改亟须解决的问题。

二、方法与过程

（一）研究方法与实施路径

本研究主要运用了文献研究法、问卷调查法、访谈法、案例分析法、行动研究法等，具体实施路径如图 1 所示：

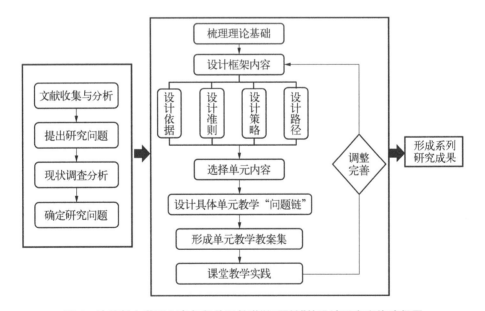

图 1　统编版小学语文高年段单元教学"问题链"的设计研究实施路径图

（二）研究的主要过程

1. 基于现实需求，展开文献梳理，确立了研究方案

以"单元教学""问题链""单元教学问题链"为主要搜索关键词进行文献研

究,明确已有相关研究进展以及存在的问题。基于现状,围绕研究问题展开方案设计,组建课题研究组。

2.基于目标导向,编制调研问卷,展开了实证调查

围绕研究问题设计调查问卷以及访谈提纲,采用线上与线下相结合的方式同步进行。基于对调研数据的统计与相关内容的整理,进行归因分析,进一步明确展开该项课题的可行性与必要性。

3.基于调研现状,明确研究基础,构建了研究框架

进一步展开深入的文献研究,梳理与单元教学"问题链"的设计所相关的理论基础,项目组成员从设计的依据、原则、策略、路径四个维度结合教材的特点,构建了统编版小学语文高年段单元教学"问题链"设计的框架内容。

4.基于框架内容,展开行动研究,撰写了典型案例

依照单元教学"问题链"设计的框架,遵循设计的路径,课题组成员聚焦统编版小学语文五年级上册第七单元的教学内容展开单元教学"问题链"的撰写,再以此为范例,由点及面分组展开高年段教材中典型单元的案例研究。

5.基于教学探索,全面总结经验,形成了系列成果

为了检验所设计的单元教学"问题链"的科学性与合理性,课题组成员在五年级备课组内展开教学实践,同步邀请调研抽样样本中执教高年段的教师进行教学实践,进一步调整并完善单元教学"问题链"的设计。同时,课题组成员梳理各阶段研究成果。

三、内容与成果

(一)小学语文高年段单元教学"问题链"设计的可行性调查报告

为了研究单元教学"问题链"的设计在小学语文高年段课堂的可行性和应用情况,本研究针对小学高年段学生和有执教小学语文高年段经验的教师展开问卷调查,设计了《统编版小学教师单元教学"问题链"设计调查问卷》《统编版小学语文高年段单元教学"问题链"设计的学生调查问卷》和教师访谈提纲。调查报告分析内容包含:调查对象情况的分析说明、调查工具的使用分析、教师调查情况及结果分析、学生调查情况及结果分析。

通过对教师调查情况结果进行分析发现,教师在高年段单元教学"问题链"设计方面存在这样一些主要问题:① "问题链"设计知识的模糊不清。大部分老师认为"问题链"是简单地将各个"主问题"随意链接,未意识到在小学语文高年段阅读教学中,"问题链"对文章脉络的梳理和重难点的突破有着举足轻重的作

用。② "问题链"设计能力的两极分化。不同职称的小学教师之间呈现关于"问题链"设计素养的显著差异,职称越高的教师往往在"问题链"设计中有更好的表现。③ "问题链"设计实践的效果不佳。教师所面对的这个群体是"动态"的,所以不可避免地在课堂教学对话中时常存在学生思考问题的角度和方向与教师在备课时预设的有所不同。由于教学经验有限,一些教师往往不能较好地了解学情,对于教材单元整体的理解也有偏颇,这也就导致了"问题链"在实践中的效果不佳。

而对学生情况调查结果内容进行分析发现:① 学生对于前后有联系且能帮助自己思考、解决困难的问题具有很大的兴趣。在当前的小学语文教育中,教学方法和策略的不断创新是提升教学效果、激发学生学习兴趣的关键。其中,单元教学"问题链"的设计尤为重要。② 学生对于课堂提问的期待与积极参与某种程度上证明了单元教学"问题链"应用于小学语文具有可行性。

(二)小学语文高年段单元教学"问题链"设计的理论基础

本研究从学生认知发展、教育教学设计、学科本质特性的角度,梳理与单元教学"问题链"的设计所相关的理论基础,最终明确建构主义学习理论、维果茨基"最近发展区"理论、布卢姆认知教育目标分类法、问题教学理论、学习任务群为小学语文高年段单元教学"问题链"设计的理论基础。

其中建构主义学习理论认为,教师进行问题设计的时候,要重点关注问题的思考价值和有效性,通过"问题链"逐步引导学生进行知识体系建构,形成知识框架,促进知识的系统化;维果茨基"最近发展区"理论对于单元教学中问题链设计起着重要的指导作用,教师在进行问题链设计的时候,为避免问题的难度过大或过于简单,可以依据学生最近发展区来设计问题;布卢姆认知教育目标分类法认为教师在进行问题链设计的时候,可以根据布卢姆认知教育目标分类法,按照目标的水平从低级到高级、由简单到复杂进行问题链设计;问题教学理论则强调教师在问题教学设计中的主导作用:教师应系统地创设问题情景,组织学生进行活动,解决问题,将自主探究活动与掌握科学结论相结合;而学习任务群是实现语文课程学习的基本形式,教师设计问题链就要体现学习任务群在课堂整体设置上的贯穿与融通,问题链要能巧妙地将课堂的学习情景、内容、方法和资源进行整合。

(三)小学语文高年段单元教学"问题链"的设计框架构建

本研究构建了小学语文高年段单元教学"问题链"的设计框架:

1. 单元教学"问题链"设计依据

明确了《义务语文教育课程标准(2022年版)》(简称《课程标准》)、统编版小学语文教材、学生情况是小学语文高年段单元教学"问题链"的设计研究的依据。以《课程标准》为依据对单元教学"问题链"进行设计,能够从整体宏观把握单元的教学,明确清晰的定位;对教材内容的精准解读与合理安排能够有效规划单元教学"问题链"的设计;而学生是学习的主体,明确学生的知识背景、认知水平、学习经历,把握学生精神成长和能力发展的需求,能够使得单元教学"问题链"的设计更有针对性。

2. 单元教学"问题链"的设计原则

确立了小学语文高年段单元教学"问题链"的设计应主要遵循三大原则:① 整体性与逻辑性相结合原则。单元教学"问题链"的设计是从宏观角度对整个单元的教学进行整体规划,并把握各个课时的特点,问题与问题之间存在着学科知识内容之间的逻辑关联。② 适切性与层次性相结合原则。这主要体现在问题的数量要适度和问题的难易度要适中两个方面。③ 情境性与开放性相结合的原则。在设计教学问题链时,要结合实际生活或具体的语言情境,使得学生能够在真实的语境中学习和运用语文知识。同时,问题的设计要让学生多方位思考、多因素分析、多方法解决。

3. 单元教学"问题链"的设计策略

具体包含:① 把握单元语文要素,明确单元教学"问题链"设计的关键点。首先是需要弄清楚所在单元的语文要素的内涵,明确"是什么"和"为什么"。其次是要明确语文要素的梯度和程度。一方面,准确把握要素中的三个核心词语:试着、初步、学习,分清目标之间梯度、程度与差异性;另一方面,认识到语文要素在各年段、各册和各单元之间循环往复,螺旋上升。② 聚焦文学体裁特点,提升单元教学"问题链"设计的针对性。在设计单元教学"问题链"时,教师需要提炼阅读文本共性的阅读策略,引导学生通过读懂一篇文章进而读懂一类文章,实现课堂向课外的延伸,切实提高学生的语文核心素养。③ 研析文本构成要素,把握单元教学"问题链"设计严密性。其中文本的构成要素有三个方面:思想内容、结构组织、遣词造句,这三个方面密切相关,不能互相替代。

4. 单元教学"问题链"的设计路径

基于上述分析,本研究进一步明确了单元教学"问题链"设计的流程,遵循图2的研究路径:

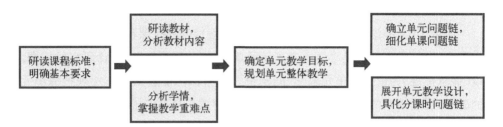

图 2　统编版小学语文高年段单元教学"问题链"的设计路径

（四）小学语文高年段单元教学"问题链"的设计研究案例集

基于单元教学"问题链"的设计依据、设计原则、设计策略和设计路径,本研究以统编版小学语文五年级上册、下册中的状物记叙文、叙事记叙文、写景记叙文、写人记叙文和说明文这五类文体单元展开单元教学"问题链"设计。

图 3　统编版小学语文高年段单元教学"问题链"的设计典型单元问题链图示

围绕着图 3 最为关键的各单元问题链图例,逐层细化,最终形成了具有文体鲜明特征的典型性案例集。每一个单元的案例集包含:教材内容、单元规划内容、单元重点教学目标、单元教学"问题链"、基于单元教学"问题链"的教学设计。

其中,单元教学"问题链"是本研究最为核心的部分,由单课教学"问题链"构成,以"写景类记叙文"单元教学——统编版小学语文五年级上册第七单元的教学内容为例。在完成单元教学"问题链"设计的流程的前四个步骤后,确立了"单元核心任务",基于此确立本单元的"单元问题链",具体如图 4 所示:

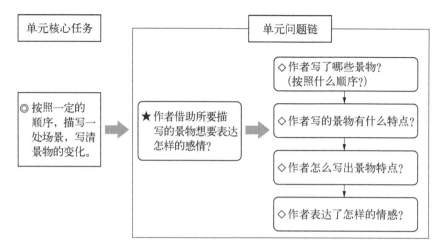

图4 "写景类记叙文"单元——统编版小学语文五年级上册第七单元"单元问题链"

立足"单元问题链",根据单元与单课教学目标,进一步明确单课问题链。

围绕单元核心问题,确立单元中的单课核心问题,再细化每篇课文所要解决的主要问题,形成环环相扣的问题链,最终形成"单课问题链",整合如图5所示:

基于单课问题链的整体设计,展开相应的、具体的单元教学设计。每一课时中推动着教学环节展开的主要问题,便构成了该课中分课时问题链。

四、效果与影响

(一)实证化的调查报告,证实了课题研究与应用意义

实证化的调查能够提供实际、客观的证据,能够帮助我们更加清晰地认识到在当下小学语文单元教学"问题链"的设计领域中存在的真实问题,帮助我们深入了解问题的本质,为我们课题的有效开展提供了有力依据,从某种程度上也证实本课题研究成果在推广和应用方面具有重要的意义。

(二)可视化的操作路径,提供了教师自主探究的支架

可视化的操作路径为一线教师开展其他单元的教学问题链的设计提供了支架,教师可以依循路径中的步骤选择任意单元进行探索,为自主探究提供发展的空间。同时,本研究还以统编版小学语文五年级上册第七单元的教学问题链设计为蓝本展开扎实的案例撰写,为教师在每个环节的探索提供具体的样本指南。

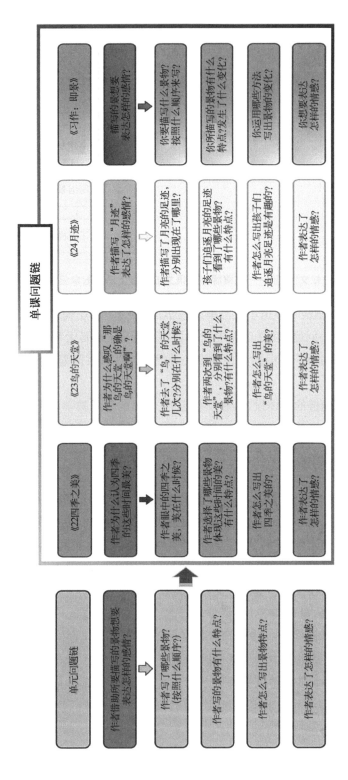

图 5 "写景类记叙文"单元——统编版小学语文五年级上册第七单元"单元-单课问题链"

（三）系统化的单元教学"问题链"，提升了学生的思维品质

在课堂教学过程中，借助精心设计过的问题链，教师能够引导学生按照一定的逻辑顺序对文本进行思考，帮助学生形成一种系统的思维模式，有助于提高学生在语文学习的过程中分析问题并解决问题的能力。

（四）典型性的单元案例集，优化了课堂教学实践的实效

针对两册教材中的状物记叙文、叙事记叙文、写景记叙文、写人记叙文以及说明文这五大类文体单元展开单元教学"问题链"设计，形成了文体鲜明特征的典型性案例集。就教学设计而言，立足单元整体设计形成的针对不同文体的系列单元问题链，能够有效引导教师在进行其他同类文本教学时，高效展开教学设计；而从教学实施而言，教师能够更好地了解教学的重难点，避免无效提问的产生，切实提升课堂的教学实效。

小学生命健康教育区域实践路径的探索与研究

课题负责人：

王　芳　上海市杨浦区教育学院

课题组成员：

戴雅贞　上海市杨浦区打虎山路第一小学

沈诗婳　上海市杨浦区同济小学

王羽馨　上海市杨浦区打虎山路第一小学

陈中杰　上海市杨浦区打虎山路第一小学

张春立　上海市杨浦区打虎山路第一小学

章笠越　上海市杨浦区二联小学

周　萍　上海市杨浦区齐齐哈尔路第一小学

一、背景与价值

（一）对生命教育的关注

美国华特士教授于 1968 年在加州创办了阿南达智慧生活学校，并进行"生命教育"的实践，他认为：学校教育不只是训练学生谋取职业或获取知识，而是引导学生体验人生的意义，帮助学生做好准备，迎接人生的挑战，而这一目标只能通过生命教育来实现。之后，我国的香港、澳门及台湾地区相继开展了生命教育。

（二）落实国家政策

2016 年，中共中央、国务院印发了《"健康中国 2030"规划纲要》，文件强调将健康教育纳入国民教育体系,帮助青少年树立正确的健康观念、养成良好的生活习惯、培养健康素养。2021 年以来教育部先后颁布《生命安全与健康教育进中小学课程教材指南》《义务教育道德与法治课程标准(2022 年版)》,将生命安全与健康教育全面融入中小学课程教材,并提出了明确的要求。

(三)区域现状与存在的问题

第一,课程体系不够完善,难以满足小学生认知需求;第二,由于"生命健康教育"的相关知识涵盖在"体育与健康""道德与法治"等课程内容中,出现了学科教学"各自为阵"的情况;第三,学生对生命健康价值的认知模糊,自我保护意识较弱;第四,专职教师缺乏专业培训;第五,教学场地资源匮乏,难以满足学生基本技能的实践体验等。

二、方法和过程

(一)研究方法

主要采取行动研究和案例研究等方法。

(二)实施步骤

课题从 2021 年 1 月至 2023 年 6 月,历经"准备、实施和总结"三个阶段。其间,围绕"区域小学生命健康教育现状与需求调研""文献资料的分析和研究""小学生命健康教育课程目标和系列内容框架的建立""小学生命健康教育主题活动体系的研究""小学生命健康教育共享资源的构建"及"典型案例分析和研究"等实施步骤,探索区域小学生命健康教育新思路和新方法。

三、内容与成果

(一)研究目标

确立了"形成区域小学生命健康教育系列课程;创建区域小学生命健康教育教师的专题培训内容和培训方式;形成区域小学生命健康教育跨学科研究团队;构建小学生命健康教育共享资源;探索区域小学生命健康教育实施路径;形成区域小学生命健康教育实践和研究案例"等研究目标。

(二)研究内容

本课题主要围绕以下内容展开研究:第一,区域小学生命健康教育课程目标和系列内容的研究;第二,区域小学生命健康教育主题活动体系的研究;第三,区域小学生命健康教育教师专题培训内容和培训方式的研究;第四,区域小学生命健康教育跨学科研究团队构建的研究;第五,创建小学生命健康教育共享资源的研究;第六,开展《小学生命健康教育》课程区域实践的研究;第七,区域小学生命健康教育实践案例研究。

(三)研究过程

1. 区域小学生命健康教育课程目标和系列内容的研究

(1)小学生命健康教育课程目标。小学低年级目标:普及健康知识,培养健康行为,掌握基本的健康技能。初步掌握正确的个人健康知识;掌握遇到紧急状况时的求助方法,树立保护生命的意识,养成健康生活方式;小学中高年级目标:普及健康知识,践行健康行为,掌握基本的自救能力。进一步了解疾病基本知识和预防方法,知道体育锻炼对健康的作用;掌握紧急避险时的求助方法与技能。

(2)小学生命健康教育课程系列内容。围绕"生命与安全""生命与健康""生命与养成"三大主题,将小学生命健康教育内容与各校特色课程、区健康教育资源相融合,建构了小学生命健康教育课程内容框架,见表 1 和表 2。

表 1　小学低年级生命健康教育课程内容框架

主题	模　块	内　　容	目　　标
生命与健康	生长发育与青春期保健	1. 我从哪里来? 2. 学会保护自己	引导学生了解生长发育的基本知识与技能,减少健康风险
	心理健康	1. 与同学友好相处的技巧 2. 日常生活的礼貌用语	引导学生学习心理健康知识,增强社会适应能力
生命与养成	疾病预防	1. 传染病和常见传染病基础知识 2. 营养不良与肥胖的危害	引导学生掌握传染病预防知识和技能,提高预防疾病的能力
	健康行为与生活方式	1. 个人卫生习惯 2. 合理用眼 3. 健康作息时间 4. 维护公共环境卫生	引导学生认识日常行为和生活方式对健康的影响,学会正确理解生命健康信息
生命与安全	安全应急与避险	1. 火灾发生时的逃生与求助 2. 拨打求助电话的技巧 3. 鼻出血的简单处理方法 4. 简便止血法	引导学生增强生命健康安全防护意识,掌握应急常识和急救技能

表2 小学中高年级生命健康教育课程框架

主题	模块	内　容	目　标
生命与健康	生长发育与青春期保健	1. 性侵害的预防 2. 青春期保健	学习青春期保健基本知识,学会自我保护,珍爱生命,提升学生生命质量
	心理健康	1. 情绪与行为控制能力 2. 遇到心理问题的援助技巧	了解并掌握解决心理问题的主要方法和途径,增强主动寻求帮助的意识,主动化解困扰,增强抗挫折能力,保持积极心理状态,提升生命幸福感
生命与养成	健康行为与生活方式	1. 口腔健康 2. 健身锻炼与体育运动 3. 合理膳食 4. 关注健康信息	自觉采纳生命健康行为,养成良好生活习惯,形成健康的生活方式
	疾病预防	1. 常见传染病的防控措施 2. 传染病对社会的影响 3. 突发公共卫生事件应对	了解我国公共卫生体系及突发卫生事件应对机制,树立公共卫生意识
生命与安全	安全应急与避险	1. 应急常识与急救技能 2. 游泳的安全知识 3. 动物咬伤的处理 4. 用药安全 5. 网络与信息安全	引导学生增强生命健康安全防护意识,掌握应急常识和急救技能;增强网络信息的辨别意识和能力,提升学生健康素养

2. 构建小学生命健康教育主题活动体系的研究

围绕"生命与健康""生命与安全"及"生命与养成"三大主题,开展形式多样的生命健康实践活动,以形成小学生命健康教育主题活动体系,具体见表3。

表3 小学生命健康教育主题活动体系

活动类型	活动目的	活动形式
生存教育	了解生命健康安全知识,掌握必要的生命健康技能,提升生命素养	① 消防逃生演习;② 正确拨打120急救电话;③ 交通安全;④ 急救技能等
生态教育	在日常教育教学活动中渗透生命健康和安全教育内容,让学生在生活实践中学习,帮助学生树立关爱健康、关爱生命的意识	① 校园文化环境创设;② 校园生活;③ 体育运动等

续　表

活动类型	活动目的	活动形式
实践体验	引导学生在实践体验中掌握生命健康技能,形成正确的生命态度和意识,培养对社会及他人的关心,形成积极自信、乐观进取的人生态度	① 参观敬老院;② 社团活动;③ 生命安全体验场馆;④ 参观社区医院等
观摩交流	通过举行校内外相结合的观摩性活动,增强与社区联动,提升学生生命健康意识和健康素养	① 生命健康情景剧表演;② 生命健康教育周开放活动;③ 生命教育课程展示活动等

3. 区域小学生命健康教育教师专题培训内容和培训方式的研究

(1) "生命健康基础知识"培训内容和方式。围绕"基础课程、专题课程、融通式课程和实践课程",内容涉及"疾病预防、安全教育和实践体验"等,将基础理论培训与学科培训相结合,丰富生命健康专职教师的知识结构和生命教育的理论素养和实践能力,见表4。

表 4　"生命健康基础知识"培训课程安排表

类　别	领　域	课 题 名 称	授课方式
基础类课程	基础知识	生命安全与健康教育的政策理论 生命教育内涵 生命健康教育课程纲要解读 生命健康传播理论	讲座、讨论
专题类课程	专业理论	学校常见疾病预防 情绪调节与压力管理 校园意外伤害的处置	讲座、讨论、案例分析
融通式课程	课程与教学	生命健康教育课程设计与实施 生命健康教育项目化、跨学科学习	讲座、听课评课、讨论
实践类课程	应急急救技能	心肺复苏 AED 的使用方法 海姆立克法 常见急救包扎法	讲演、案例分析、实操

(2) "生命健康教师课程教学实践能力"培训内容和方式。根据小学生命健康教育课程目标和内容,结合与各学科的融合与分析,形成多层次的合作团队,

通过情境模拟和技能实操等多途径开展听课、说课、教学观摩等实践培训,以提升区域教师课程实践能力;此外,组织教师走进生命健康安全体验教室,针对日常自救、常见意外等方面的应对处置技能进行实操练习,强化教师将理论和实践的结合。

4. 区域小学生命健康教育跨学科研究团队构建的研究

基于生命健康知识涵盖于小学教育的各学科中,因此,本课题18名教师来自13所小学的体育与健康、道德与法治、科学与技术及语文等学科,共同探索生命健康教育的教学方法和实施途径;同时,13所小学也分别组建学校生命健康教育教研组,结合校本实际,研发生命健康课程,开展教学研究和实践活动,以推动区域小学生命健康教育研究的展开。

5. 创建小学生命健康教育共享资源的研究

课题组开展小学生命健康教育共享资源和资源的配置的研究,先后创建了4个生命安全体验教室、1个移动体验教室和2个健康教育教室。

6. "小学生命健康教育"课程区域实践研究

围绕"课程研发""课程融合""实践体验""主题教育活动"及"构建'校家社'生命健康教育共同体"等内容开展区域实践和探索。

(1)"课程研发":完善小学生命健康教育。结合区域生命健康教育"健康安全技能宝典"课程的研发与实践,把掌握科学"求助"作为小学生生命健康教育技能的主要目标,设计了"外出走散时的应对方法""拨打求助电话的技巧"等内容,引导小学生学习生存技能。本区小学先后研发了"卫生习惯与健康""为眼睛而设计"等生命健康教育校本课程。在实践研究中区域小学生命健康教育体系得到逐步完善。

(2)"课程融合":落实小学生命健康教育。课题研究采用多样化的方式,拓展生命健康教育的内容,在学科教学中有机渗透生命健康教育,引导学生认识、热爱、尊重生命,以实现课程融合。

(3)"实践体验":推进小学生命健康教育。通过建立生命安全体验教室(馆)、健康教育教室、移动体验教室等实践体验室和场馆,结合学生实践体验,帮助学生获得真知、真情和真感。

(4)"主题教育活动":推动小学生命健康教育。采取形式多样、喜闻乐见的生命教育主题活动,激发小学生学习、领会生命健康教育的学习兴趣,从而获得对生命健康意义的理解。

(5)构建"校家社"生命健康教育共同体,助力小学生命健康教育。课题研究将学校和社区内有专业特长及医学背景的家长及志愿者组成"区域生命健康教育资源库",共同助力学生生命健康教育。

7. 区域小学生命健康教育实践案例的研究

通过课程融合、主题活动、实践体验等方式,以具体实践案例推进区域小学生命健康教育的实践和研究。

四、效果与影响

(1) 构建了《小学生命健康教育》课程体系。为区域学校生命健康教育的实施搭建了平台,培育了学生生命意识,激发生命激情,丰富和满足了学生健康成长所必备的精神营养。

(2) 形成了小学生命健康教育主题活动体系。系列化、常态化的小学生命健康教育主题活动体系有力推进了学校的生命健康教育,增强学生的体验与感悟,促进学生生命健康技能的形成,提高学生生存技能和生命质量。

(3) 实现了小学生命健康教育共享资源。本区创建的生命安全体验教室和移动生命安全体验教室为小学生"应急救护""意外伤害救护模拟"等实践体验提供了场馆支持。3 年来累计区域受益小学生近 4 万人次,实现区域 45 所小学资源共享,推进区域生命健康教育均衡发展。

(4) 提升了区域生命健康教育的影响力。编写的《健康安全技能宝典》丛书由上海教育出版社出版,并被江西省征订 10 万册,作为小学生生命教育读物发放,其中《动物咬伤后的处理》《食品标签的区分》和《食物的营养成分》等内容被上海市教委引用到《小学生寒假生活(补充版)》中;在上海市教师教育学院举办的"聚焦健康行为,积极赋能实践——指向健康素养的上海市中小学健康教育展示研讨活动"中,打虎山路第一小学"卫生习惯与健康"生命健康教育特色课程进行了展示,课题组老师作了题为"区域生命健康教育模式的探索与实践"经验介绍;"健康安全技能宝典课程的研发与实践"课题获本区第十三届科学研究成果二等奖;撰写的《中小学健康安全技能宝典课程设计与实践》和《中小学生命健康安全与健康教育现状分析与实践路径》论文分别发表于《杨浦教育》和《教育参考》,《基于小学生命健康教育路径探索的区域实践》获区第十一届德育论文二等奖。

3 年来,杨浦区被上海市教委评为"第一批国家儿童青少年近视防控适宜技术试点区""上海市儿童青少年近视防控示范区";本区 3 所小学被评为"全国健康学校",6 所小学被评为"上海市近视防控示范校",14 所小学的健康社团被评

"区优秀健康社团";在"上海市校园应急救护知识与技能展示活动"比赛中,本区累计约 100 名小学生获 16 项个人单项技能一、二等奖,5 次获团体一、二等奖;在"上海市中小学健康教育知识竞赛"中,累计 80 名小学生先后获一、二等奖。

具身认知理论下幼儿园
体验式劳动教育课程的建构

课题负责人：

王晓燕　　上海市杨浦区延吉幼儿园

课题组成员：

袁　蕾　上海市杨浦区延吉幼儿园

方　莹　上海市杨浦区延吉幼儿园

邹　琼　上海市杨浦区延吉幼儿园

胡谦茹　上海市杨浦区延吉幼儿园

朱玉娟　上海市杨浦区延吉幼儿园

徐　琴　上海市杨浦区延吉幼儿园

孙晓炜　上海市杨浦区延吉幼儿园

朱润宇　上海市杨浦区延吉幼儿园

施侃琪　上海市杨浦区延吉幼儿园

杨音音　上海市杨浦区延吉幼儿园

一、背景与价值

（一）打破传统教育教学思路，寻找促进幼儿全面发展的突破口

在传统的离身教学理念下，教学活动更重视知识的传授，教学目的和教育内容都经过预先设定，学生只能按照施教者提供的教学资源和设计完成学习任务，学习者身体的主动性、参与性往往被忽视，而具身认知理论却与之相反，注重活动过程中的生成和发现。因此，在具身认知理论下进行的教育教学活动，能考虑

亲身体验的价值,能在操作、感受中给予幼儿充分的感知,促使幼儿全面发展。

(二)突出教育课程的"具身性"设计,丰富教育理论与实践

"具身性"是具身认知的核心特征,本研究的教育课程设计是在具身认知理论下进行的,研究结合幼儿园各年龄段年龄特点和发展差异,融入亲身体验、实践感知设计教育课程。从理论上看,具身认知理论的教育应用探索丰富了现有的教育理论。从实践上看,丰富了教育课程的设计和开展。

(三)将劳动教育与园本课程融合,诠释新时代教改新方向

新时代赋予教育的使命是促进幼儿德、智、体、美、劳全面发展,实现"五育融合",而在落实的过程中,园本课程的实施也同样不容忽视,将两者有机融合,展现出新时代幼儿教育的生命力和朝气,是当下幼儿教育的迫切追求和根本目标。

二、方法与过程

(一)文献梳理,基础调研,夯实研究基础

查阅国内外关于"具身认知理论""劳动教育"等已有文献资料,进行整理、归类,分析研究进程。设计调查问卷,对教师群体进行问卷调研和访谈,了解教师对劳动教育的认识、做法。通过科学分析,确定本研究的整体研究思路,为后续实践奠定基础。

(二)开始实践,定期研讨,形成初步经验

初步设计形成基于具身认知的"体验式"劳动教育课程框架与主要内容,园内教师展开第一轮研究实践。通过定期组织多方参与的研讨活动,对课程中各板块的内容实施及效果进行即时评价,从而归纳、梳理课程实施过程中的优势和不足,调整、优化课程方案,形成阶段性成果。

(三)再次实践,深入分析,优化阶段成果

积极开展第二轮实践,通过"发现问题,制定计划——开展行动,解决问题——反思效果,调整方式——再次行动,优化实施"的循环模式,以多轮的行动研究和阶段性成果的梳理,保证研究成果的逐步优化、完善。

(四)全面总结,层层剖析,凝练最终成果

通过凝练过程性资料,完成结题报告及其他与本课题相关的研究成果,使研究收获更为丰满,研究成效更为凸显,彰显出实践研究基于理论,深入实践,反思调整,收获经验的理论与实践相结合的研究过程和价值。

三、内容与成果

本研究依托具身认知理论,构建了"体验式"劳动教育课程,确定了课程的目标内容、途径方式、实施策略、评价方式等。

（一）课程的目标内容

1."体验式"劳动教育课程的总目标

旨在通过实践性的劳动教育活动,以具身性的体验培养幼儿的劳动意识、劳动能力,为其未来的学习和生活奠定坚实的基础。

课程目标的确立基于幼儿身心发展规律和学习特点,在具身认知理论的基础上形成各类活动,立足于幼儿的真实需求和兴趣,思考园本课程的进一步优化路径。

2."体验式"劳动教育课程的具体内容

"体验式"劳动教育课程内容的选择围绕课程目标,依托具身认知理论,以实践性、体验性为基准,结合幼儿日常生活,设计了各类活动促进幼儿与环境、材料的充分交互,在亲历中获得直接感受。整个课程共分为三个板块,分别是"渗透式劳动教育活动""项目式劳动教育活动"和"主题式劳动教育活动"(见图1)。

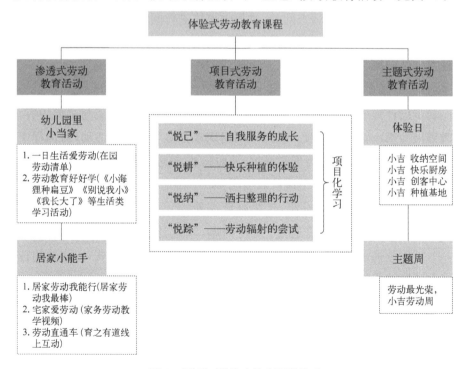

图1　"体验式"劳动教育课程体系

其中"渗透式劳动教育活动"强调通过长程性的、反复的尝试促进幼儿知识、经验的积累,故而呈现出循环的具身体验。而在这一板块,家园协同育人,家园资源的挖掘和开发,为幼儿德智体美劳全面发展奠定良好的基础。从在园劳动(幼儿园里小当家)到居家劳动(居家小能手),该板块立足幼儿的一日生活,打造孩子真实生活的劳动学习圈,以具身性的劳动实践触发幼儿劳动意识的形成以及劳动能力的提升。而为了便于教师和家长实施活动,课程梳理了在园版和家庭版劳动清单,并附有相应的指导建议和学习视频。

而"项目式劳动教育活动"借鉴了基于问题的教学方法(PBL)和 STEM 项目化学习模式,打破了活动的常规模式和学科界限,以偶发事件或幼儿感兴趣的事物开展与劳动相关的微型、班本化探究活动。整个活动不强调探究结果,更关注亲历感受的过程。目前根据劳动的具体内容,将其分为四个系列,分别是"悦己"—自我服务、"悦耕"—种植、"悦纳"—洒扫整理、"悦踪"—劳动辐射。在不同探究系列衍生的主题中,教师根据幼儿的已有经验、幼儿的问题以及幼儿的兴趣点确定预设研究目标,与幼儿共同对问题链进行分化、放大、拓展,在持续探究中,发现问题、解决问题。本研究已经积累了 22 个成熟的项目化活动方案及配套学习故事。

"主题式劳动教育活动"指向对延吉幼儿园特色活动——"体验日""体验周"的拓展和优化,将劳动教育更充分融入其中,让幼儿在体验日小社团中"劳动养成",让幼儿参与到一园四部的大型交融式体验活动,赋予劳动教育更多的可能,更赋予幼儿更多通过实践促感知的机会。

(二)课程实施的途径方式

"体验式"劳动教育课程的实施以"多"向施力来促使课程实践的扎实推进和不断优化,其中不仅涵盖了多形式共融,多场域共润,更突出了多内容共育。

1. 多形式共融

从三个板块的设置,可以看出课程的实施形式并不拘泥于传统的集体教学活动,而是从"具身性"的角度,以日常化、项目化、体验化的个体、小组、集体活动,为幼儿提供参与劳动体验的机会,从而帮助幼儿在上课过程中萌发劳动意识,提高劳动能力。三大板块同时作用于劳动教育,形式的融合运用,多元的体验所形成的认知,势必是更为丰富和深刻的。

2. 多场域共润

劳动教育的全面落实,要明确去形式化、走流程,德智体美劳五育的融合是新时代教改的新方向,也印证了教育并不是与幼儿生活所割裂的,因此家园社融合的劳动教育,才是真正从幼儿本位出发践行育人的行动。在课程各类活动方案建构的过程中多场域的融合运用,不仅有利于对周边资源的再利用,也利于建立起更为优质的家园共育关系,因此,要促使幼儿在熟悉的环境中得到更大的发展,就要牢牢专注环境的浸润和他们之间的相互作用,在幼儿与环境的交互中,唤醒幼儿更即时、准确的认识。

3. 多内容共育

劳动所涉及的教育内容其实非常广泛,围绕劳动可以开展日常生活劳动、社会生产劳动等许多内容,但就幼儿园学段幼儿的发展需求来看,我们还是更多地倾向于日常生活劳动,在此基础上的拓展,更能被大部分孩子接受。3—6岁幼儿的年龄特点,决定了他们对多类事物会更有好奇心和探究欲望,因此多内容的渗透,能持续激发幼儿的学习兴趣,从而确保课程实施的整体质量。

(三)实施策略

在"体验式"劳动教育课程的实施中,我们关注教师在实施课程中的认识、行动,关注家园社资源的整合运用,关注园所引领下课程实施的统筹、协调,关注教师、幼儿在课程实施中的成长变化,故而本研究提炼了具身认知理论下的"体验式"劳动教育课程实施策略。

1. 行为强化策略

劳动能力的提升其实是一个"实践——反思——再实践"的不断强化的过程,因此,仅仅通过书面或口头传授的方式是不合适的,而是需要长程性、长期性的实践,在周而复始的参与中强化动作,形成经验。因此在设计和实施"体验式"劳动教育活动时要充分考虑到"巩固"和"坚持",在保证有趣的同时对劳动行为进行强化练习。

2. 环境交互策略

具身认知强调身体与环境的交互,从而带动大脑不断形成对事物的认识,也就是产生新的知识,那么在"体验式"劳动教育活动中,"交互"就成了"知识"形成的首要条件,因此要创造和把握好幼儿体验劳动的环境。而本课程打造的是家园社协同育人的环境,也就是说不仅要让幼儿在幼儿园里有充分体验劳动的环境,在家里和社区,也要进行深入挖掘,通过环境的多次交互,帮助幼儿在亲身经历下获得更多的知识经验。

3. 情感互通策略

其实在影响幼儿劳动意识形成和劳动能力发展因素中,情绪情感的维系也很关键,无论是何种形式的劳动,都伴随着困难、辛苦、麻烦等多种情绪,这些情绪隐性但会改变幼儿参与劳动的态度和行为,所以在实施课程的过程中,也要注意与幼儿情感的互通,劳动教育并不是为了去教幼儿做什么,而是让他们明白作为社会的一份子,要主动地去配合、去承担什么,但这样的思想认识并非一朝一夕形成,对情绪情感的捕捉和把握就很值得关注了。

4. 个性支持策略

任何一类教育都不会完全适用于所有人群,这就意味着具身认知下的"体验式"劳动教育课程实施要做到统筹和兼顾两不误,对某些个性突出的孩子,要采用不同的支持策略,而某些活动方案在不同班级运用效果差异较大时,也要有相应的调整和优化,要让课程为支持幼儿的发展服务,以"活"教育的方式打破"固"守的限制。

(四)课程的评价方式

"体验式"劳动教育课程以过程性评价、多元评价为主,关注幼儿实践后的即时评价,详细记录幼儿在参与课程中的变化和发展。课程主要采取以下方式进行评价。

1. 幼儿表现评价

教师、家长通过观察,记录幼儿在劳动活动中的行为表现,自主设计评价工具,以评分、轶事记录等方式评估幼儿的劳动意识、劳动能力是否有变化。经过一年多的实践,形成了"体验式"劳动教育课程中的关键经验和幼儿表现性行为参考指南(初稿)(见表 1)和可根据需要有所选择、调整的评价表。

表 1 "体验式"劳动教育关键经验和表现性行为参考指南(初稿)

基本维度	关键经验	发展阶段 1	发展阶段 2	发展阶段 3
劳动意识	愿意主动参与	不排斥参与活动,但会停留在信任的人旁边或自己觉得舒适的区域,参与度不高	在他人带领下参与活动	乐于参与活动,在活动中独立自主,积极热情
	有计划、会选择	通过指认或其他方式做出选择	能用一两个单词或短句表示自己的计划和选择	能用细节描述自己的计划和选择

续　表

基本维度	关键经验	发展阶段 1	发展阶段 2	发展阶段 3
劳动能力	正确使用劳动工具	手持常见劳动工具方法正确	能用劳动工具进行简单的打扫、收纳、种植等活动	能根据劳动内容的不同选择适合的劳动工具
	有解决问题的能力	能接纳成人或同伴解决问题的建议	遇到问题先尝试自己解决再寻求帮助	遇到问题主动寻找解决问题的办法,通过自行协调解决问题
	会进行分工、合作	有人邀请时有回应,愿意参与活动	愿意共同参与活动且与人合作有默契	会通过协商认领劳动任务,达成协议

2. 作品评价

评价幼儿在各类劳动教育活动中所完成的作品,如手工制作、实验成果等等,通过分析作品的完整性、创造性和实践能力,判断幼儿是否真正掌握了工具使用方法,了解与劳动有关的知识经验,并能在实践中灵活运用。

3. 自我评价与反思

鼓励幼儿对自己的劳动表现进行自我评价和反思,帮助他们认识到自己的优点和不足,并制定改进计划。通过自我评价,幼儿可以发展自我认知和自我管理能力,同时也有助于培养独立思考和解决问题的能力。

4. 同伴评价

组织幼儿相互评价对方的劳动表现,可以促进幼儿之间的交流和合作,培养团队合作精神和互助意识。同伴评价可以帮助幼儿从他人的角度了解自己的表现,并接受他人的反馈和建议,有助于他们更全面地认识自己。

在具身认知理论下,“体验式”劳动教育课程的评价方式应强调幼儿的身体参与和实践体验,关注劳动教育活动的实施过程,同时评价方式、评价对象的多元能更全面、准确反映幼儿在劳动教育活动中的收获和不足。

四、效果与影响

2023 年 10 月,本研究使用同一套问卷对同一批教师再次进行问卷调查,并通过 SPSS 软件录入后进行分析(见表 2)。后测问卷信度系数值为 0.617,大于 0.6,所有研究项对应的共同度值均高于 0.4,KMO 值为 0.630,大于 0.6,可见,本问卷的整体数据可以反映一定的真实情况。

表 2　教师开展劳动教育活动的限制因素配对 t 检验分析

开展劳动教育活动的限制因素	平均值±标准差		差值（前测-后测）	t	p
	前测	后测			
家长或社区资源的利用	0.73±0.45	0.64±0.48	0.08	1.043	0.301
家长配合的意愿	0.51±0.50	0.44±0.50	0.07	0.683	0.497
活动内容的确定或挖掘	0.36±0.48	0.34±0.48	0.02	0.198	0.843
一日作息过于固化	0.39±0.49	0.19±0.39	0.20	2.839	0.006**

* $p<0.05$；** $p<0.01$。

经过前后测数据的对比,有一组数据呈现比较大的差异。从限制因素来看,资源利用、配合意愿、活动内容、作息固化,这四个方面都有不同程度的减弱,尤其是作息固化方面,表现出显著的差异,这从侧面反映出在劳动活动开展过程中园方提供的支持,以及教师自身的积极参与和转变。

以空间再造撬动学习方式变革

课题负责人：

陈美莲　上海市中原中学

课题组成员：

刘　勇　上海市中原中学

胡小农　上海市中原中学

徐　亮　上海市中原中学

张小莉　上海市中原中学

邢慧珺　上海市中原中学

许　静　上海市中原中学

厉　善　上海市中原中学

姜志超　上海市中原中学

一、背景与价值

大力落实学生核心素养培育是普通高中的重要目标。对此，多数学校通过课程改革、教育实践、教育评价来落实新形势下的育人目标。然而，对于学习空间在促进育人方式转型中的引擎作用，往往因认识不足容易被忽视。

美国的戴安娜·亚伯林格(Diana Oblinger)于 2003 年主编的《学习空间》一书中指出：学习空间的变化对教学和学习实践具有重要的影响，并从学生的变化、技术发展和对学习的理解三个方面阐述了学习空间设计的趋势。由此，学习空间的研究受到了国内外学者的广泛关注，重新设计学习空间已经成为一种趋势。

本研究旨在探索核心素养培育视角下的学习方式变革的内涵与其实现的内在机制，以及将学习空间的再造作为教育改革的催化剂，促进教师教育理念和方法的创新和升级，为学生提供更多的实践活动和文化熏陶的机会，培育"勤于探索、乐于实践、勇于创新"的实创素养，从而实现学校"建设实创学校，培育实创素养"的办学目标，进一步推动学生的全面发展和个性发展。

二、方法与过程

学校于研究初期，由校长室带领科研室组建研究团队，通过文献研究，着重探讨和分析教育部、上海市、杨浦区的教育改革文件，以及相关理论和实践文献，旨在明确与核心素养相关的学习方式变革和学习空间建设的特征，从而确定学习空间再造的目标、路径和方法。

之后，通过调查研究法，包括问卷调查、座谈和个别访谈，在项目初期深入了解学生在不同学习空间下的学习活动。数据收集和分析的过程揭示现有学习方式的问题和当前学习空间的应用状况。在学习空间再造后，再次调研，了解不同学习空间下，学生核心素养与相关学习方式的变化，探究实现的内在机制。

在具体实施过程中，通过案例研究，包括课程实施案例、学生个案等研究，深入了解学习空间再造过程中学习方式在核心素养层面的变革，及其实现的内在机制。

在整个研究实施中，采用行动研究法，着眼于将学习空间再造和相关课程建设的成效评估结果作为学习空间进一步改进的依据，强调理论研究和实践研究的结合，在实践过程中进行探索、修正、检验，进一步改进、优化建成的学习空间，形成闭环式的行动研究。

研究方法与过程框架见图1。

三、内容与成果

（一）正式学习空间再造实践

1. 拓宽教室用途，功能类型多样化

教室增加智慧黑板、智能讲台、互动教学、实时录播、AI评课等设备。图书馆重新布局，实现人、书、机、具一室化布局，藏、借、阅、研、休一体化模式。心理中心改造音乐放松室、心理沙盘室、情绪宣泄室等。物理实验室进行核心学习区、思维风暴区、自主实验区、学科探索区、文化展示区等五个功能性区域建设。生物、化学实验室配置水、电、气、网等集成式电动摇臂吊装系统，移动式实验桌

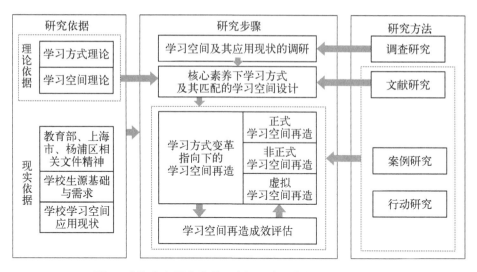

图1 上海市中原中学学习空间再造研究方法与过程框架

椅、独立上给排水水槽、实时投屏实验器材与实验台录像等组成的地面单元,以及中央智能控制系统。

2. 创新教室种类,学习方式多元化

古诗文吟诵实验室具有一体化录制设备、开放性展示平台、立体化情境创设的优势,营造余音绕梁的立体诗意空间,更易激发学生的想象力、共情性、同理心。学生通过小组合作、互相点评、视频录制、个体展示等挑战性任务,置身于诗文的情境中,传承优秀的传统文化,体验古人的喜怒哀乐,开掘自我的生命体验,走向更广阔的人生天地。

数学多功能互动创新实验室在空间、设备、布局等方面体现一定的前瞻性和拓展性,主要突出空间的开放性、情境性、智能化,阅读区、展示区、数学游戏区设置,移动式家具、TI 图形计算器、SURFACE 平板电脑、智能白板、投影仪等配备,支持学生实践学习、合作学习、数字化学习,获得数学思维、文化体验和审美熏陶。

地理创新实验室包括城市灾害防治与生态建设专用实验室和台风、地震体验房。屋顶星空幕布和星象仪、电子白板、触摸式大尺寸电视屏幕、行星风系演示仪、矿物岩石标本、地貌模型等实验设备,创设真实情境,促进教学互动,激发学习兴趣。学生在取样观测、数据分析、报告撰写、措施落实、生态建设中培养实践能力以及社会责任感。

新闻与摄影创新工作室中问题探究区的自由拼接桌椅、创意实践的摄影设施、成果展示的多媒体设备、支持人机交互的网络空间为学生间进行新闻采写、摄影技能、视频录制、后期编辑等课程中的自主学习、小组合作、跨学科学习、综合实践活动提供灵活、专业的技术空间,满足学生的个性需求,激发学生的创作激情,培育学生的实创素养。

物理创客空间科学实验室,包括"小型科技馆"、迷你实验虚拟空间、创智工坊三个空间,多媒体设备、灵活课桌椅、专用实验器材、实验录播系统为学生打造开放式、情境式学习空间。城市沙盘制作、器材说明编写、实验视频学习、古代科技还原、高达模型制作等课程,培养学生的科学思维、探究能力、实创素养和工匠精神。

智能阳光百草园,由屋顶阳光房、自然种植区、手作实验室三个空间组成,配置了智能播放、自动喷淋、实验制作等设备,学生在种植课程、手作课程、探究课程中通过独立思考、小组合作、深入探究、动手实践等学习方式,体验实际情境,发现实际问题,解决实际问题,主动构建解决实际问题的模型与方法,不仅形成科学思维,并且收获人文思想。

修艺润心京剧工作室配备服装、道具、音像资料、表演观摩设备,让学生零距离触摸到古老的京剧艺术,使学生形成"审美注意—审美期待—审美态度"。充分利用多媒体、视频、音频、网络,创设生活情境、故事情境、知识情境、文化情景,选取经典素材、教授赏演技能,让学生感受情绪体验、动作模仿、表演互赏、自我成长的多重快乐。

3. 打造进阶式实创配套课程

除再造空间,学校在语言文学学习领域、自然科学学习领域、社会科学学习领域、技术领域、艺术领域、体育与健身学习领域打磨课程群,开发打造"体验激趣、实践培特、探究赋能"进阶式跨学科实创课程,培养学生勤于探究、乐于实践、勇于创新的实创素养。

体验激趣课程突出实验室融合,八个创新实验室各自领衔,合作、开发一门4课时跨学科短课程,着重激发兴趣,挖掘天赋。实践培特课程强调与必修课的融合,由各个实验室在原有基础上开发的长课程组成,为期一学年,着重培养学生特长。探究赋能课程突出项目化学习方式,由八个创新实验室分为文创、理创两个项目组,着重培育学生实践能力、创新素养。

4. 墙面空间再造实践

以"科学与探究"为主题墙面建设,挖掘学生实创潜力。实验楼墙面建设的主题为"科学与探究"。实验室门厅展示学科素养,实验室电子屏演示实践探究,走廊墙面设置实验装置,形成学科情景,激发学生兴趣和创造潜力。以"人文与历史"为主题墙面建设,激发学生实创动力。学校形象墙建设主题为奠基与成长;学校展示墙建设主题是光荣与梦想。以"个性与发展"为主题墙面建设,点燃师生实创活力。教室走廊墙建设主题是精彩与追求;楼梯墙建设主题为团队与情怀办公室外墙建设主题是引领与交融。

（二）非正式学习空间再造实践

1. 打造家庭融合学习空间,创新专题教育空间

梳理已有的家校共育课程与活动,开创了家文化融合育人课程,通过走进家庭体验、采访视频展播、亲子沙龙活动、圆桌会议探讨等方式组织传播孝心文化、传承优良家风、弘扬传统文化等相关活动,升级打造更深层次、影响广泛、内容丰富、形式多样的家校联动活动,打破家庭空间之间存在的壁垒,发掘和传递家庭正能量,提高家校合作实效,提升学生感受幸福的能力。

2. 建立社会复合学习空间,丰富志愿服务空间

学校提供平台,通过生涯测评系统、创业者经历分享等,了解学生生涯发展需求和职业心理发展水平,为学生提供适合的生涯指导。深挖资源,签约不同类型基地:文化创意类——创业者公共实训基地、生命关怀类——复旦大学附属妇产医院、科技创新类——社区科技创新屋等,建立社会复合学习空间,再通过规范流程,梳理岗位形成清单,根据需求选择岗位,小组合作参加实践,确认信息完成评价,确保志愿者服务形成闭环。

3. 建设"校家社"综合学习空间,充实综评实践空间

根据不同年级学生特点,举行相应主题的家长学校;通过校园网站、微信等平台,将家长学校的建设延伸到家庭和社区;发挥家长社会联系面广、社会行业涉及点多的资源优势,多维度开辟建立校外实践活动基地;开展由学生、教师、家长、司法所和法律服务中心志愿者共同完成的"高中生模拟法庭"校家社一体化实践品牌项目等,切实增强育人合力,共同担负起学生成长成才的重要责任。

（三）虚拟学习空间再造

1. "原创"个性化学习平台资源融通建设

市区资源校本化建设。梳理市级空中课堂和区级创智课堂的学习资源,如上海市空中课堂、区级公开课、区域优质共享课程等,对此做符合校情的选择性推荐、使用和剪辑组合,形成学习指南,供学生自主学习,在满足学生的多样化需求的同时提高育人质量,将市区优质资源校本化。

学校资源特色化建设。学校资源包括了国家课程、校本课程两个方面。前者的资源建设是将国家必修与选择性必修课程作数字化建设,形成如下栏目:

自主学习、实践活动、素养提升、项目探究、成果展示、互动平台、在线评估等,供学生自主学习、精准评价。后者的建设包括学校的专题教育、生涯指导及实创课程等选修课程的数字化建设,例如初高衔接、等级选课、实创选修、招考政策、职业测评、志愿填报、综评实践、个性展示等,学生通过自主学习,为生涯发展提供合理的支撑,促进学生个性化发展。

2."原创"个性化学习平台学科模板及学习资源模板建设

学校各学科组由学科组长负责,在学习平台建设的过程中,通过对标新课程,研究新教材和学情,形成了统一的"市区校三级融通"的各学科"原创"个性化学习平台建设方案,以及学科学习资源模板及典型样例。

3."原创"个性化学习平台的试运行

2024年初,在UMU、classin等一众学习平台中,根据学段特点和学情需求,选择了"超星"学习平台作为学习资源的承载体。学校对2027届高一年级全体同学在语数英三科暑假初高中衔接学习中做了试用。语文组利用超星平台尝试使学生进行《红楼梦》整本书阅读,通过闯关打卡,体会名家以"青春"视角进行的名著解析,并完成人物系列演讲PPT;数学组选择重要初高中衔接内容,通过学前概念梳理、视频讲解、自测练习、答案核对、练习讲评及订正批改让学生尽快适应高中数学学习;英语组利用平台结合校园智慧英语平台在假期布置作业。

2024年8月20日,学校科研工作研讨会以"基于技术的学习空间和学习活动设计"为主题,围绕项目在新高一年级实践做案例分享和交流。

四、效果与影响

具体成果见表1。

表1 主要成果

序号	成　　果	形　式	时　　间	影　　响
1	学校专用教室、墙面、楼道等设计与施工	工程与建设	2023年	学校核心价值观潜移默化形成
2	指向高中生学习方式变革的学习空间再造的实践研究——基于调研的"学科创新实验室课程"空间再造与课程建设方案	论文集	2023年8月	2023年教学研讨会校级交流

续　表

序号	成　果	形式	时　间	影　响
3	"三级融通"市区优质资源库建设	论文集	2022 年 8 月	2022 年教学研讨会校级交流
4	XX 学科市区校"三级融通"学生个性化学习资源建设方案	论文集	2023 年 8 月	2023 年教学研讨会校级交流
5	XX 学科"原创"个性化学习资源建设——新高一暑假衔接作业实施案例	论文	2024 年 8 月	"基于技术的学习空间和学习活动设计"——上海市中原中学 2024 年暑期科研工作研讨会校级交流
6	2024 暑假上海市中原中学新高一学生课程平台操作手册	文稿	2024 年 8 月	全体高一年级学生学习使用
7	以空间再造撬动学习方式变革	专著	2024 年 10 月	获第十四届杨浦区教育科研成果一等奖

区域大中小学一体化推进习近平新时代中国特色社会主义思想"三进"的实践研究

课题负责人：

曾除非　杨浦区教育局

课题组成员：

宁道夫　杨浦区教育学院

刘群英　杨浦区打虎山路第一小学

王开尔　杨浦区教育学院

蔡晶君　杨浦区教育学院

黄琪慧　杨浦区教育学院

宋　爽　杨浦区打虎山路第一小学

张雅倩　杨浦区教育学院

一、背景与价值

本课题聚焦区域大中小学思政课一体化及习近平新时代中国特色社会主义思想"三进"问题。在新时代背景下，思政课作为立德树人的关键课程，其体系建设备受重视。针对思政课存在的不连续、不系统等问题，党和国家提出了大中小学思政课一体化建设的要求。2019年，中共中央办公厅、国务院办公厅发布《关于深化新时代学校思想政治理论课改革创新的若干意见》，为思政课一体化建设提供了政策基石。上海市积极响应，印发实施意见，强调推动思政课内涵式发展。

在此背景下,杨浦区作为地方区域,积极探索落实思政课一体化建设任务,将习近平新时代中国特色社会主义思想作为新时代思政课的主要增量内容,推进其"三进"工作。这不仅是坚持马克思主义指导地位、培养时代新人的现实需要,也是提升思政课育人有效性的迫切要求。

本课题具有理论与实践双重价值。理论上,通过跨学科方法探索思政课资源库建设,为一体化建设提供扎实基础;实践上,依托区域高校集聚优势,关注教材内容优化、师资队伍建设、评价方式改革等方面,探索推进"三进"工作的有效路径。本研究旨在促进思政课内涵式发展,提升教学质量,培养德智体美劳全面发展的社会主义建设者和接班人。

二、方法与过程

（一）研究方法

1. 文本分析法

本研究采用内容分析软件,对习近平总书记关于中国特色社会主义思想的重要论述和上位文件进行文本分析。

2. 调查研究法

本研究采取问卷调查和实地访谈两种方法,向政府教育部门、学校管理层、师生代表发放问卷并开展半结构访谈,收集资料后整理分析,为研究提供数据支持。

3. 案例研究法

一方面对成功推进习近平新时代中国特色社会主义思想"三进"的学校、教师等进行深度个案挖掘,并进行分类比较研究。另一方面,研讨教师教学过程中遇到的尚待解决的特殊案例,探索有效的解决路径。

（二）实施过程

1. 课题准备阶段

组建项目研究团队,梳理文献,锚定研究核心内容与目标,形成初步的研究方案。

2. 区校实践阶段

调研全区小、初、高思政课教学现状,识别问题;按"小学强情感、初中育意识、高中重素养、大学通学理"原则,编制思政课内容序列,研制学案与读本;选试点校实践习近平新时代中国特色社会主义思想"三进",创新教学组织与学生学法,设计学习评价;通过问卷与访谈评估实施效果;强化长效发展机制,形成区域特色经验。

3. 总结提炼阶段

梳理各项研究成果,总结提炼区校实践经验,形成项目研究报告、读本、案例集等,准备课题结题。

三、内容与成果

（一）研究内容

1. 课程建设研究

在推进区域大中小学思政课一体化建设的进程中,优化教学内容与强化教学目标衔接成为关键。通过构建从小学至大学无缝对接的思政课程内容体系,确保了思想政治教育的连续性与深入性。这一体系不仅提升了区域内思想政治教育的整体质量,还展现了区域协同、学段衔接、内容连贯、方法多样的新路径。

在具体实践中,针对不同学段学生的认知特点与成长需求,进行课程内容设计。小学与初中一体化课程内容衔接以"遵守规则""知法守法用法""劳动创造"等主题为例,侧重培养学生的基础道德观念与社会责任感。初中与高中一体化课程内容则围绕"基本经济制度""文化自信""人民当家作主"等主题,深化学生对社会主义核心价值观的理解,并激发其独立思考与批判性思维的能力。高中与大学一体化课程内容衔接则以"科学社会主义为什么科学""经济发展与社会进步""全面依法治国"等议题为核心,要求学生准确掌握中国特色社会主义理论与科学社会主义基本理论之间的关系,并能联系中国实际,分析科学社会主义在中国焕发生机的深层次原因,进而产生对中国特色社会主义道路的理论认同。

此外,以大学基础教育集团贯通式引领机制建设为试点,通过联动大学、高中、初中等不同学段,构建了全方位、多层次的思政课程体系。同时,积极整合社会资源,拓展校外实践平台,创设"思政小课堂"与"社会大课堂"联动模式,为学生提供更多参与社会实践、了解国情民情的机会,进一步丰富了思政课的教学内容与形式。

2. 单元设计研究

大中小学思政课一体化单元教学活动设计是一个多维度、多层次的复杂过程。通过分析单元教学设计的核心要素,如内容的精选与组织、框架的科学构建等,力求思政课内容既能紧密贴合一体化的总体要求,又能灵活适应不同学段学生认知发展的特点。

在这一过程中,提出了"五项基本原则"作为指导,包括紧密依据课程标准、强化单元的整体性设计、坚持学生中心理念、精准聚焦重点难点以及合理安排单元与课时。这些原则为区域内乃至更广泛范围的大中小学思政课单元教学活动设计提供了方法论支撑。

同时,积极探索多元路径,优化单元教学活动设计。通过文创设计、案例探究、文本研读、议题评析、情境模拟、知识竞赛及社会实践等多种活动类型的引入,不仅丰富了思政课的教学内容与形式,更使学习过程充满了挑战与乐趣。此外,重视单元作业设计的科学性与合理性,将其作为巩固与深化课堂教学效果的重要环节。通过提炼单元作业设计的一般性原则与实施方法,确保了作业内容既能全面覆盖思政课的核心知识点,又能有效促进学生综合素养的提升。

3. 教学评价研究

在推进大中小学思政课一体化建设的进程中,教学评价体系的构建至关重要。通过引入教学评价的理论基础,包括教学评价的概念、理论模式及类型,为思政课一体化建设提供了坚实的理论支撑。同时,注重开展诊断性评价,为个性化教学方案的制定提供了科学依据。

在评价体系构建中,注重多元化与多维度构建。传统的思政课评价往往局限于教师评价,忽视了学生及其他相关主体的参与。因此,通过引入学生自评、同伴互评等多元评价主体,全面反映学生的学习态度、道德品行及思政素养发展情况。这种评价方式不仅促使学生主动反思学习进展,形成自我认知和自我激励,还通过互动与合作,促进学生间的相互借鉴与启发,共同提升思政素养。

为确保大中小学思政课一体化建设的有效推进,还建立了健全的督导评估机制。该机制明确了评估目标和指标体系,结合区域特点和课程标准,构建了科学、全面的评估体系。通过定期督导、专项评估等方式,对思政课教学质量、学生成长和教师发展进行全面监测与评估,确保思政课一体化建设的科学性、公正性和实效性。

此外,将评价结果以结构完整的载体进行记录和展示,建立了统一的学生思政课档案。该档案系统涵盖了学生在大中小不同阶段的思想政治教育评价信息,全面反映学生的思政素养发展情况。通过建立和运用档案管理系统,学校能够更好地跟踪和评估学生的思想政治教育发展,为教师提供有针对性的指导,并为教育决策和政策制定提供全面、准确的数据支持。

4. 师资培养研究

在深化思想政治教育体系改革方面,创设大中小学思政课一体化培训体系成为关键举措。该培训体系不仅涵盖了跨学段教师本体性知识培训和多维度能力提升,还探索了创新教学模式,构建了一个全方位、多层次的教师成长体系。

一体化的教研实践打破了学段间的壁垒,鼓励教师共同参与备课、听课、磨课等活动,促进了教学资源的共享与互补。这种跨学段的合作为构建无缝衔接的思想政治教育体系奠定了坚实基础。其中,基于议题式教学设计的一体化培训课程,深入分析了各学段教材中议题的分布与衔接情况,为大中小学一体化教学提供了有力支撑。教研实践中的"接力教学",让不同学段的教师共同参与同一议题的教学设计与实施,实现了教学内容的逐步深化与拓展,有助于学生形成连贯、系统的知识体系,同时促进了教师对学生认知发展规律的深刻理解与把握。

此外,通过构建系统化的教研体系,全面提升了思政课教师的专业胜任力。针对思政课知识综合性和跨学科性的特点,积极促进区域内大中小学思政课教师在知识整合方面的能力提升。通过组织跨学段、跨学科的教学研讨活动,帮助教师掌握广博的知识基础,学会将历史学、政治学、经济学、法学、哲学等多学科知识进行有效整合,以更加全面和深入的视角阐释思政课的核心内容,引导学生树立坚定的理想信念。

同时,实施了日常化的深度教研,以支撑学生的深度学习。通过深入研究不同学段与年级的课程与教学内容,明确各学段在思想政治教育体系中的作用与目标,实现课程内容的有机衔接和逐层递进。同时,鼓励和支持教师进行跨学科教学设计的一体化教研实践,加强教法、教师、学生等课堂教学要素的协同合作,提升思政课的针对性和亲和力。

(二)研究成果

1. 完成思政课一体化建设内涵式发展实证研究

组织开展三次大规模科学量化调查,对 891 位教师和 2 050 位学生进行了问卷调研,建立回归模型,科学分析区情、教情、学情,并出具实证调研报告。2021 年,课题组在《复旦教育论坛》上发表《大中小学思政课一体化成效与影响因素研究:基于教师的视角》一文。以教育部重点课题"区域大中小学一体化推进习近平新时代中国特色社会主义思想'三进'的实践研究"为统领,对思政课一体化建设内涵式发展开展科学实证研究。

2. 出版《"双新"背景下高中思想政治学科单元设计指南》

完成高中思政学科统编教材四本必修教材知识结构图谱——《"双新"背景下高中思想政治学科单元教学设计指南》,本书是丛书的理论研究成果,从高中思政学科自身禀赋出发,对单元设计的诸多方面进行了理论分析和学术研究,提出了具有一般化指导意义的理论观点和实操型方法。该书不仅是集体智慧的结晶，更是高等教育工作者与基础教育工作者合作的成果。

3. 出版《高中思想政治单元教学设计研究——政治与法治（必修3）》

本书紧扣《普通高中思想政治课程标准（2017年版2020年修订）》《中国高考评价体系》《中国高考评价体系说明》和《上海市高中思想学科基本要求》的要求，以统编高中思想政治学科必修三教材《政治与法治》教学单元为单位进行思政学科大中小学一体化教学设计研究，分为"单元教学设计篇""单元教学一体化建议篇""教学设计表现样例篇"三个部分，针对大学与高中思政课的衔接教学提出了思考，对高中思想政治学科教师有较高的参考价值。

4. 形成《知史励志——大中学生"四史"教育读本》

在贯彻落实国家统编教材改革创新要求基础上，杨浦区主动承担教育部《习近平新时代中国特色社会主义思想学生读本》高中学段的试教试用工作，成立了"思政教师学习推进中心组"，建立"一月一学习，一月一研究"学习研讨制度，探索建立大中小循序渐进和螺旋上升的学习内容体系、方法体系；率先完成《读本》"八讲八试"实践研究，编撰教学设计和教学课件，出版"双新"背景下大中小学思政课一体化建设》丛书；出版《知史励志——大中学生"四史"教育读本》。

5. 出版《基础教育思政课一体化教学解读》

该书为大中小学思政课的衔接教学提供了新的教学视角和方法，对思政课的教学内容、教学目标、教学方法等进行有机整合，形成一个连贯、系统的一体化课程内容体系。该书旨在提高思政教育的连贯性和有效性，确保学生在整个基础教育阶段都能接受系统、科学的思政教育，推动思政课教学的创新与发展，提高思政教育质量、培养学生的思政素养。

四、效果与影响

（一）社会影响

研究成果在区域内广泛传播并应用，于上海市德育工作交流会、上海教博会、长三角思政教育一体化联盟成立仪式及论坛等全国及区域性平台上进行交流分享。杨浦区委宣传部与上海市委宣传部相继将相关成果推送为城市治理与社会主义核心价值观建设的典型案例，为长三角乃至全国的思政教育一体化实践与研究提供了宝贵借鉴。

（二）实践成效

（1）机制建设互联互通，锻造区域协同链条。成立"长三角大中小学思政课一体化建设联盟",构建"一体两翼"工作机制,共建平台实现资源共享共赢,推动紧密型集团化办学中的思政课一体化建设机制创新。

（2）课程优化相辅相成,强健学段衔接内在逻辑。联动各学校、地区课程资源,打破壁垒,优化资源配置。教学设计强调学段衔接与逻辑,构建连贯知识体系,实现课程内容的统筹规划与结构优化。

（3）教学创新同向同行,彰显思政课程育人特色。承担教育部读本试教任务,探索循序渐进学习体系,完成知识结构图谱编撰,首创"双师课堂"与思政学科教研员论坛,彰显思政课程育人特色。

（4）师资培养共研共享,构建综合发展专业队伍。依托复旦大学等平台,实施优秀思政教师队伍培养计划,开展以学习者为中心的教师培训,建立跨学段集体备课机制,构建共建共治共享的教研大格局,促进教师综合发展。

"首长介入"的"轮值制"园本教研提效的实践研究

课题负责人：

李　丹　上海市杨浦区本溪路幼儿园

课题组成员：

陆俊琪　上海市杨浦区本溪路幼儿园

范佳佳　上海市杨浦区本溪路幼儿园

陆怡雯　上海财经大学附属杨浦新江湾城幼儿园

胡雯奇　上海市杨浦区控江四村幼稚园

李如梅　上海市杨浦区本溪路幼儿园

戴旻晏　上海市杨浦区本溪路幼儿园

徐　婧　上海市杨浦区本溪路幼儿园

陈　杨　上海市杨浦区本溪路幼儿园

李佳音　上海市杨浦区本溪路幼儿园

陈　悦　上海市杨浦区本溪路幼儿园

一、背景与价值

随着幼儿园的办学规模扩大和办学模式多样化的发展，如何实现与之相适应的教研理念创新、制度创新和资源创新？如何营造"人文孵化"＋"自主沉浸"的教研文化？如何让每一次教研真正发挥促进教师专业成长的作用和价值？如何让每一位教师真正成为教研的主体？这些问题都关系到园所办园质量的可持续发展。基于上述思考，本研究将"首长介入""轮值制"等概念引入教研实践。

在理论层面,本研究聚焦教研模式,关注教师在园本教研中的主体地位,以人本化精神为指导,从技术导向转向文化导向,尝试构建幼儿园一园四部背景下首长介入的"轮值制"教研理论框架。"首长介入"作为学前领域的一个创新性概念,体现教研实践中的专业性、科学性;"轮值制"则关注每一位教师的成长并拓展一园四部教研共享发展的研究内容,为一园多部教研提供可供迁移的研究模板。

从实践角度来看,"首长介入"和"轮值制"能抓住关键少数,助力教师发展,使每位教师都有机会从以往的"旁听者"转变为"参与者""合作者"甚至"领导者",充分调动教师研修的主动性;还能提效园本教研,助推课程领导力,它赋予教师学习与反思、交流与合作、实践与感悟的空间,使教研活动次次有深入、人人有发展。

二、方法与过程

本研究秉承严谨务实、探索创新的研究思想,对国内外教研发展的相关理论背景、幼儿园教研开展现状等方面进行充分学习分析与调研,寻找幼儿园教研现存的问题与缺失。通过文献情报资料研究法、调查研究法、行动研究法、经验总结共享法、案例研究法、活动实录研究法等,经历了学习准备、实践研究、总结整理三大研究阶段,以"首长介入的'轮值制'教研实践"为研究主线,在一园四部同时开展教研实践活动。围绕研究模型、操作机制、实施策略、案例研究等四大模块,从首长介入的时机与方法、"轮值"的制度与策略、教师专业成长的推动等方面入手,进行经验的梳理与总结。同时,对实践中的具体做法,进行细致地甄别,进而归整出一系列实施策略与成效,进行经验的推广。最后,构建教研的核心价值和文化,形成园本教研新模式,以此助推园本教研提效,促进教师的专业成长,提升课程领导力。

图 1 为研究小组分工路径图。

三、内容与成果

（一）研究内容

1. "首长介入"的"轮值制"园本教研实践模型

1）"首长介入"

"首长介入"在本研究中,指的是由幼儿园园长领衔的课程领导小组及专家团队在各级各类教研过程中为教师搭建支持性平台,提供支持性氛围,建立支持性机制,以引领教师专业自主发展（见图 2）。

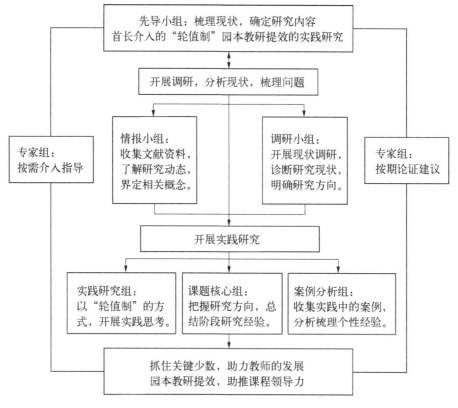

图 1　研究小组分工路径图

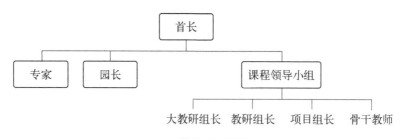

图 2　首长团队架构图

　　"首长介入",并不是仅仅指向单一目的、单向提效的一种行为,而是需要综合考虑介入对象的不同能力、经验及所处环境,选择现场或背后的多元、多向的引导方式进行个性化指导。在研究中,我们针对不同对象,梳理出一系列"首长介入"的时机、作用、方法及策略,如图 3 所示:

　　(1)"首长介入"的时机和作用: ① 教研准备阶段: 通过关注教研方案的制

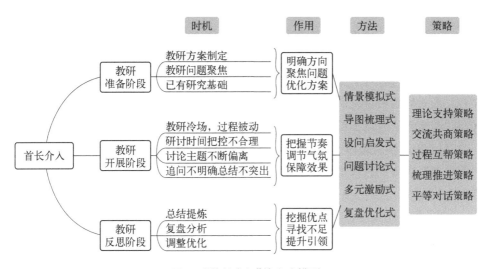

图3 "首长介入"的实践模型

定、教研问题聚焦、已有研究基础,明确方向、聚焦问题、优化方案。② 教研开展阶段:可在教研冷场、过程被动,研讨时间把控不合理,讨论主题不断偏离,追问主题不断偏离,追问不明确、总结不突出等时机进行介入,以把握节奏、调节氛围、保障效果。③ 教研反思阶段:通过总结提炼、复盘分析、调整优化等等,挖掘优点、寻找不足、提升引领。

(2)"首长介入"的方法:"首长"并非教研活动的决策者,而是战略策划和制度建设的主持者。针对不同对象的个体能力差异,根据教师的不同能力特点以及实践活动特性,"首长介入"的方法可以有以下几种:① 情景模拟式,在教研前可充分做好预案,特别是对教研中可能出现的问题,做好回应的情景模拟。"首长"可设置一些可能出现的情景,让介入对象模拟如何回应,以做足准备,在教研时应对自如,也增强自信心。② 导图梳理式,运用思维导图的形式,帮助介入对象将整个教研的过程及教研中的关键经验先做一个梳理,做好充分预案,以保障教研的研究方向不偏离,保障教研质量。③ 设问启发式,当在教研中遇到卡壳或方向有点走偏,介入不知如何应对时,可以采用设问启发的方式介入。④ 问题讨论法,参与教研的实际研讨,适时地抛问与回应。⑤ 多元激励式:在教研过程中,首长需适时地给予其肯定或鼓励,帮助介入对象建立专业自信。⑥ 复盘优化式:每次教研结束后,可以将本次教研进行复盘,反思在教研中的进步和可以进一步提升的地方,并进行优化,提升介入对象的反思专业能力。

2) "轮值制"园本教研

本研究中的"轮值制园本教研",具体来说,是教师在不同教研区域内(如大教研组、小教研组、项目组等)的不同岗位(如主持人、观察员、记录员、情报收集员等等)中进行合理有序流动的一种制度设计与制度安排。轮值的主体、方式、内容、形式均需根据教研目标与要求进行灵活调整,以求达到效果最大化。"轮值制"园本教研有以下特征:

(1) 流动性。教研组中的每个教师都由"旁听者"转变为"参与者""合作者""领导者",更多的教师走到了实践研究的台前,而原本的教研活动主持人则隐退到幕后实施指导。

(2) 实践性。所有研究模型的建立,方法、策略及操作提示的研究,均立足于一线的实施和管理实践,具有鲜明的实践指导意义。

(3) 周期性。轮值是具有时间周期的。表现为一个涉及事件观察、资源搜集、案例筛选、学习讨论、再实践反思、再总结提炼等多方面工作的螺旋式发展的过程,能赋予教师们更大的时空去学习与反思、交流与合作、实践与感悟。

2. "首长介入"的"轮值制"园本教研模型的运用及迁移

1) "首长介入"的"轮值制"园本教研的方案模板

本溪路幼儿园一园四部各部的需求和情况都不一样,"首长介入"的"轮值制"教研在不同形态的分部进行实践。在此过程中,我们始终思考如何达到成果的最大最优共享,提炼出了一套教研实施的方案模板,通过相关要素解读,帮助大家更好地基于本部的现状开展实践。

(1) 研究要点:聚焦近期教研中需要解决的具体问题是什么。

(2) 核心问题:简单阐述本次教研要解决的核心问题是什么。

(3) 前期准备:思考设计本次教研的目标、内容、对象、路径与方法,关注"首长介入"和"轮值制"在教研中的地位与作用。

(4) 活动实施:单次教研实践的整体实施,突出实施过程中目标、内容、对象、路径与方法等要素的关键解决点,剖析问题,解决问题。

(5) 感悟困惑:在现场教研后,针对性提出实施感悟及困惑,梳理经验。

(6) 首长介入:需贯穿于教研整个过程,在教研前、中、后等不同时期,按需进行介入指导,尤其在反思阶段,从教研目标的达成度出发,对教研进行总结,指出优势与不足,提出改进的关键点,进行总体的评价及激励,激发教研参与者的内驱力。

2)"首长介入"的"轮值制"园本教研在一园多部实践要点

（1）顶层设计，计划先行——全园教研顶层设计，由全园大教研组长在园长引领下制定每学期大教研计划，各分部依据大教研计划的方向，结合教师教学实践中的问题，确定教研方向，各年段再进行细化分解。

（2）依据需求，有分有合——依据教研需求，既有全园包括所有分部的大教研活动，也有各分部自主开展的教研；既有分部内各年段的教研，也有不同分部同一年段的联合教研。

（3）首长引领，教师轮值——在各级各类教研中，根据实需进行首长选择。全园大教研、分部小教研等不同规模的教研，首长可分别为园长或专家、名师、大小教研组长等。

（4）做实基础，多元整合——以一般的教研模式（大小教研）为主要的研修形式，整合多种分层分类的教研活动方式，促进教师专业成长。

（5）完善制度，有效保障——补充、完善与教研组织结构与运行方式相关的教研制度，如首长引领下的轮值制、分层分级教研组织制度、教研组长例会培训制度等。

3."首长介入轮值制"教研效能研究

基于实践研究经验，我们开展了"首长介入轮值制"园本教研的效能研究，对"首长介入轮值制"园本教研进行实时的评价和监控，以保证教研实施的有效性。经过研究，我们梳理出了教研不同阶段的评价内容，见表1。

表 1 教研效能评估记录表

教研阶段	评价要点	要 点 描 述
教研准备	内容选择	
	主题明确	
	路径设计	
	资料准备	
教研实施	研究推进	
	问题梳理	
	工具使用	

续　表

教研阶段	评价要点	要 点 描 述
教研实施	主体参与度	
	目标达成	
教研反思 及评价	成果梳理	
	研究亮点	
	主体自评与互评	

1）教研准备期

从内容选择、主题明确、路径设计、资料准备等内容入手,主要通过判断教研的目的是否明确、内容是否聚焦、路径设计是否合理,以及对于首长、参与教师的职责和任务是否明确,来分析教研前期是否为后续教研的有序开展做好充足的准备。

2）教研实施期

主要从研究推进、问题梳理、工具使用、目标达成以及不同主体在教研中的参与度等方面进行记录和分析,重点关注教研中研点是否清晰,讨论是否聚焦有效,从而保证每个主体在教研中有所获得。

3）教研反思期

通过对当次教研成果的梳理、研究亮点的挖掘等方面入手,关注教研对教师专业成长是否给予有效支持。

对于教研的效能评估,我们更多地是采用质性评价的方法,通过关键词、关键问题、关键片段的记录和反思,关注教研实施的有效性,让优质教研成为教师专业发展的重要平台。由于教研对教师的影响并不是即时、显性的,因此我们对教研效能的评估也不能局限于当次,而是需要分阶段、结合教师专业成长的轨迹来综合分析。所有教师也都能成为教研的评价者,通过自评和互评相结合的方式,反思自身在教研中的得与失,为后续理念更新和行为优化提供依据。

（二）研究成效

1. 立足关键问题,形成教研创新

随着研究的深入,"首长介入"的"轮值制"园本教研在一园四部落地生根,成为园本教研的常态模式,完成了从无到有的创新,具体体现在以下几个方面:

1）教研管理模式

在原有教研组织体系和管理模式的基础上，对教研体系、教研活动进行顶层规划与设计，明确专家及园长领衔的课程领导小组等以"首长"身份介入教研活动时的方式与作用，以及其他教师进行轮值制教研的特点、需求及可行性，以管理机制保证教研的高效、有序和资源的充分共享。

2）教研活动范式

以教研活动范式为目标，"首长"在计划制定、过程组织、活动反思三个层面进行介入、指导，积极梳理处于不同发展阶段教师担任首长的特点，从基于幼儿行为表现观察的解读入手，形成可借鉴、可操作的实施策略。

3）教研阶段过程

通过"首长介入"的教师轮值制教研新模式解决问题，明确教研前、中、后的不同阶段具体的责任主体和参与主体，并通过"预设——实践——评价——完善"的过程，梳理解决实际教研问题的方法，促进教研组的共同发展。

2. 切换教研模式，助推教师成长

1）深化了"首长"专业力的提升

"首长介入"是保障教研有效深入、支持教师专业成长的重要因素。在"首长介入轮值制"园本教研的模式中，"首长"更能换位思考和取长补短，实现了教研活动中的教学相长，促进了"首长"教育研究力和指导力的转换，给予教研和轮值教师更有力的支撑。

2）促进了每位"轮值"教师的成长

"轮值制"教研模式的探索充分激发了每一位教师在教研中的主人翁意识。他们在主动学习中提升理论水平，在主动反思中提高研究能力，在主动对话中激发合作意识。老师们认真全面地审视自己各方面的能力，并以此为基础，对自我职业发展进行细致规划，不断完善自我，追求自我在教师岗位上的发展和超越，从而提升对教师职业的认同感、幸福感、成就感。

四、效果与影响

在"首长介入轮值制"教研的模式下，大家立足现场，结合各部的实践经验，共同出谋划策，在思维碰撞中，形成问题解决的共享经验，并迁移运用到教研组的实践中，完善管理模式，丰富教育智慧，优化教研行为，不断提升教师、幼儿园的整体实力，实现园所发展。本研究的开展也打破了一园四部之间存在的时间和空间上的"壁垒"，盘活专家资源、骨干资源、教师资源，实现从单一导入到共建、共创、共享,优化师资结构,促进先进的人才培养模式的内化与创生,使幼儿园获得新的发展动力。在整个研究过程中,本溪伊东部中班教研组获得了杨浦区幼儿园第十一届优秀教研组评比一等奖;1名教师获得优秀教研组长的称号,2名教师获上海市见习教师基本功大赛二等奖,4名教师分获市区级园丁奖,3名教师分获课程领导力项目校长创新奖和优秀教师,2名教师分获上海市中青年教师评优一、二等奖,1名教师获上海市青年教师爱岗敬业教学竞赛二等奖,累累硕果彰显着"首长介入轮值制"园本教研的力量!

核心素养视域下历史大概念教学的实践研究

课题负责人：

李　峻　复旦大学附属中学

课题组成员：

刘先维　复旦大学附属中学

陈新幻　同济大学第一附属中学

李倩夏　上海市位育中学

王　雯　复旦大学附属中学

曹　玲　上海理工大学附属中学

栾思源　复旦大学附属中学

叶朝良　上海市杨浦区教育学院

孙延燕　上海市杨浦区教育学院

王康茜　同济大学第一附属中学

刘　念　上海市杨浦区鞍山实验中学

一、背景与价值

（一）"双新"实施背景下历史认知观有待转变

如果历史课堂仅仅是向学生灌输碎片化的知识以及要求学生记忆繁杂的史实，不仅会浇灭学生学习兴趣，而且易使历史学科被误认为是一门"无用学科"。因此，教师要转变认知观，以大概念统整知识，形成知识结构，实现课程内容的贯通与整合，引领学生从碎片化学习走向结构化的深度学习。

（二）历史核心素养培育需要紧扣史学思想和方法

大概念能够成为"彰显史学思想方法"的载体，将历史学科核心素养进行目标化分解，让史学思想方法落地更有操作性，历史思维更具象化。历史大概念教学不仅能体现学以致用的学科育人价值，也能促成核心素养培养的目标达成。

（三）当下历史大概念教学存在研究和行动的短板

通过对上海各区初高中近500位教师调查得知，一线教师们对于大概念的认知存在分歧，超过一半的教师没有进行过大概念教学实践。由于教学压力大、畏惧心理等原因，大概念教学实践困难重重。通过文献综述，目前学术界和一线教师对历史大概念教学有一定研究，但基于核心素养目标化分解和初高中贯通背景下的大概念教学研究仍有较大的空白点，不同类型课程贯通推进大概念教学的成果比较匮乏，历史大概念理解和层级框架尚不成熟。

二、方法与过程

（一）文献研究与问卷研究（2021.1—2022.5）

梳理既有研究成果，设计调查问卷，了解一线教师对大概念的认知、历史大概念教学的困惑，探寻着力点与创新点。

（二）行动研究与设计研究（2022.5—2022.10）

建构历史大概念的层级框架，分为"历史大概念-概念性理解-学习主题-史实"。建构基于大概念的历史跨学科主题学习层级框架。

（三）案例研究与总结反思（2022.10—2023.12）

1. 确定历史大概念教学设计思路

据课标、教材和学情拟定学习目标，提取历史大概念，精选教学资源，确定主题，设计问题链，合作解决学习任务，生成大概念。通过评估量表，完成"教-学-评"闭环。

2. 贯通不同学段、不同类型课程的大概念教学策略和路径

基于初高中学生不同的素养基础，设计贯通初高中不同学段大概念教学策略。开展不同类型课程的教学实践，探索不同课程内容整合的大概念教学路径。

3. 融通基于大概念的历史教与学

运用不同学科的思维工具和资源，结合跨学科主题学习，引导学生在跨学科学习中生成跨学科大概念，形成基于大概念的跨学科主题学习模型。

（四）教学实践和推广辐射（2023.1—2023.12）

在10余所初高中实践，开设系列公开课推广研究成果。通过教研、讲座等

方式进行区域实践和辐射。与高校合作开展实践,为师范生作讲座,为未来历史教师的培养蓄力。

三、内容与成果

（一）根据核心素养与大概念的关联确定历史大概念的层级框架

学科核心素养内涵包涵学科思维,核心素养的培养也是学科思维方式的养成,大概念是学科思维方式的体现。课题组根据核心素养与大概念的内在关联,确定了历史大概念的层级框架(见图1)。第一层级为历史学科大概念。就历史学科本质而言,具有历史学科最上位的大概念可以理解为唯物史观。唯物史观是揭示人类社会历史客观基础及发展规律的科学的历史观和方法论,是学生理解历史学科基本结构和学科本质的"钥匙"。第二层级为概念性理解,大概念体现专家思维,学生需要通过"由具体到抽象""由特殊到一般"的学习过程才能理解、生成大概念。第三层级是学习主题。有意义的学习主题将普遍的课程内容与具体生活情境相结合,能实现不同阶段学习之间的纵向一贯,体现发展性。历史学科的学习主题是对特定时空情境下具有共同属性的史实和史事的概括,即第四层级,史实性概念。

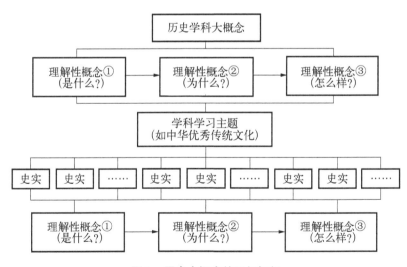

图1　历史大概念的层级框架

（二）根据跨学科的学习特征确定基于大概念的跨学科主题学习层级框架

学习层级框架顶端是跨学科主题,它与跨学科大概念互为前提。第二层是学科大概念。基于大概念少量而重要的特征,学科大概念可以与跨学科大概念相同,如唯物史观可作为历史学科大概念,也可以作为跨学科大概念。教师应针对跨学科主题,基于学科课程标准,通过原理概括来具化、分解学科大概念。第三层是表现性任务的设计,由表现性大任务(终结性评估)和子任务(形成性评估)组成。表现性大任务的外在形式是在创设的真实情境下,让学生生成一个作品,这能帮助学生预知学习实践的愿景,它反映的是学生在学习期间逐渐积累的知识、能力、概念性理解以及态度的改变,目的是在学习结束时通过大任务的形式了解学生对学习目标的达成情况。子任务则是在学习实践帮助学生形成推动任务进度、学习深度的线索。在每一个子任务环节应根据学习目标、任务阶段特征设计相应的评价标准,引导学生针对任务阶段性成果对学习实践进行反思与调整,从而助推表现性任务的完成和概念性理解的生成。

（三）总结提炼核心素养视域下历史大概念教学的策略、路径和方法

1. 核心素养视域下历史大概念教学的路径

在实践中归纳总结了历史大概念的提炼路径,初步形成了以大概念聚焦时空观念、史料实证和历史解释,整合跨学科资源形成问题链,运用跨学科思维和工具进行合作探究生成大概念,基于检测进行再评估的基本策略和路径。

第一步根据课标、教材、学情拟定素养本位下的学习目标。第二步确定历史大概念,创设挑战性学习主题。第三步在大概念统摄下,精选教学资源,包括本学科的资源与跨学科资源,贯通不同类型课程,整合学习内容,确定挑战性学习主题。第四步构建问题链,设计学习任务。大概念统摄教学主干问题,主干问题往往比较宏大,教师依据学术情境、生活情境、问题情境等挑选材料设计成序列化的、有层次梯度的问题链。第五步指导学生运用学科思维工具和跨学科思维工具,在合作探究式的系列任务解决过程中生成大概念,在迁移运用中,实现领悟与提升。最后,在整个学习过程中,教师设计多类型作业、过程性与终结性评估量表,检测评估学生能否理解大概念、迁移大概念,去思考和解决新情境下的新问题,完成聚焦目标的"教-学-评"闭环。

2. 必修课程:主题式跨单元教学的设计思路

以"概念-主题"与跨单元的理念为引领,拓展常规单元设计思路,将"结构-联系"教学理论学科化、具体化,开展大概念引领下的主题式跨单元教学实践,在实践中逐步形成了主题式跨单元教学模式的理论架构。主题式跨单元教学是指教师基于对学科特点与核心素养的深入理解,围绕大概念选择一个能够整合跨单元内容的核心论题或观点而展开的教学。以课标为基准,以大概念为切入点,通过多维度解读大概念的视角来提炼主题,建构单元群,设计真问题,形成问题

链。跨单元主题是"点",与之相关的散布于不同单元的内容是"面",问题链则是"线"。教师围绕主题这个"点",引领学生用问题链这根"线",在解决问题的过程中重新建构知识体系。这不仅是"以点带面",让学生学会知识,更是在习得史学思想方法、完善历史学习方式的过程中尝试运用知识来解决问题,从知识获取走向问题解决,推动学生学习从课堂走向课外,从学校走向社会,从书本走向生活,在问题解决中实现从知识本位走向素养本位的价值旨归。

3. 选择性必修课程:主题式跨课程整合教学的设计思路

素养本位下历史教学应将不同类型的课程内容视为核心素养培育的载体,要将历史学科核心素养以进阶的方式目标化分解到不同的课程内容之中,就必须深入分析课程结构,合理整合教学内容。将不同类型的课程、课程内的不同模块以及同一模块的不同单元章节有跨度、有深度地进行整合,提炼学习主题,建构历史大概念,以核心问题驱动学生主动学习,引领学生建构有意义的知识结构,避免学习碎片化,促进学生掌握探究历史的方法和路径,拓宽学生认识历史的视野。

4. 选修拓展课程:以项目化学习推进的教学设计思路

选修拓展课程可以对基础课程中出于课时进度等因素而未能展开的学习内容进行拓展探究。从跨学科视角将各类学习资源整合进历史探究过程,贯通基础课程与选修课程,通过项目化学习展开探究。课题组成员以"石库门文化"为主题引导学生开展项目化学习探究,深化对"社会存在决定社会意识"大概念的理解。

(四)总结基于大概念的跨学科主题学习实施路径

1. 以"逆向设计"目标为指导思想来设计跨学科学习主题

首先,借鉴格兰特·威金斯(Grant Wiggins)"以终为始"的逆向设计模式,即确定预期结果,即学生应该知道什么? 理解什么? 能够做什么? 什么内容能够生成持续性的理解? 其次,设定合适的评估证据,即哪些证据证明学生达到了预期的结果。最后,设计学习体验和教学。目标与评估一体化的逆向设计模式,使得跨学科主题学习的目标更明确,帮助学生获得自主学习与发展的内驱力。

2. 以跨学科知识图谱与单元群来支撑跨学科主题学习

聚焦大概念,通过建立跨学科知识图谱与学科内跨单元群来建立学科间与学科内纵横交错的知识网络。跨学科知识图谱中确定的学科关键知识,应当是受到学科大概念和跨学科大概念统摄的,学生围绕概念性理解必须学习运用的知识与技能,这有利于提炼学科共性,从而促进学科间的横向融通。

3. 以问题引导来贯穿跨学科主题学习的过程

走出拼盘式学习的误区，还需要教师明确跨学科主题学习的基本理念是为理解而学、为生活而学、为学科而学。[①]"为理解而学"，指的是设计表现性任务，即学生围绕理解学科大概念的目标，置身真情境，解决真实性问题，并预先被告知任务的评价标准。"为生活而学"，则是植根于现实生活的微小问题，在不断思考与解决问题中，建立学科与学科间、理论与现实的内在联系，充分应用学科思维，达到"为学科而学"，提升核心素养与生成概念性理解的目的。可见，问题引导贯穿学习始终，是生成概念性理解的关键线索。

4. 评估设计的指导思想

借鉴"以终为始"的逆向设计与表现性任务的层层推进，要求评价方式相应跟进。教师可根据以下原则展开：一是以指向概念性理解的形成性评价与跨学科大概念生成的终结性评价互为联系。形成性评价结合跨学科培养目标，以子任务为载体，指向概念性理解的生成与学科核心素养培育的落地；终结性评价则是结合跨学科学习目标，聚焦共通性素养与学生探究能力的提升。二是以学生学习证据与教师教学反思互为参照。学习证据包括师生对话记录、学生笔记、思维导图等，以帮助学生积累自身理解；教学反思则分为主题学习开展前、开展中、开展后，教师根据学生子任务与学习证据呈现，进行阶段性教学反思，从而改进、完善下一阶段的任务开展与问题引导。三是设计分层递进的评价量规。教师可根据马扎诺教育目标新分类学，结合初高中核心素养质量水平要求，来设定相应的量规与标准；此外教师还可在学习活动开展前，与学生共同设计成功标准，让学生明确学习的方向。

（五）建构核心素养视域下历史大概念教学的多维度评估方案

核心素养视域下的历史大概念教学评估根据教学形式主要分两类，即课堂教学评价与实践活动评价，两大评价方式有机结合。其中，必修课程与选修课程以课堂学习评价为主，采用伴随式嵌入型评价，利用信息技术采集课堂学习过程中的数据，课后进行及时整理、分析和反馈，再由教师评价及学生进行自评和他评，关注学生对于生成历史大概念的理解，具体制定评价标准。实践活动评价主要用于课外拓展实践课程，评价策略既关注学生在活动中的表现，也关注学生的活动成果，重点关注学生对于历史大概念的迁移和应用。

---

① 张华：《让学生创造着长大——2022 年版义务教育课程方案和课程标准核心理念解析》，教育科学出版社，2022 年，第 151 页。

四、效果与影响

（一）育人理念的转变促进教师专业素养的提升

3 年来在国家、市、区级期刊发表论文 20 余篇；主编和参编著作 5 本。市区级公开课展示 10 次，市区级教学研讨展示活动 2 次，区级以上学术交流 20 次，形成了 30 多篇教学案例。获得名师、学科带头人等人才队伍称号和教育教学、论文案例奖项 30 项。

（二）学生学习方式的转变促进核心素养的提升

成员指导的学生在历史学科等文科类素养竞赛中屡次获奖。5 人次获全国中学生历史剧本大赛创作一、二、三等奖，8 人次获上海市青少年科创大赛一、二、三等奖，12 人次获上海市青少年微课题征文比赛一、二、三等奖。

（三）课题研究成果得到广泛辐射和充分肯定

课题负责人在上海历史教学课改 30 年大会上做主旨发言，代表上海历史教师在教育部统编教材实施调研会上做主题发言，线上听众近 9 000 人。举办区教育系统"大家谈"活动，领导给予了高度评价，成果在《杨浦教育》进行专题发表。2024 年 4 月，"新课程背景下全国中学历史教学研讨会"在复旦附中举行，课题负责人作主题发言，课题成员进行公开课示范，线上线下观摩学习近万人。课题成员远赴福建、云南等省进行示范课展示和专题讲座。无论是研究论文、公开课，还是教学案例，均得到了实践区域和辐射区域专家和教师的认可。

7—36个月散居婴幼儿家庭
亲子阅读指导的实践研究

课题负责人：

顾婷婷　上海市杨浦区早期教育指导中心

课题组成员：

张　梅　上海市杨浦区早期教育指导中心

陈君贤　上海市杨浦区早期教育指导中心

王英姿　上海市杨浦区早期教育指导中心

张丽华　上海市杨浦区早期教育指导中心

胡蓉蓉　上海市杨浦区早期教育指导中心

赵洲红　上海市杨浦区早期教育指导中心

张　静　上海市杨浦区早期教育指导中心

蒋　慧　上海市杨浦区早期教育指导中心

一、背景与价值

　　碎片化的育儿信息导致许多婴幼儿家庭缺乏科学的育儿理念。超过60％的家长将亲子阅读的精力集中在看图讲话和认字上，忽视阅读兴趣；超过80％的家长只是盲目购买评价高或销量好的绘本，很少去考虑幼儿身心发展特点；多数家长亲子阅读策略单一，经常采用"家长讲幼儿听"等单向、片面的阅读方式，缺乏科学、有趣味性的阅读指导。而目前社区早教服务对"亲子阅读"指导也有两大不足：一是缺乏7—36个月各月龄段的阅读指导策略，多聚焦于"0—1岁""1—2岁"等年龄段，跨度较大；二是缺乏亲子阅读材料的选择，没有按照月龄段提供实用的阅读书目、阅读指导方案或阅读视频等操作性的实践经验。

家庭是阅读启蒙的最佳场所,幼儿期是语言发展的关键期,也是早期阅读兴趣培养的关键时期。幼儿期没有自主阅读的能力和文字符号的意识,成人的伴读、指导尤为重要。随着越来越多的 7—36 个月散居婴幼儿家庭对亲子阅读指导有需求却苦于无渠道,社区早教服务更亟须加强对"亲子阅读"的专业指导能力,帮助家长掌握科学的亲子阅读方法,培养婴幼儿的阅读兴趣、养成良好的阅读习惯,为婴幼儿身心健康发展助力。

二、过程与方法

1. 准备与启动:资料与框架先行

充分检索国内外相关文献资料,如早期阅读的理论、亲子阅读与婴幼儿发展的研究、早期阅读的指导策略等,把握研究现状;依据婴幼儿的不同月龄段身心发展特点,组建 4 个研究小组。

2. 实施与改进:调查与案例并行

围绕"亲子阅读"分解研究专题,采用边行动、边研究;边实践、边反思的方法。一是采用问卷星,调查分析适龄婴幼儿家庭的亲子阅读现状;二是创设亲子阅读早教活动,设计发放"亲子阅读包",以"一书一表一方案"的方式积累案例,检验亲子阅读指导的有效性、科学性。

3. 经验总结:归纳与推广并行

汇总形成 4 个月龄段亲子阅读包,完成研究报告、案例集、指导手册等多项成果;将亲子阅读包推送进社区更多婴幼儿家庭,线上与线下同步推广。

三、内容与成果

(一)梳理了 7—36 个月婴幼儿阅读行为的特点

表 1　7—36 个月婴幼儿阅读行为特点

7—12 个月婴幼儿阅读行为特点	
情感社会	会使用面部表情、眼神、声音及动作表达情绪,也会模仿成人的简单动作并互动交流。当阅读中遇到困难时,会马上去寻求成人的帮助。

	7—12 个月婴幼儿阅读行为特点
语言沟通	喜欢听有韵律、节奏感强的声音,如象声词;会发出"嗯、啊"等类似声音回应,会重复发出"Ma-Ma,Ba-Ba"等元音和辅音。能辨别更多的语调、语气和音色的变化,懂得简单的词、手势和命令,并尝试模仿声音来吸引成人的注意,但注意力短暂易受干扰,理解需要依靠情景。
动作习惯	会把书当作玩具,用双手抓握图书,啃咬、挥摆、翻动、拨弄绘本。他们会用肢体动作表达自己的意愿,如轻拍图书、帮助翻页,或者用推开书、合上书、爬开、走开等动作,来终止家长的阅读行为。
认知探索	能将目光聚焦于形象鲜明的图画上,眼神能跟随成人的讲述及比划,能指认图片上熟悉的物体或细节。阅读的专注时间可以超过 10 秒,对会发声的物体特别感兴趣,记忆力和搜寻物体的能力增强。
	13—18 个月婴幼儿阅读行为特点
情感社会	能分辨出开心、悲伤、生气等情绪,并与自身联系,但情绪易受感染,出现"人哭我哭,人笑我笑"现象,在短时间内表现出不同的情绪变化。
语言沟通	理解能力提高,理解的词语以名词和动词居多,常常用动作和表情辅助语言表达自己的意愿。阅读中,他们能在成人念熟悉的儿歌后接最后一个字,会根据故事内容模仿简单的动作或声音,如模仿小鸭摇摆身体、发嘎嘎的叫声,当他们听到周围环境中的喇叭声、动物叫声也会马上模仿。当他们看到熟悉的故事内容,会看着并用手指着相应的画面。
动作习惯	会用手触摸感知质地、形状,用手指抓捏、抠、挖来探索、摆弄书,还喜欢搬来搬去,成了图书的"搬运工"。
认知探索	会追视快速运动的物体,按指令找到相应物品,能辨别出自己与家庭成员的物品并联想到某人,如指着爸爸的拖鞋说"爸爸"。
	19—24 个月婴幼儿阅读行为特点
情感社会	喜欢与养育者一起看书,会选择喜欢的书,要求成人给自己读,能根据封面认识熟悉的图书,表现出明显对物品的所有权意识。
语言沟通	能结合周围场景,理解简单的日常用语、方位词和形容词,如甜甜的。对词语的理解由具体变得概括,会频繁使用双词句,如"吃饭饭";能说出熟悉画面上的人和物,如问"上面有谁?",婴幼儿会回答"小牛"。他们喜欢反复看同一本书或听同一个故事,可以脱离具体情境、准确地把词和物体或动作联系起来,是婴幼儿早期语言发展的"词汇爆炸期"。
动作习惯	开始用拇指和食指对捏的方式翻书;能有目的地用食指来指认书中的细节部位;有时会自己独自翻看书籍,还会自主选择取放书籍。

19—24个月婴幼儿阅读行为特点	
认知探索	能逐渐分清书的正和倒,当书拿倒会自己调整,把书拿正;能将实物与图片进行对应,知道常见物品间的关系;对生活中熟悉物品摆放的秩序十分敏感,随着想象力初步萌芽,会把书本上的情境迁移到生活中。

25—36个月婴幼儿阅读行为特点	
情感社会	会使用词汇"开心""难过"等简单表达自己的情感。在听故事时,会产生与故事情节相应的情绪,还会出现与他人行为的比较,如说"我乖,他不乖",知道什么是好的,什么是不能做的,形成了简单的是非观念。
语言沟通	词汇量发展迅速,除名词、动词、形容词,还能使用"我"、"你"、"这"等代词。他们会用四五个词组成的句子进行简单叙述,背诵简单的儿歌,会用"你好、谢谢"等礼貌语,乐意执行成人简单的语言指令并回答成人提出的问题,喜欢听故事,会问一些与画面有关的问题,喜欢模仿故事中反复出现的词或短句,并记住一些主要的故事情节。
动作习惯	手指更加协调,能做出捏等手指动作,更愿意自己动手翻看图书。会学着一页页翻书,能用拇指和食指捻书页,但还会用五指抓,一下翻好几页,有时需要成人提示才能一页页翻看图书。
认知探索	出现了注意和认知过程的综合,一边注意观察,一边进行思考,想象力丰富好奇,会进行联想。除了看图书,还喜欢记一些歌谣、古诗、故事,不仅会指认图书中的画面,还会对图书上的文字产生好奇和探索。

（二）提炼了7—36个月婴幼儿家庭亲子阅读指导的策略

表2　7—36个月婴幼儿家庭亲子阅读指导策略

7—12个月婴幼儿家庭亲子阅读指导的策略	
阅读材料	❖ 选择硬卡纸书、布书、触摸书等不同材质、不易撕破的图书材料,让婴幼儿能尽情摆弄、撕扯,获得感官、动作的体验。 ❖ 绘本的页数不宜过多,可控制在5页左右。 ❖ 内容以婴幼儿熟悉的、常见的生活用品为主,如:奶瓶、碗、衣服、水果、蔬菜、小动物等。
阅读氛围	❖ 亲子阅读以怀抱式阅读体位为宜,将婴幼儿抱在家长怀里,使婴幼儿有安全感,增进亲子情感交流。 ❖ 在家庭各处场景中都放置书,让图书能和玩具、生活紧密相连。 ❖ 选择比较固定的阅读时间和地点,和婴幼儿亲子阅读,可利用生活照料的时机,经常念有节律、短小的儿歌。

续　表

	7—12 个月婴幼儿家庭亲子阅读指导的策略
阅读方法	❖ 提供不同材质的绘本,摆放在婴幼儿随时可以拿到的地方,能让其自己摸书、翻书、戳洞洞,激发对绘本的好奇心。 ❖ 运用生活中的实物,让婴幼儿进一步感知、理解绘本内容。可通过重复阅读,让婴幼儿将符号与真实物建立联系。 ❖ 采用动作、实物、游戏配合法,边读边演,带给婴幼儿丰富、生动、好玩的阅读体验。建立语音和事物间的联系,使其更易理解阅读内容。 ❖ 对书中的画面采用"点读"的方法,变换声调和表情吸引婴幼儿集中注意力,边读边观察反应,给予充足的参与时间。 ❖ 婴幼儿注意力有限,要关注婴幼儿的目光,跟随婴幼儿的兴趣随机开展亲子阅读,如一旦不集中,不要强迫婴幼儿阅读。

	13—18 个月婴幼儿家庭亲子阅读指导的策略
阅读材料	❖ 纸板书便于抓翻,展开时书页会自然翘起,有助于帮助婴幼儿顺利完成翻页动作。 ❖ 具有可玩性的书,如有声音的书,能吸引婴幼儿集中注意力,在摆弄玩耍的同时促进手指肌肉精细动作及认知发展。类似这种多感官刺激合一的书能带来快乐,激发探索欲望。
阅读时机	❖ 可选择的阅读时段有睡前、餐前、餐后、起床前、起床后。阅读的时机可根据婴幼儿对绘本的兴趣随机进行。 ❖ 时长可跟随婴幼儿兴趣,时间由短到长;重点是建立信号感(固定时间、固定地点、固定人)便于形成良好的阅读习惯。
阅读方法	❖ 结合具体的生活场景,经常面对面交流,发音时嘴型夸张。 ❖ 陪伴阅读时语言简洁、重复,便于理解和模仿。 ❖ 互动时放慢语速,且有停顿,给予婴幼儿接词、说话的机会。 ❖ 借助小道具与故事书提高婴幼儿阅读的热情。

	19—24 个月婴幼儿家庭亲子阅读指导的策略
阅读材料	❖ 绘本以开面 16 开左右,页数 8—12 页较为适宜。 ❖ 提供不同主题类别的书籍,如生活、动物、交通、水果类绘本,积累生活经验;或认知贴纸书,促进精细动作和手眼协调。 ❖ 套装书能降低不适感,书中固定主角能帮助婴幼儿"跨越阅读障碍",如《小鸡球球》系列书的主角不变,婴幼儿有熟悉感,更愿意阅读。
阅读习惯	❖ 可依据绘本内容和婴幼儿喜好,选择不同的阅读姿势,如环抱式、面对面、同向并排,也可去书店或图书馆感受阅读氛围。 ❖ 把书放在婴幼儿自己能拿到的地方,方便取用,可专门布置一个小书架,培养婴幼儿收纳整理图书的习惯。 ❖ 允许婴幼儿前后乱翻书,在阅读时经常给婴幼儿示范,从封面开始一页页翻看,培养婴幼儿有序翻书的习惯。

续　表

19—24个月婴幼儿家庭亲子阅读指导的策略	
阅读方法	❖ 用简单、重复、缓慢的方式和婴幼儿对话,便于婴幼儿模仿。多使用象声词、拟声词,配上表情和肢体语言,在重复有节律的留白中,让婴幼儿填充词汇。 ❖ 把书中场景与生活场景结合,让婴幼儿在情景中回忆并习得词汇,可配合道具把讲故事变成演故事,增加趣味性,把情绪和故事情节联系起来。 ❖ 关注婴幼儿的兴趣,阅读中追随婴幼儿的眼睛和手指,不管阅读到哪里,如果婴幼儿不想听就马上停止。

25—36个月婴幼儿家庭亲子阅读指导的策略	
阅读材料	❖ 页数可在10页以上,纸质稍厚更方便婴幼儿一页一页翻阅。 ❖ 丰富图画书的类型,如故事书可选择情节简单、短小有趣,内容贴近宝宝的生活经验,便于理解、内化、共情,增加"代入感";或选择文字少图画大、细节清晰的科普类图书。
阅读能力	❖ 提供相对固定的阅读区域,引导婴幼儿逐渐形成定时阅读、随时阅读的习惯。阅读区可创设与图书内容相符的环境材料,如:玩偶、小道具等,便于婴幼儿与父母一起摆弄或扮演。 ❖ 以婴幼儿喜爱的阅读方式讲故事,可多复述优美的词、句。可以和婴幼儿一起根据故事来模拟人物对话;在多次重复阅读后,鼓励婴幼儿讲给成人听。
阅读方法	❖ 共读中,通过适当的提问、对话激发婴幼儿探究的欲望,从而培养逻辑思维和表达能力,如:预期——用于一本书阅读的初期,对主角的熟悉,问:里面有谁呀? 猜测和验证——用于一本书阅读的中期,对故事情节发展的猜测和验证,问:小狗找到骨头了吗? 骨头在哪里? 判断——用于一本书阅读的后期,是画面或故事结果的认识,问:故事里的小狗最后快乐吗? 等等。 ❖ 结合生活场景回忆再现,进行亲子分享阅读。如,就餐时说说有关"食物"的图书,放松、自由的分享氛围将阅读逐渐引向生活经验。

(三) 探索了7—36个月婴幼儿家庭亲子阅读指导的途径

1. 绘本共读、分层指导

多组亲子家庭共同分享同一绘本,如早教基地课程中"阅读时光":每月为婴幼儿家庭推荐1—2本绘本,由教师根据阅读方案开展共读,根据家长现场阅读中随机生成的问题,示范科学的指导策略。

2. 专题沙龙、重点指导

以主题为单位,围绕"家庭亲子阅读绘本的选择""家庭亲子阅读环境的创设"和"家庭亲子阅读的指导策略"三大板块展开互动,实现教师与家长、家长与家长之间经验的双向传递,推动指导成效。

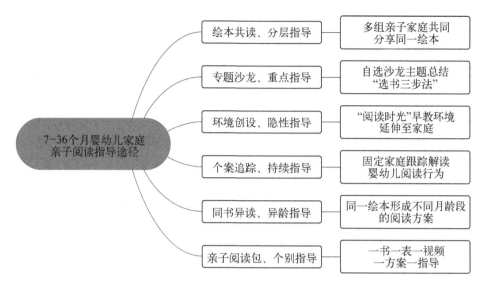

图1　婴幼儿家庭亲子阅读指导的途径

3. 环境创设、隐性指导

投放与绘本相关的角色或物品图片,突出演绎性,有利于绘本的理解、记忆和推进;投放与婴幼儿互动、游戏的操作材料等,突出游戏性,有利于故事情节的再模仿,为家庭中创设丰富适宜的阅读环境提供指导。

4. 个案追踪、持续指导

选择固定的婴幼儿家庭跟踪指导,协助家长共同分析解读亲子阅读中婴幼儿的状态、阅读行为和家长的阅读方式,调整指导方法,更好开展亲子共读。

5. 同书异读、异龄指导

筛选出个别典型有趣的绘本,就同一绘本设计不同的阅读指导方案,尝试在不同月龄段进行集体亲子阅读活动,从而获得不一样的反馈效果和阅读体验。

6. 亲子阅读包、个别指导

在分析阅读材料基础上,研发"亲子阅读包",形成"一书一方案一表格一视频"的配套工具,并以家庭为单位进行有针对性的个别化使用指导(见图2)。

(四)编制了7—36个月婴幼儿家庭亲子阅读指导的工具书

以本区适龄婴幼儿家庭为对象,依据7—12个月、13—18个月、19—24个月、25—36个月婴幼儿的发展特点,课题组共研发了三类工具书(见图3)。

利用线上早教平台和线下早教基地开展有针对性的指导,向区域内7—36个月散居婴幼儿家庭宣传科学的亲子阅读理念、推广"亲子阅读包"、推送绘

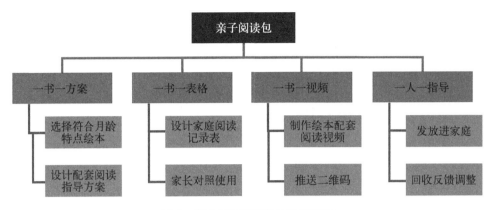

图2 亲子阅读资源包的使用架构

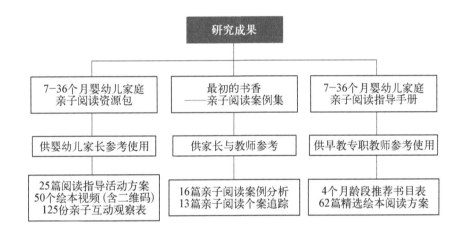

图3 婴幼儿家庭亲子阅读指导工具书

本推荐书目,帮助家长了解婴幼儿阅读特点、读懂婴幼儿阅读行为,让中心、家庭及社会三者有机串联起来,推动"亲子阅读指导"惠及更多群体,促进区域托育服务和早教质量的提升,从而实现幼有善育,促进婴幼儿全面发展。

依托创新实验室的
高中创客教育实践研究

课题负责人：

吴　巍　上海市控江中学

课题组成员：

顾　炜　上海市控江中学

周永麒　上海市控江中学

徐莉娜　上海市控江中学

王独伊　上海市控江中学

向梦凡　上海市控江中学

楼文喆　上海市控江中学

一、背景与价值

"双新"背景下要求"深化学校教学改革，发展学生核心素养""强化综合素质培养""拓宽综合实践渠道""完善综合素质评价"。近年来，学校在办学实践中凝练出"玩学合一"的育人方式，提倡在低控制、高支持、重自主的学习氛围中，依托形式多样的学习组织，通过由浅入深的学习方式，将"玩""学""研"结合起来，实现"顺其天性、助其个性、养其长性"的育人内涵。在这样的办学理念和育人方式下，综合实践学习、混龄同伴学习、跨领域学习、混合式学习越来越被重视，而创客教育也是这种育人方式的适切载体。

本项目以创新实验室建设为牵引，以创客教育的理念，将创新实验室转化为创客学习空间，从"科技创新""文化创意""创业模拟"三个领域发展高中创客教育体系,从创想到创为再到创生,形成三个梯度的挑战式培养路径;将创客教育实践打造为素养孵化池,聚焦学会学习、创新实践、责任担当三大素养的生成,在实践研究中提炼高中阶段创客教育的普适经验。

二、方法与过程

(一)研究方法

本课题研究方法见图1。

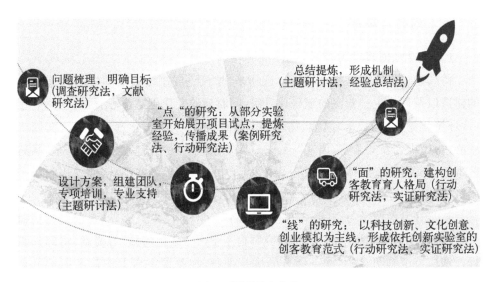

图1　课题研究方法

(二)实施过程

1. 预研究和项目(2021.1—2021.10)

(1)集体研究《高中新课程新教材实施研究与实践项目指南》;

(2)初步研讨,顶层设计,完成学校项目开题。

2. 项目启动阶段(2021.11—2022.2)

(1)组建校内项目研究团队,组织专题研讨;

(2)组建项目指导专家团队,组织专项培训;

(3)确定试点子项目,形成研究任务、时间线、人员分工。

3. 项目实施阶段(2022.3—2023.8)

(1)开展"点"的研究(6个月):第一批创新实验室试点项目研究与实践,并在实践研究过程中不断完善;

（2）开展"线"的研究（6 个月）：以科技创造、文化创意、创业体验三条主线为抓手，组织第二批创新实验室试点项目研究与实践；

（3）开展"面"的研究（6 个月）：初步建构利用创新实验促进高中创客教育的育人格局，探索创客教育在学校有效落地的机制。

4. 项目成果总结阶段（2023.9—2023.12）

（1）完成总项目结项报告和各项预期成果；

（2）组织召开项目结题会。

三、内容与成果

（一）孵化创客学习空间，均衡创客教育实践

持续改善创客教育物理环境。近年来，学校完成了学生活动中心独栋大楼的建造以及理化生实验室的现代化升级，同时建成文化创意中心、科技创新中心（含环境化学、工程技术、航模、物理学术竞赛、机器人等实验室）、历史人文创新中心（含历史创新实验室、语文"三·一"课堂创新实验室、地理创新实验室、篆刻艺术创新实验室）、媒体运用中心、生涯指导中心五大创新实验区，并加快创新实验区的新技术运用，形成有利于创客教育的线下物理环境。

初步开发虚拟学习空间——"创客群岛"。学校在多方、多轮、多项研讨基础上，挖掘校本创客课程中的"远程探究""自主学习""线上考核"等要素，将部分课程改造成特征鲜明、线上线下结合的虚拟课程，在慕课平台上构建虚拟学习空间——创客群岛，为疫情中的教学应急、疫情后的线上线下混合式学习提供了可能。

（二）培养创客团队力量，赋能创客师资动力

设立实验室管理团队，健全创客教育管理制度。11 个市区级创新实验室配备 11 支实验室管理人员团队，根据创客教育实际情况，健全实验室管理制度。例如理科类实验室陆续引进和培养后备专职实验员；人文类创新实验室管理团队以教研组为单位，实现 1＋N 配置模式，即一位固定实验室总负责人员，负责统筹规划；下设轮值实验室工作人员，根据每学年老师们的实际教学任务合理分工实验室工作。

打造创客研训机制，培养创客教育团队。学校通过"青蓝工程""启航计划""卓越计划""STEM 教师培养项目""慕课项目"加大了对创客教育教师团队的培养，通过学生发展导航课程建设、创新实验室建设、科创班建设等教研组织创设来优化配置教师团队，通过科技创新大赛、明日科技之星、创客夏令营、"未来

杯"学生挑战赛、"控江杯"科创大赛、汉文化节等活动赛事为教师提供带赛经验，通过加大绩效奖励鼓励教师积累创客教育的经历。学校还通过专家辅导、校内外教师合作、一线与二校教师合作、跨学科联动等为创客教师和教师团队赋能。目前，学校参与创客教育的教师在 60 名左右，占比全体教师近 50%。创客教育为教师的专业发展提供了新的增长点，因此在新一轮市区骨干教师评选中，学校有 50 余位教师入围不同序列。

（三）重构原有课程资源，创立创客课程体系

重构多样化创客课程体系。基于学校"倡导自主、追求创新"的办学理念和"为学生适性发展，为学生未来奠基"的课程思想，聚焦多样性、选择性、实践性、综合性、导航性，按照学生的专业愿景和研修方向对原有课程资源进行模块化重组，在课程的重新设计中追加了项目引领、课题研究、院校链接、愿景生成、活动衍生、特质培养等功能，形成了 12 个指向生涯启蒙的学生发展学程模块，并整合成科创、文创、人文、艺体四大学程领域。

提升课程综合赋能与导航未来的功能设计。从横向看，创客课程融入了其中的 3 个课程领域 8 个课程模块，在物理与工程、化学与环境、生物与医学、编程与人工智能（AI）、文学与传媒、历史与文博、财经与政法、创意与设计等课程模块中，均形成了相应的创客课程、创客学习、创客活动、创客研究、创客资源，因此创客教育成为学校特色课程发展的重要内容支架。从纵向看，创客课程对高中学生发展指导提供了有力支持，鼓励兴趣发展，支持精英培养，惠及全体学生。具体来说，创客课程的分布如表 1 所示：

表 1　上海市控江中学创客课程分布表

领域	所属模块	代表性课程	活动设计	相关社团
科技创新	物理与工程	物理学术竞赛、创意结构工程、无人机、航空模型	全国物理学术竞赛、同济建造节、无人机系统挑战赛、航模挑战赛、物理竞赛	航模竞技社、建构社
	化学与环境	环境科学、废水处理与分子筛	环境科学考察、化学竞赛、高校院所研学	化学俱乐部
	生物与医药	分子医药、揭秘微生物	生物竞赛、高校院所研学	根与芽社、医学社

续　表

领域	所属模块	代表性课程	活动设计	相关社团
科技创新	编程与人工智能	算法基础与编程实践、人工智能、单片机、智能电路、程序设计、3D打印	赛复创智杯活动、科技创新大赛、单片机挑战赛、机器人创客马拉松	XDE网络社、机器人社
文化创意	文学与传媒	戏剧教育	鹿鸣剧场、研学旅行	文学社、汉服社
	历史与文博	奇妙博物馆、上海史话	"青史杯"剧本大赛、汉文化节、国庆游园会、博物馆研学	历史研究社
	创意与设计	文化创意设计与实践、社区文创、篆刻	创客夏令营、艺术节、上海创客新星大赛、"未来杯"微电影大赛	创意发声社、工艺社、橡皮章社、动漫社、书画社
创业体验	财经与政法	财大经济课程、金融实战场课程、模拟政协课程、律师攻略、模拟联合国课程	商业挑战赛、KJ学生公司、模拟政协、模拟法庭、模拟联合国活动	BC商赛社、模拟联合国社、模拟政协社

　　跨学科项目化学习,促进创客新样态。为学生创设充分体验跨学科学习的选择机会,创设支持跨学科学习的时空条件,创设创客教育引领下的跨学科学习体系,创设开放协同的跨学科学习资源。形成了一批跨学科课程教学项目,如社区文创、植物菁华录、IYPT物理学术竞赛、低空无人机、航空模型、人工智能、工程结构、环境化学、揭秘微生物、戏剧表演、博物探馆、模拟政协、模拟联合国、商业挑战赛等,构建了跨学科慕课学习平台"创客群岛"。

　　优化创客课程教学,形成适性培养路径。创客课程教学通过"创新环境,情境教学;任务驱动,激活自主;让渡时空,重视研学;优化评价,人文激励"的课程教学推动学生"玩学研一体化",优化学习流程。具体做法是:开展以"活动设计-任务驱动-情境教学-探究学习-学生输出-创意激励"为模式的课程教学实践。重构校内资源、打通校外资源,在课程教学中赋予好"玩"的教学活动来激活孩子"玩"的天性,变静态的课堂为动态的课堂,实现时间与空间向学生的充分让渡;在课程教学活动中渗透项目式学习的要求,变教学的课堂为探究的课堂,形成师生"研习共同体"的课程教学流程;通过学生研学成果多重形态的呈现输出检测课程教学成效;通过创意性的激励评价调动学生的主体参与积极性,给出课程教学模式可持续运作的内驱动力。鼓励教师成为研学的引导者、陪伴者、激励者，师生"研习共同体"的课程教学得以实现。在研学中引入校外资源、跨学科师资的支持，变校内研学为多维空间的研学、变单科研学为融通研学。课程、活动、研究不再有明确边界，而是有效结合，让"玩"变得更有品质。

（四）跨界整合资源，创设育人新生态

从纵向看，逐步构建了上通高校院所、中连创新实验室、下接集团校的"初中-高中-大学"贯通式培养，从而为创客教育的实施创设了稳定而有效的工作机制。2017年起，学校陆续以交复"英才计划"、复旦"步青计划"、交大"学森挑战计划"、同济"苗圃计划"、上财"经世计划"、海洋大学联合培养计划为驱动力，对不同志趣、不同学力、不同年级的学生开展差异化培养，探索出了高中-大学合作办学的有效方法，拓展了精英培养的路径。2023年起，学校启动"致海书院"创新人才培养项目，打通高校院所的办学合作，为学校带来了优质课程、讲座和专家资源，极大地促进了学生研究性学习能力和水平，也为创客教育创造了更多可能性。此外，学校将创客教育的经验与成果下移到初中集团校。在控江中学领衔的初高中一体化教育集团内，制订指向学生综合素质培养和评价的"萌芽计划"、指向学生科创素养培养和评估的"前滩计划"，目前在六所初中集团校有序开展。

从横向看，通过创客教育，学校与社会，城市和乡村，国内和海外，线上和线下，皆为课堂，不再有围墙，有利于建立开放性、共享型的教育环境。通过组织设计校外创客体验活动，学校与中科院、激光所、院士风采馆等科研机构保持良好的合作关系，将创客学习空间从校园延伸到场馆社区，从城市延伸到乡村，从上海延伸到全国，从中国延伸到海外，这些变化拓宽了学生的视野、促进了深度学习、带动了沉浸式学习体验。以创业体验项目为例，学校开设了财经与金融专业系列课程，包括与上海财大合作开发的财商课程、与青年创业家合作开设的金融实战场进阶课、与社会公益组织合作开设的商业挑战赛课程。

四、效果与影响

1. 激发了学生的未来思考和创新动力

学生通过参与创客教育，通过分阶段、综合性的学习经历赋能，为高中选科选课、大学选专业、未来选职业提供预体验，形成证据链；通过参与学程"＋高校""＋企业""＋社区""＋场馆""＋公益"等联动项目延展了学习边界，课题成果、创客成就、艺体成绩斐然；学生对未来的专业选择、职业方向有了更加明确的倾向,课程满意率从 70％提升至 95％,选科调换率从 20％下降至 5％,学生填报基础学科、"卡脖子"专业的意愿增强,典型案例涌现。

2. 赋能了教师的教育行为和专业素养

学校探索素养导向下的高中创客教育学习路径。编制了素养导向下高中深度学习的指征体系 2.0、3.0 及 4.0 版,开展教学研讨、教学实验、教学展示,不断推进深度教研。截至目前,学校共组织开展大型综合性市区级以上教学展示、研讨和论坛活动共 8 次,教师开设区级以上公开课近百节,市区级以上立项课题不少于 26 项,开发的区域共享课程 6 门,发表的专著 12 本,论文 47 篇。

3. 优化了课程的育人理念和实施方式

课程供给从单一走向多元,课程实施从分散走向综合,课程学习从静态走向动态,课程环境从封闭走向开放,学习评价从数量走向质量;围绕跨学科方式、项目化学习、数字化工具、社会性实践等学习方式探寻创客教育的方法、路径,积极探索"学会学习、创新实践、责任担当"三大素养导向下的创客课程设计、教学设计、案例研究、创客教育系列展示。目前,已形成依托 11 大创新实验室的 12 个学生课程纲要编制,共建完整课程 68 门,微课 3 200 余节,其中 13 门在市区慕课平台上线,平台使用率近三年提升了 45％。

基于深度学习的小学英语课堂学习活动设计与实践研究

课题负责人：

李　忠　上海市杨浦区杨浦小学

课题组成员：

仰雯玥　上海市杨浦区杨浦小学

张余珏　上海市杨浦区杨浦小学

汪邵飞　上海市杨浦区杨浦小学

一、背景与价值

在世界各国都在探索培养学生应对未来生活核心素养之路径的背景下，深度学习受到国内外学者的广泛关注。深度学习理论下的课堂学习活动有助于促进学生与课堂、知识与经验、能力与素养、知识与情感有机相容，其学习目的指向学生的核心素养，促进学生全面发展与终身发展。

随着时代的发展，教师必须不断提升自身专业素养，以适应学生的变化和新技术的发展。作为学生学习的引导者，教师需要秉持终身学习的态度和能力，努力成为终身学习者，在教育教学、教育科研、现代教学适应以及自我调控等方面实现可持续发展。

本研究在理论层面和实践层面均具有重要意义。在理论层面，本研究能够丰富深度学习背景下小学英语课堂学习活动的相关理论研究，为小学英语课堂学习活动的改进提供理论依据。通过对国内外文献的综述和分析，本研究明确了深度学习与学生核心素养的适配度，并总结了小学英语深度学习的特征和对应的课堂学习活动。在实践层面,本研究通过问卷调查、课堂观察和实证访谈等方式,深入了解了本校学生英语课堂深度学习的现状和问题,并提出了针对性的改进策略。这些策略不仅有助于学校和教师反思和改进现有的课堂学习活动,还能为同类研究提供实证资料和参考信息。

二、方法与过程

（一）深度学习和学习活动理论研究

运用文献研究法,对深度学习和学习活动进行理论研究,为小学英语课堂学习活动设计提供理论依据。

（二）学生深度学习情况和课堂学习活动现状调研

通过调查研究法,明确英语学习活动设计与实施现状。通过问卷了解学生深度学习情况,通过课堂观察和访谈了解教师策略,分析问题原因,为小学英语课堂活动设计提供参考。

（三）基于深度学习的小学英语课堂学习活动行动研究

基于深度学习理论,以上海牛津版小学英语教材为载体,聚焦深度学习理念下的五个课堂学习活动要素:主题、目标、内容、过程和评价,旨在提高学生的持续学习和综合实践能力。通过两轮行动研究,设计并实施促进学生从浅层到深层学习的活动,探索并优化小学英语课堂教学策略,以推动深度学习和学生核心素养的提升。

（四）基于深度学习的课堂学习活动实施的成效检验

通过调查研究法,对基于深度学习的课堂学习活动进行成效检测。通过对比实验班级的前后问卷数据,分析教学过程中的问题与成效,提出促进深度学习的策略,并构建案例集。最终,结合理论与实践,撰写研究报告,为小学英语教师提供设计课堂活动的参考和理论支持。

三、内容与成果

（一）学生课堂深度学习前测情况

研究通过问卷调查,评估小学学生英语课堂深度学习情况。问卷基于文献分析,涵盖情感态度、认知结构、学习策略和思维倾向四个维度。调查了学校356名学生,结果显示学生深度学习整体处于一般水平,且存在差异。具体而言,情感态度表现最好,而思维倾向最弱。学生缺少可以促进激发深度学习的学习策略,在自主学习、合作探索、资源管理方面需进一步改进和完善。学生大多不具备深度学习所需的思维倾向,创造性思维和批判性思维较弱,需加强重视和强化。

（二）教师英语课堂学习活动实践现状

研究通过访谈,了解教师对深度学习理念的理解程度,以及从教师角度了解面向深度学习的课堂教学管理情况。访谈对象包括六位不同背景的小学英语教师和领导。基于深度学习的课堂特征,本研究确定了学习目标、情境创设、学习过程和评价反思为课堂观察的核心要素,并细化为两级维度,编制了 28 项观察点,采用 5 分制记录,观察了 30 堂英语课。

通过观察学校一到五年级的英语课堂,结合问卷数据和访谈结果,分析小学英语课堂存在以下问题:教学理念与实践存在差距,教师对素养目标理解不足,课堂目标多聚焦于知识技能,忽视深度学习和学生个性化需求;情境创设在小学英语教学中被广泛认可,旨在帮助学生感知抽象英语知识,但实际效果有限,学生缺少共鸣,难以融入情境;学生在学习过程中认知层次低,依赖性强,课堂活动参与度不高,缺乏主动探索;评价反思在课堂中作用不明显,学生自我反思和评价能力弱,依赖教师评价,难以形成独立思考。

（三）基于深度学习的小学英语课堂学习活动设计原则

1. 独立自主原则

学生在深度学习中是独立的主体,教师应尊重其主体性和独立性。学生通过主动探究和思考,积累经验,发展思维。学习不是被动接受,而是主动参与,教师应提供独立探究的空间,创造轻松和谐的学习环境。教师作为引导者,帮助学生积累思维经验,提高技能,促进英语核心素养的提升。

2. 情境导向原则

学生的认知和思维在特定情境中形成,基于深度学习的课堂活动应考虑学生经验和认知特点,设计符合实际的情境。小学英语课堂的情境设计贯穿整个学习过程,教师根据学生特点设计问题情境,激发探究欲和学习兴趣。

3. 引导启发原则

教师作为学生学习的帮助者和引导者,设计以"学"为中心的学习活动。教师提出适宜的活动目标,通过有层次的问题启发学生思考,挖掘潜能,落实核心素养培育。

（四）基于深度学习的小学英语课堂学习活动设计策略

1. 完善目标设定,聚焦素养的培育

《义务教育英语课程标准(2022 年版)》强调以英语学科核心素养为本,加强课程的育人功能,旨在通过英语学习提升学生的语言能力、文化意识、思维品质和学习能力。新时代要求推动深度学习,课堂教学目标应描述学生在学习过程中获得的能力和品格,特别是英语课应强调语言能力、学习能力、思维品质和文化意识的培养。

在设计教学目标时,教师应从学生角度出发,明确学习和教学的方向。结合英语学科特点,可从"知识与技能""思维与策略""文化与情感"三个维度细化目标。教学目标设计应基于学生视角,考虑个体差异,以学生需求和发展为先,目标不仅是让学生拥有知识或能力,而是培育影响学生终身的核心素养。

2. 丰富课堂内容,强化迁移与运用

英语课堂教学内容应包含知识与技能、策略与方法、文化与情感,教师应在英语教材的基础上,根据学生的需求进行调整。单纯依赖课本传授知识已不足以培养学生素养。英语课堂应关注语音、词汇、词法、句法和语篇,但若教师仅限于课本内容,学生将难以建立知识点之间的联系,缺乏主动思考和有效运用知识的能力,无法构建完整的知识体系。因此,教师需要深入理解教材,挖掘与主题相关的文化情感、语言知识和思维逻辑,从而促进学生的主动学习和知识迁移。具体做法包括两个方面:

首先,要整合英语教材各单元的内容。在设计整合时,需统筹安排教学内容,并关注单元之间以及不同年级教材之间的内在联系。目前,小学英语教师已能熟练整合单元内容,实现单元整体教学。然而,但为了进一步优化教学,还需整合不同单元及不同年级间的教材内容,从多角度帮助学生理解和运用语言知识,促进其语言学习的整体发展。其次,提炼学科核心概念,即"大概念",有助于构建完整知识体系,连接不同教学内容。教师应关注单元主题,挖掘其价值取向,以促进学生深入理解语篇和文化,提升思维能力和语言学习水平。同时,教师应深度解读教材,抽象出单元和学科的核心概念,理解其在不同年级间的递进变化,帮助学生建立知识间的联系,促进深度学习。

3. 优化学习过程,重视活动与体验

作为学习主体的学生不是被动的知识接收者,学生需要通过活动直接经历知识发现、形成和发展的过程,增强其内在体验,体验学习的意义。在英语课堂上,学生的活动和体验依赖于教师的有效引导以及教师精心设计的学习过程和方式。因此,在深度学习的背景下,需要对学生的学习过程进行改进和完善,帮助学生积极参与英语课堂,丰富他们的学习体验。

在小学的英语课堂中,学生的主动学习活动往往伴随着教师和同学之间的交流、沟通、合作。教师启发和引领学生主动参与活动,通过听讲、感受、实践、探索等方法,感受英语的语言知识和背后的文化情感。与此同时,同学间的互助合作促使学生持续参与活动,在课堂讨论中主动思考、相互启发;在小组活动中磨合、信任、竞争、合作,增强学习体验,加强对知识的理解与认知,促进知识的高效建构。通过这样的学习,学生充分掌握了该学习主题下的语言知识与技能,语言能力得以发展,学生的思维在参与活动的过程中得以锤炼。丰富的体验也激发了学生对该学习主题的深刻认知与理解,其文化情感得以升华,自主学习能力得以培育。

4. 完善情境创设,关照学生体验

情境创设在小学英语教学中广泛运用,有助于构建有效的学习环境,激发学生兴趣,引导探究,并促进学生发展。为了提升教学效果,需要进一步完善情境创设,使学生能在情境中深入学习。在深度学习背景下,英语课堂应创设真实且相关的情境,以满足学生的学习需求。教师需深入理解教材、课标和学生情况,设计易于理解且能激发学生兴趣的课堂环境。选择与学生生活紧密相关的话题,如日常生活、家庭、社区活动等,这有助于学生将知识与经验联系起来。真实情境使语言学习更自然,激发学生的学习热情,使其语言表达更丰富,思维更活跃。

借由一个真实且具趣味性的情境建立与真实世界的联系,为学生架起沟通社会和生活的桥梁,可有效激发学生积极探究、持续学习的动力,从而全身心地投入到这种有意义的探索中,深度学习在此过程中逐渐萌芽。

5. 丰富学习资源,拓宽学习环境

在深度学习的英语课堂上,教师应引导学生扩展学习空间,帮助他们能更灵活地学习,更真实地接触世界,并获取更多资源。通过这样的探究,学生能主动应用知识,掌握英语学习策略,提高效率,培养能力,有效构建知识。基于此,教师需要打破传统课堂的空间桎梏,可从以下两个方面入手:首先,学生学习英语不再仅限于课本教材。教师应利用信息技术推送更多语言知识,引导学生自主学习,使用平板等工具检索适合自己水平的材料,并进行信息整理。其次,英语学习场所不应仅限于教室。学校应利用各种空间,例如在图书馆和网络教室设立资料检索区,在活动教室设置小组合作区,调整教室桌椅促进交流,以及使用多功能厅等场所为学生提供真实的英语展示机会。

教师应以学生为中心,提供包括文本、工具和方法在内的多种学习支持,帮助学生逐步完成英语学习任务,并引导他们深入思考和持续探究。在这些学习支架的帮助下,学生能够自主学习,独立思考,并有效掌握知识技能,同时提升思维品质和学科核心素养。在学习空间的扩展和学习支架的支持下,学生的学习环境变得更加开放和多元。通过拓展学习环境,建立了学生、教师和世界之间的多向沟通路径,促进了多维度的交互,有效提升了学生学习的深度。这让学生在探索过程中与社会和生活建立联系,为他们将来面对更广阔的真实世界打下了基础。

6. 构建科学评价,关注学生成长进步。

在深度学习视角下,评价应关注教学的根本目标——促进人的成长。传统英语课堂评价多用于监控和比较,忽略了其在激励和诊断上的作用。为了强化小学英语课堂评价的多元性,应发挥其导向和促进学生发展的功能,及时反映学生的学习情况,鼓励他们积极反思,从而在评价中实现成长。

形成性评价关注学生的学习过程和进步,旨在提升学习效果。它将评价融入学习,强调学生需求和体验,增强评价的实用性和价值。这种评价方式能提供及时反馈,促进教学改进和学生学习。同时,它让学生主动监控学习并调整行为,凸显学生在评价中的主导作用。在英语课堂,形成性评价可通过成长记录、展示性评价、活动记录、团队互动和研讨交流等多种方式,评估学生的参与度、团队合作、综合能力和语言表达。

四、效果与影响

（一）提升学生英语课堂深度学习水平

在进行教学改进之后,还需要对新的教学措施进行评估和监控。可通过再次收集评估数据,并将其与之前的评价结果进行比较来实现。教师使用评估性工具对改进后的课例进行对比分析发现:学习目标、情境创设、学习过程、评价反思四个指标都有不同程度提升。

（二）积极落实英语新课标教育理念

传统的小学英语课堂往往只教授语言知识,纸笔测试也只能测试学生对于词汇、语法、句法等这些语言知识的掌握程度,这虽然可以增强学生的语言能力,但对于其他核心素养的培养缺乏有效手段。在基于深度学习的小学英语课堂学习活动中,学生除了掌握语言知识外,更需要针对真实的问题进行思考和探究,在这种学习方式下,学生的思维品质和学习能力得到充分的培养,同时有效落实了新课标中的教育理念。

（三）深化学校办学内涵与社会影响

在本研究课题及相关工作的指引下,研究者团队通过相关文献调研、访谈研究、课程设计实践等研究方法,总结并撰写深度学习相关论文,先后发表于各类期刊,部分文章结集出版。

初中学校"河小青"护河劳动教育的研究与实践

课题负责人：

吴英姿　上海市新大桥中学

课题组成员：

王　璟　上海市新大桥中学

王晴艳　上海市新大桥中学

杨玲巧　上海市新大桥中学

陈　玫　上海市新大桥中学

张琛颖　上海市新大桥中学

胡海涛　上海市新大桥中学

夏璠玙　上海市新大桥中学

童思勤　上海市新大桥中学

谭梓琳　上海市新大桥中学

一、背景与价值

（一）背景

"河小青"护河劳动教育的研究与实践，是贯彻落实中共中央、国务院《关于全面加强新时代大中小学劳动教育的意见》（简称《意见》）及教育部《大中小学劳动教育指导纲要（试行）》（简称《纲要》）的需要，旨在促进学生树立正确的劳动观念，具有必备劳动能力，促进学生积极劳动精神的培育与良好劳动习惯品质养成，促进学校教育特色更好发展。

（二）价值

课题具有初中学校"河小青"护河劳动教育的含义、指导思想、总体目标、特点、要素、分类的理论价值,具有初中学校"河小青"护河劳动教育的实施内容、实施策略、实施方法、实践操作、评价与管理的实践操作价值,取得了初中学校"河小青"护河劳动教育的活动案例与学生发展个案的研究资料。这丰富与发展了中小学校劳动教育的理论认识与实践操作认识,促进了中小学校劳动教育理论的研究;这为中小学校贯彻落实中共中央、国务院有关劳动教育《意见》《纲要》提供了范例,促进了中小学校劳动教育实践的研究与发展,促进了中小学生劳动素养的培育。

二、方法与过程

（一）方法

主要运用文献研究、调查研究、理论研究与行动研究等方法。

开展文献研究。梳理有关初中学校"河小青"护河劳动教育的文献目录索引、文选文摘与文献综述。

开展调查研究。撰写初中学校"河小青"护河劳动教育现状的调查报告。

开展理论研究。构建初中学校"河小青"护河劳动教育的理论框架,实践操作要点。

开展行动研究。开展初中学校"河小青"护河劳动教育的实践操作研究,操作程序为:目标→诊断→学习→制定方案→实施→评价总结→再诊断→反馈→调整→再行动,辅助以教育评价和活动案例、发展个案实证等方法。

（二）过程

研究时间:2020年3月—2023年12月

第一阶段(2020年3—5月):准备与基础研究。提出课题,建立课题组;制定研究计划;开展文献研究、调查研究。

第二阶段(2020年6—8月):理论研究。进行劳动教育文件与理论的学习,文献资料学习;进行课题的理论框架与实践操作要点研究。

第三阶段(2020年9月—2023年7月):实践研究。在必修课、学科教学渗透、课外校外活动、校园文化建设与小课题研究中开展三轮护河劳动教育的实践研究。

第四阶段(2023年8—12月):总结研究。各子课题研究报告的撰写,理论研究论文修改,活动案例、学生发展个案的撰写;撰写课题研究报告。

三、内容与成果

（一）建构了"河小青"护河劳动教育的理论框架及实施内容

1. 初中学校"河小青"护河劳动教育的核心概念

劳动教育的含义。劳动教育是围绕"人"展开的有目的、有组织、有规划的教育活动，是培养人、促进人和发展人的活动，目的是培养会劳动、爱劳动、能劳动的人。

初中学校"河小青"护河劳动教育的含义。初中学校"河小青"护河劳动教育是指，新大桥中学初中学生开展保护兰州河的水、环境与生态，保护上海、中国江河水、环境与生态的劳动教育活动；是有目的、有计划地组织新大桥中学初中学生参加与保护兰州河的水、环境与生态有关的日常生活劳动、生产劳动和服务性劳动；让学生动手实践、动脑探究，出力流汗、思考感悟，接受锻炼、磨炼意志，培养学生正确劳动价值观和良好劳动品质的教育活动；使新大桥中学初中学生在保护兰州河的水、环境与生态有关劳动活动中，树立正确的劳动观念，具有必备的劳动能力，培育积极的劳动精神，养成良好的劳动习惯和品质的教育活动。

2. 初中学校"河小青"护河劳动教育的指导思想

初中学校"河小青"护河劳动教育的指导思想遵循《意见》《纲要》和教育部《义务教育劳动课程标准（2022 年版）》，促进学生正确劳动观念的树立与必备劳动能力的发展，促进学生积极劳动精神的培育与良好劳动习惯品质养成，促进学校劳动教育特色更好地发展。

3. 初中学校"河小青"护河劳动教育的总体目标

初中学校"河小青"护河劳动教育的总体目标是，通过"河小青"护河劳动教育，促进学生树立正确的劳动观念，促进学生发展必备劳动能力，促进学生培育积极的劳动精神，促进学生养成良好的劳动习惯与品质。

4. 初中学校"河小青"护河劳动教育的特点

初中学校"河小青"护河劳动教育重点关注学生劳动素养培育的价值取向、与护河有关的劳动教育内容、多方面的劳动教育实践活动。

5. 初中学校"河小青"护河劳动教育的要素

初中学校"河小青"护河劳动教育的要素有"河小青"护河劳动教育动员与讲解，"河小青"护河劳动教育主题与内容，"河小青"护河劳动教育形式与方法，"河小青"护河劳动教育场地设备与材料资料，"河小青"护河劳动教育实践操作与思想感悟，"河小青"护河劳动教育成果展示与反思交流，"河小青"护河劳动教育评价与激励等。

6. 初中学校"河小青"护河劳动教育的分类

根据《纲要》的要求与学校的劳动教育环境、条件及教师素养状况,初中学校"河小青"护河劳动教育分为五类活动:"河小青"护河劳动教育必修课教学,学科教学渗透"河小青"护河劳动教育,课外校外活动中"河小青"护河劳动教育,校园文化中"河小青"护河劳动文化建设,"河小青"护河劳动教育小课题研究。

7. 初中学校"河小青"护河劳动教育实施策略

初中学校"河小青"护河劳动教育实施策略主要包括,充分利用校内外教育资源开展劳动教育必修课的策略,充分利用有关学科内容资源开展学科教学渗透护河劳动教育的策略,充分利用学校活动资源开展课外校外活动中护河劳动教育的策略,充分利用校园文化资源开展校园文化中护河劳动文化建设的策略,充分利用课题研究资源开展护河劳动教育小课题研究的策略。

(二)探究了"河小青"护河劳动教育的实施方法与操作程序

1. 初中学校"河小青"护河劳动教育实施方法

每一类护河劳动教育活动都不相同。护河劳动教育实施方法有护河劳动教育必修课的实施方法,学科教学渗透护河劳动教育的实施方法,课外校外活动中护河劳动教育的实施方法,校园文化中护河劳动文化建设的实施方法,护河劳动教育小课题研究的实施方法。

2. 初中学校"河小青"护河劳动教育活动的实施操作程序

初中学校"河小青"护河劳动教育活动的实施操作程序一般有:第一,确定"河小青"护河劳动教育活动的主题;第二,做好"河小青"护河劳动教育活动实践准备——内容,计划,设备材料,形式方法,实施层次等;第三,开展"河小青"护河劳动教育活动实践操作;第四,开展"河小青"护河劳动教育活动实践成果的交流展示;第五,进行"河小青"护河劳动教育活动实践评价奖励总结。

(三)探索了"河小青"护河劳动教育的评价与管理

1. 初中学校"河小青"护河劳动教育的评价

初中学校"河小青"护河劳动教育的评价由评价的功能、评价组织机构、评价方式、评价指标、评价表及实施组成。

评价的功能:具有导向、激励、反馈与改进功能。

评价组织机构:学校"初中学校'河小青'护河劳动教育的研究与实践"课题组。

评价方式:教师的自评与互评,学校(课题组)评价;学生自评与互评,教师评价。

初中学校"河小青"护河劳动教育活动评价指标：教学目标恰当,认真参加,团结协作,理论实践融合,实践活动有效,劳动活动有成果,反思交流,体验感悟,教师素养好。

"河小青"护河劳动教育学生个体评价指标：促进了学生正确劳动观念的养成;促进了学生基础劳动能力的增强;促进了学生良好劳动习惯与品质的提升;促进了学生积极劳动精神的培育;促进了学生综合素养的发展。

"河小青"护河劳动教育活动评价表(略)及实施：教师根据"河小青"护河劳动教育活动评价表,自我评价护河劳动教育活动;教研组、年级组根据"河小青"护河劳动教育活动评价表,开展护河劳动教育活动的互评;学校根据"河小青"护河劳动教育活动评价表,开展护河劳动教育展示活动的评价。

"河小青"护河劳动教育学生个体评价表(略)及实施：学生根据"河小青"护河劳动教育活动的学生个体评价表,自我评价护河劳动教育活动;一个学期评价一次,主要开展学生自评,然后开展小组、班级交流。

2. "河小青"护河劳动教育活动的具体管理

初中学校"河小青"护河劳动教育活动具体管理由管理思想、管理组织、管理规章、管理程序组成。

管理思想：充分发挥管理的决策、组织、激励与服务的功能。

管理组织：初中学校"河小青"护河劳动教育活动管理组织为课题组、教导处、科研室。

管理规章：初中学校"河小青"护河劳动教育活动管理规章有《学校"河小青"护河劳动教育规划》《学校"河小青"护河劳动教育公约》《"河小青"护河劳动教育必修课制度》《"河小青"护河劳动教育学科教学渗透制度》《"河小青"护河劳动教育课外校外活动制度》《"河小青"护河劳动教育校园文化建设制度》《"河小青"护河劳动教育小课题研究制度》等。

管理程序：初中学校"河小青"护河劳动教育活动管理程序为护河劳动教育活动设计,护河劳动教育活动实施,护河劳动教育活动的评价、反馈、改进,护河劳动教育活动总结。

四、效果与影响

(一)效果

1. 促进了学校"河小青"护河劳动教育体系的形成

学校形成了"河小青"护河劳动教育体系：理论认识体系,实践操作体系,管理评价体系。

形成了学校"河小青"护河劳动教育的活动案例。教师从自己班级"河小青"护河劳动教育活动（课外校外活动、劳动文化建设与小课题研究）或任教的"河小青"护河劳动教育必修课、学科教学渗透活动中选出教育效果比较好的"河小青"护河劳动教育活动写成护河劳动教育活动案例。三年多来教师撰写"河小青"护河劳动教育活动案例近五十篇。

形成了学校"河小青"护河劳动教育的学生发展个案。教师从自己班级"河小青"护河劳动教育活动（主要是护河劳动教育课外校外活动）或任教的"河小青"护河劳动教育必修课教学活动中选出劳动教育效果比较好的学生个人写成发展个案。三年多来教师指导学生撰写"河小青"护河劳动教育学生发展个案五十多篇。

2. 促进了学生劳动素养的发展

促进了学生正确劳动观念的养成：学生关于"正确理解劳动是人类发展和社会进步的根本力量，认识劳动创造人、劳动创造价值、创造财富与创造美好生活，尊重劳动、尊重普通劳动者等思想观念"认识较之前提高了98％。

促进了学生基础的劳动能力的增强：学生关于"掌握基本的劳动知识和技能，正确使用常见劳动工具，增强体力、智力和创造力等"能力提高了96％以上。

促进了学生良好劳动习惯品质的提升：学生关于"自觉自愿、认真负责、安全规范、坚持不懈地参与劳动，诚实守信、吃苦耐劳的品质，珍惜劳动成果，养成良好的消费习惯等"劳动习惯品质提高了98％以上。

促进了学生积极劳动精神的培育：学生关于"幸福是奋斗出来的，继承中华民族勤俭节约、敬业奉献的优良传统，发扬开拓创新、砥砺奋进的时代精神等"劳动精神提高了98％以上。

3. 促进了教师劳动教育综合素养的提高

经过三年多的研究与实践，教师开展劳动教育必修课教学、学科教学渗透与小课题研究，开展课外校外活动、校园文化中的劳动教育等劳动教育综合素养有了较大提高。

（二）影响

杨浦区在新大桥中校召开了中小幼学校领导参加的学校劳动教育研究成果展示活动，学校领导与老师展示了劳动教育研究与实践成果。学校还担任了杨浦区劳动教育"中小幼综合实践"体系建设项目组牵头学校。

"纸＋"小学综合实践活动课程
开发与实施的研究

课题负责人：

田　勇　上海市杨浦区许昌路第五小学

课题组成员：

戴云霞　上海市杨浦区许昌路第五小学

安　乐　上海市杨浦区许昌路第五小学

吴洁屹　上海市杨浦区许昌路第五小学

朱　倩　上海市杨浦区许昌路第五小学

曹佳敏　上海市杨浦区许昌路第五小学

闵叶倩　上海市杨浦区许昌路第五小学

刘　洁　上海市杨浦区许昌路第五小学

陈艺婷　上海市杨浦区许昌路第五小学

金　妮　上海市杨浦区许昌路第五小学

孙嘉颖　上海市杨浦区许昌路第五小学

一、背景与价值

（一）研究背景

《中小学综合实践活动课程指导纲要》提出中小学综合实践活动课程是义务教育和普通高中课程方案规定的必修课程，与学科课程并列设置，要侧重跨学科研究性学习、社会实践，加强课程综合，注重关联；变革育人方式，突出实践。

作为区域的科技特色学校，以纸为介，学校组织富有特色的纸文化活动，推动科技创新教育活动的开展,在区域具有一定的影响力。从"一张纸的产生"到"纸创世界",源于森林、归于自然,区小学首批创新实验室"笑笑"纸乐园的建成与使用,为学校进一步构建跨学科综合学习奠定了基础。

(二)研究价值

(1)学生成长的需要。以丰富的主题活动、有趣的拓展探究、多元的实践体验为特色的"指创"课程,引导学生通过动手操作获取直接经验,提升动手动脑能力,转变学习方式,丰富课余生活。

(2)教师专业的需要。在不断创新和完善核心素养导向的课程建设和实施的过程中,持续发展课程理解与课程创生的意识和能力,成为"一专多能"的复合型人才是应有之义。

(3)课程迭代的需要。以"纸"这一历史文化和中华传统集合体为介质,以培养学生核心素养为落脚点,逐渐摸索出形成以纸乐园为基础的学校整体课程体系和特色科目群建设的路径。不断推进特色课程的设计、实施、评价等,进而提高学校课程实施的质量。

(4)学校发展的需要。通过树立以纸为介、素养发展为导向的"纸+"小学综合实践活动课程,促进课程、教师和学生的共同发展。为综合实践课程注入有生力量,为每个孩子的健康快乐成长服务。

二、方法与过程

(一)研究方法

1. 案例研究法

本课题针对"纸+"小学综合实践活动课程开发与实施进行研究,结合课堂实践和案例分析,为提升综合实践活动课程的有效性提出有针对性的对策建议。

2. 行动研究法

在自然真实的教育环境中,综合运用多种研究方法与技术,将综合实践活动课程开发过程中产生的问题变成研究主题进行系统的研究,以推动课程的实施。

3. 专家咨询法

在理论与实践两个方面进行专家咨询,对课题研究做好基础理论支持与实践改革引导,使得研究成果更有效有质量。

4. 经验总结法

在项目实施的过程中,及时反思和总结教学实践,分析存在的问题和不足,提炼出成功的经验和做法,总结、归纳研究中的有效经验,提炼概括撰写论文、形成案例。

（二）实施过程

1. 课题准备阶段

（1）成立课题研究小组，确定课题内容，完成课题申请。

（2）整理"纸文化"相关资料，组织课题组进行专题学习研究，统一思想认识。

（3）邀请专家进行理论讲座，打好研究的理论基础。

2. 规划实施阶段

（1）就纸文化进行文献查阅和调研分析，形成理论框架，确立学生发展需求。

（2）挖掘各类资源和力量，成立与"纸"有关的兴趣小组，初步探索"纸"类课程。

（3）制定《"纸＋"课程实施方案》，邀请专家指导，逐步完善方案，形成 6 大模块不同主题的《纸乐园》综合实践活动课程群。

（4）制定科目方案以及课程活动方案，注重"＋"的内涵丰富和外延拓展。

（5）阶段性总结经验，分析、调整实施策略，进一步优化实施方案。

3. 总结反思阶段

（1）召开课题总结会，总结"纸＋"综合实践课程的实践经验等，整理研究相关资料。

（2）完成结题报告，呈现结题成果，申请结题。

（3）汇编活动方案、实践案例、视频等资料。

三、内容与成果

（一）研究内容

1. "'纸＋'小学综合实践活动课程"的研究

学校空间虽然有限，但是师生、家长对于优质教育的期待在持续增长。在传承中发展，在发展中创新。如何转变育人方式，切实提高育人质量？学校挖掘古代四大发明所蕴含的文化伟力，以"回望中展望"的历史思维探寻文化根基，以"共同体"视角追问中华优秀传统文化在世界文明发展中的价值朝向。

以"趣玩纸"为主题的系列科技特色活动，在市区乃至国家级比赛中屡创佳绩。一次次成功的体验和收获，使得以纸为媒的兴趣拓展活动应运而生。古法造纸、雕版印刷、活字印刷、纸桥承重……一个个与"纸"有关的兴趣小组相继成立。纸文化中"和合"的哲学思想与学校倡导的"以和为贵，以爱为本"的微笑教育办学追求不断融合。

经过几年的努力，"纸＋"小学综合实践活动课程在实践和探索中确定了课程总目标，即在玩纸的过程中发现世界、用多元的眼光观察世界、用有趣的"指创"表达自我；在对纸文化不断认知和认同的过程中增强民族自豪感和自信心。课程实施方案不断完善，逐步形成"造纸研究所、小小工匠馆、纸趣实验室、纸艺工坊、纸创中心、趣玩纸营地"6大模块不同主题的"纸乐园"综合实践活动课程群。

2. "纸＋"小学综合实践活动课程科目方案的研究

在编写课程实施方案的基础上，学校从开发背景、科目界定、科目目标、科目内容、科目评价等方面综合考虑、合理设计，陆续完善"自制纸迷宫""倔强的纸"等36个相关科目方案。

以"纸"作为课程统整的聚合点，注重"＋"的内涵丰富和外延拓展。遵从由易到难、由浅入深的原则，在内容建设中关注可对接学生核心素养发展的多元课程主题，重构可促进学生核心素养发展的特色科目内容。依据学生的年龄特点，以大观念为横轴，以与纸有关的知识和技能为纵轴，形成纵横交错的网状课程体系。在主题内容的选择上涵盖自然、社会、人文、科技4个板块，融入社会主义核心价值观、中华优秀传统文化，与国家课程相互融合。在实施层面，从课程标准出发，基于拓展型课程特点，重视课程内容的基础性和可发展性，加强各学习领域及各科目间的联系，注重科目内学科、活动的联系以及模块或主题间的联系，着力构建学生螺旋上升的认知结构。从学生实际出发，将其作为拓展型课程的有机组成部分，在教学实践中不断对课程内容进行调整。

作为基础章的有益补充，学校设置校级"纸＋"课程群特色章——"妙纸生花"，引导学生在玩纸的过程中积累知识经验和手工技艺，从而发展想象力、思考能力、动手能力。通过引领、达标、反馈、激励，点燃学生热情，逐步掌握纸艺与纸创，养成创新意识、创智思维和创造能力。

3. 形成"纸＋"小学综合实践活动课程活动方案

结合校园文化节日、传统佳节、仪式教育和"纸＋"的深度结合，进一步激发了学生的创新意愿，满足了自主学习和个性化发展的需求。一个个综合主题活动的开展，以及区域印刷博物馆的独特资源共享，"乐学智趣"的创客空间自然而成，以纸为乐的综合实践活动课程自然而生。学校特色文化与校本课程，逐渐完成"虚实"结合、共生共融的蜕变。

以"发现——对话——践行"为课程实施路径，通过与小学《科学与技术》《美术》等各学科的内容通整,着眼于学生探究能力的培养,在"发现问题——解决问题——呈现结果"循环往复的过程中,帮助学生进行深度学习;通过生活应用化、主题探究化、趣味情景化、创新实践化的活动策略的实践研究,引发师生对课程目标进行思考,对课堂教与学的方式进行优化和改进,为形成合理乃至有质量的育人活动提供可能,成为能激趣、有创造、促品性的特色课程,努力使理念落地,促进教学方式转型。

结合"艾吾草堂""慧创屋"跨学科综合学习空间的改造,随着"小手玩大纸"主题活动、校园纸文化劳动节的连续开展,学校基于育人目标加以整体建构,同步汇编活动方案集、丰富配套学习材料。在打造与不断优化的学习空间相适应的课程中与时俱进,通过项目团队教师的不懈探索和实践,这项课程日益显现其影响力和生命力,深受学生喜爱、家长认可,成为校园文化特色品牌。

4. 形成"纸＋"小学综合实践活动课程实践案例

"纸＋"课程创建的宗旨就是通过课程学习,围绕"纸"这一历史悠久的中国传统文化介质,以劳动为载体开展教育活动,丰富劳动知识、培养劳动技术素养、了解工匠精神,在五育融合的体验中创造性实践、全面发展;走进纸的世界,发现、探索纸的特点、用途,尝试用纸表达想法、创意,在玩纸的过程中积累知识经验和手工技艺,从而发展想象力、思考能力、动手能力;发挥纸张文化传播的功能,体验传统文化的当代内涵,传承与弘扬传统文化,坚定文化自信,培育和践行社会主义核心价值观。

"纸＋"在实践中不断摸索与国家课程的结合点;划分模块,使课程具有更高的选择性和更好的体验性。统整学科中关于"纸"的学习内容,在活动中设置包含真实学习情境、蕴含学生"概念性理解"的探究性任务和表现性评价任务;通过两届学校校园劳动节,开展了混融式教学的探索和实践,对学生在学校范围内引起的劳动素养的培育、多元智能的增长、艺术鉴赏能力的提高、创新意识的培养等,产生积极作用。我们为总结课程建设以来所形成的工具,编制了《"纸＋"小学综合实践活动课程实践案例》,这些文本资料都可作为兄弟学校、其他学科、课程学习、迁移的依据和参考。

5. 总结"'纸＋'小学综合实践活动课程"实践经验

学校在"微笑教育,为孩子的未来铺就温暖底色"办学理念的引领下,不断努力为孩子创造快乐、为教师追寻幸福,为师生幸福人生奠基。学校将教师代表优秀的教学心得、经验论文以及师生作品等汇编成集,逐步达成从理论、理念到行动上的和合。

每一个人天生都有创造的旨趣,教育者的工作便在于如何让学生拥有不断创造的环境。如果把"笑笑"纸乐园课程比喻为一棵大树,"纸"是课程茂盛的枝叶,学校以纸为载体的"创新实验室"便是滋养它的根。实验室独一无二的资源,为学生开展以"小手玩的大纸"为主题的纸文化创作活动提供了专业场所。从空间场景到主体,学校着眼观念、方法的改变,在构建"以学为中心"的学习环境,探索空间驱动学习主体,实现多维度育人方面做出了初步的探索和实践。

学校作为育人主体,课程建设是育人路径。以"探寻一张纸的前世今生"为主线,学生积极主动地体验课程,在玩乐中体会手工的乐趣,在活动中发展精细动作技能,在运用中感受学科知识的人文魅力,在交流中学会沟通协作,在真实情境中培养解决问题的能力,实现空间与纸张、与儿童、与课程的对话与融合。

幸福课程需要怎样的引领?微笑校园的文化根基是热爱并乐于传承中华传统文化。"纸"的历史悠久,折射出华夏民族生活、思想、风俗、习惯等社会行为,是中国传统文化的瑰宝之一。纸有较广的"思维交点"提炼空间,是树立并坚定学生文化自信的有机载体和有力抓手。聚焦具有典型中华传统文化精髓的"纸文化",明确这一发展方向,是对学校校园文化和学情进行了充分分析和深入探寻的结果。

（二）研究成果

经过几年的实践与研究,本课题主要取得了以下成果:其一,构建了《"纸＋"小学综合实践活动课程实施方案》;其二,形成了《"纸＋"小学综合实践活动课程科目方案》;其三,创设了《"纸＋"小学综合实践活动课程活动方案集》;其四,形成了《"纸＋"小学综合实践活动课程实践案例集》;其五,总结了"纸＋"小学综合实践活动课程经验;其六,形成了"'纸＋'小学综合实践活动课程"师生作品集等。

四、效果与影响

"纸乐园"是一个没有围墙的学习场域,与学校办学理念契合,与学生培养目标融合,是孩子主动参与、快乐活动、成功体验的课堂空间,更是学生聚集智慧、释放能量、充满无限期待的成长空间。

（一）托举了学生的成长

以培养会学、会玩,有梦想,有教养,有爱心的阳光少年的育人目标和课程开发的逻辑起点,在 4.5 和 0.5 的融合中不断创生着新的学习,所有的可能都如约而至,学习的美好真实落地。

（二）助推了教师的发展

在"纸＋"小学综合实践活动课程开发与实施的过程中,团队以"且研且思,携手前行"的方式开展研究工作,教师在悄然发生改变。

（三）助推了学校课程的迭代

玩是学之始,学乃玩之成。学校立足"玩中学"课程开发逻辑起点,不断探索以纸文化为引领,不断形成单一特色科目的开发路径。

（四）推动了学校的发展

学校"纸＋"综合实践活动课程的萌芽生长、持续再构升级的历程,与不同阶段师生对于融合学习内容、学习方式和设施设备于一体的学习空间日益增长的需求有关,成为实现学校不断跨越式发展的新引擎和新机遇。

校家社协同育人一体化。"纸＋"还进一步激发学校开门办学的活力,让更多的社会力量参与到助力儿童发展中来。馆校合作,使场馆实践性与学校教育性统一起来。以与上海中华印刷博物馆签订共建合作项目为例,学校积极拓展校外劳动教育实践基地规划图,将博物馆资源纳入学校教育体系之中。在"真实"的劳动体验场景中,丰富而有趣的工艺体验促进了孩子们对劳动的理解和热爱。课程得到师生、家长和社会的广泛认可。

基于区域"创智指数"评价的初中数学差异化作业设计与评价研究

课题负责人：

吴小宝　上海理工大学附属初级中学

课题组成员：

汪　云　上海理工大学附属初级中学

江美蓉　上海市思源中学

沈　宇　上海市市光学校

苏　敏　上海市鞍山实验中学

黄舒婧　上海理工大学附属初级中学

一、背景与价值

随着我国新课程教育改革的不断推进，国家越来越重视对学生素质教育与综合能力的培养。作业既是反馈、调控教学过程的实践活动，也是在教师的指导下，由学生独立运用和亲自体验知识、技能的教育过程。"作业是开拓学生思维、培养和训练学生各方面能力的主战场。"没有作业的教学好比纸上谈兵，只有理论而无实战，教学效果肯定不佳，学生根本无法解决数学问题。精心设计、合理布置作业，能使学生巩固、内化学得的知识技能，充分发挥学生的主观能动性，自然产生良好的学习欲望。

（一）作业负担仍是课程改革取得实质性突破的堡垒

长期的教学实践研究表明：实施素质教育的大敌是学生课业负担过重，而课业负担过重的直接因素之一就是"题海"泛滥成灾，造成这种情况的根本原因在于作业数量多质量差,缺乏典型性,没有针对性和代表性,这些直接导致课堂效率低,自然成绩不会太理想,所以,只有作业内容精炼,初中数学成绩才能有所提高。

(二)素养培育成为国家教育政策的价值追求与目标导向

2015年,随着国家课程标准的启动修订,育人目标逐渐从三维目标转向体现整合性、情境性、具身性特征的核心素养。区域"创智指数"评价中的相关指标结果引发我们思考作业设计应在素养培育的新视角下有哪些延展和深化,如何设计作业与评价作业以解决不同层次的学生仍有待探索。

(三)作业设计与评价的"质"有待进一步解决

多年以来,老师们在作业设计与评价上仍有诸多瓶颈问题有待进一步解决:如何结合课堂所讲内容精心筛选习题?在作业的选编上注意哪些原则?如何控制数学作业的量?因应时代发展、基于学生的差异性如何设计符合每个学生的作业?

基于此,本研究拟解决的主要问题有:

(1)如何基于区域"创智指数"评价,进一步优化初中数学作业设计与评价?

(2)如何帮助教师理解、内化作业设计与评价理念,并将之转化为教学行为?

(3)如何评估初中数学作业设计与评价落地实施的实际效果?

(4)如何建构多元机制以保障初中数学作业设计与评价落地实践?

二、方法与过程

(一)研究方法

1. 文献研究法

梳理已有文献中学业质量与作业的关系研究,了解国内外关于作业设计与评价的具体做法和推进思路。

2. 行动研究法

从区域"创智指数"评价结果解读发现本校数学作业问题开始,开展师生问卷,研制本校差异化数学作业改进方案,明确差异化数学作业改进的主要环节和关键技术;开发差异化数学作业改进评估工具,评估差异化数学作业改进成效,进而调整完善基于"创智指数"评价的差异化数学作业设计与评价框架,形成基于"创智指数"评价结果差异化数学作业设计与评价的保障机制。

3. 案例研究法

从本校学段抽取一个年级,积累试点年级开展基于"创智指数"结果的差异化作业设计与评价的典型案例,梳理提炼学校的典型做法与实践经验。将经验和做法推广到其他学校再实践。

4. 经验总结法

通过对年级差异化数学作业设计改进的实践探索,搜集并梳理过程性资料,总结并提炼形成可复制、可推广的实践经验,引领学校基于"创智指数"评价结果的差异化作业设计与改进。

（二）实施过程

1. 研究准备阶段

组建研究团队,梳理初中数学作业设计与评价的相关文献,基于课题研究拟解决的主要问题和调研中发现的问题,课题组分别从前期调研、理论框架、作业实施、作业评估和总结提炼等阶段,研制基于区域"创智指数"评价结果的差异化数学作业设计与评价研究方案。

2. 区校实践阶段

（1）选取 1 个年级,分析"创智指数"区域调研报告及学校调研报告,根据学校数学作业设计与评价问题开展问卷,发现现有问题,组织市、区专家对课题组老师进行专项研讨,围绕高层次思维能力、教学方式、学习策略、学业负担等四个维度研制差异化数学作业设计与评价的改进方案。

（2）以差异化数学作业设计与评价改进方案为指导,组织开展差异化数学作业设计实践,形成差异化数学作业设计实践路径,明确数学作业设计与评价的主要环节,总结差异化数学作业设计与评价实践经验,形成差异化数学作业设计与评价改进案例。

（3）围绕教研、制度、管理等方面研制学校差异化数学作业设计与评价评估工具,学校结合具体改进实践措施开发校级差异化数学作业设计评价评估工具,对差异化数学作业设计与评价效果进行过程性、终结性评估,形成学校数学作业设计与评价评估报告。

3. 作业设计与评价成效评估阶段

基于区域"创智指数"的理论框架,以"十四五"区域《基于区域"创智指数"评价的初中数学作业设计与评价》共享培训课程运作为机制,开展作业设计与评价分析,包含学生作业体验和教师行为的变化等要素。借助区教育学院、上海理工大学理学院等专业力量对差异化作业样例进行文本剖析,以便发现问题、调整方向、改进实践,为其他教师提供参考。

提炼数学作业设计与评价的实践经验,形成基于"创智指数"评价结果改进差异化数学作业设计与评价的保障机制。

4. 作业设计与评价的辐射推广阶段

提炼样本实践经验,通过反思修订机制、实践推广机制和评估完善机制的建立健全与协同运作,推动差异化作业设计与评价向区其他学校进行铺开,形成星星之火可以燎原的变革态势。

5. 总结提炼阶段

梳理各项研究成果,总结基于"创智指数"评价的差异化数学作业设计与评价的实践经验,形成研究总报告。

三、内容与成果

(一)从区域"创智指数"的评价出发,通过问卷调研等方式制定学校差异化数学作业设计与评价的方案

首先,基于课题研究拟解决的主要问题进行调研,从问卷中发现:在布置作业环节出现了超时、超量、过难、过易、错位、错时、延时等问题。

其次通过对作业思路及作业内容、作业类型、作业时间等进行研究,研制了基于区域"创智指数"评价结果的差异化数学作业设计与评价研究方案。

(二)以上理初级初三一个年级为样例,探索差异化作业设计与评价的实践模型

1. 作业设计创新——以基于学生的差异性作业设计与评价为突破口

根据学生差异性开展不同层次学生作业设计的实践,结合"创智指数"指标,围绕"作业目标、作业任务、作业评价"三大维度建构基本框架。在此基础上,结合"创智指数"指标及学情,开发不同层次的作业设计更好地帮助不同层次学生学习。

2. 作业内容创新——以基于真实情境的问题解决和单元学习为突破口

根据学生开展单元学习的具体实践,开发实际问题为背景的数学练习题,以学生解决真实问题的能力为作业设计切入点设计数学作业,尤其是如何开展线上线下的混合式作业设计、如何利用大数据创设情境、推送作业以支撑学生的个性化作业学习等助力学生数学学习,例如:直角三角形单元作业;函数第一轮专题复习等。

(三)依托区域培训课程开展作业设计分析,改进差异化数学作业设计的实践成效

开发与作业设计与评价理论框架相匹配的教师培训课程,通过课程培训解

读"创智指数"指标,强化基于数据的作业设计变革,并基于课程教学即时调整教师作业设计与评价的实践行为,形成基于"创智指数"评价结果改进初中数学差异化作业设计的培训课程(见表1)。

表1　基于"创智指数"评价结果改进初中数学差异化作业设计的培训课程安排

课程实施安排					
日　期	地点	研　修　主　题	主讲者	组织形式	课时安排
10月24日	线上	创智指数评价	吴小宝	专题讲座,互动讨论	2
10月31日	线上	作业设计	吴小宝	专题讲座,互动讨论	2
11月14日	线上	基于"创智指数"评价的作业设计与评价	吴小宝	专题讲座,案例分析	2
11月21日	线上	基于"创智指数"评价的初中数学作业体系设计活动	曹蓉	专题讲座,案例分析	2
11月28日	线上	基于"创智指数"评价的初中数学作业设计活动(1)	赵冰	案例分析,理论解读	2
12月5日	线上	基于"创智指数"评价的初中数学作业设计活动(2)	李馨	案例分析	2
12月12日	线上	基于"创智指数"评价的初中数学作业评价活动(1)	吴小宝	案例分析,互动交流作业研讨,问题与研讨	2
12月19日	线上	基于"创智指数"评价的初中数学作业评价活动(2)	吴小宝	案例分析,互动交流作业研讨,问题与研讨	2
12月26日	线上	基于"创智指数"评价的初中数学作业设计与评价设计研讨	吴小宝	案例分析,互动交流作业研讨,问题与研讨	2
1月2日	线上	实践中优化作业设计与评价	吴小宝	案例分析,互动交流作业研讨,问题与研讨	2

（四）借鉴变革发生的一般机制,建立健全作业设计与评价的区域推进机制

差异化作业设计与评价绝不仅仅停留于试点校实验校的先试先行,更关键的是如何将试点年级、实验校的先进经验辐射推广至全区,进而形成星星之火可

以燎原的变革态势。借助区教师培训课程、区中青年骨干教师团队发展计划(第三期)等载体运行教研机制,引导区域其他初中学校在数学作业设计与评价推进的过程中持续关注成果成效的总结和梳理,在梳理成效与经验、反思问题与不足的基础上,完善教师作业设计与评价实践行为以更符合不同学生学习水平。

四、效果与影响

（一）学生层面：探索不同层次学生的学习方式,促进不同学生学习的发展

通过对比 2021 和 2023 两年的杨浦区创智指标数据结果：学生学业标准、学习动机等均处于较高水平,维持在 9 分;学生学习压力有了显著改善,由 5 分跃至 8 分;学习自信心和作业等维度也有了一定程度的正向变化,充分显示了作业设计与评价对于促进学生学习的正向作用。

（二）教师层面：推动教师设计作业观念和行为的有效转变,助力教学成效的有力提升

通过开设两期杨浦区"十四五"区级共享课程《基于区域"创智指数"评价的初中数学作业设计与评价》,对杨浦区初中数学教师作业设计与评价进行培训,发现老师不仅在作业设计和评价,包括师生关系和不同层次学生发展上感受到了要给学生更多的尊重和激励,还在学习动机、学科自我概念水平、努力与坚持和学习兴趣等非认知技能上有所提升。

（三）区域层面：充分发挥成果的辐射推广效应,成为杨浦区作业变革的典型样本

截至目前,20 多所初中学校 100 多位数学教师参与了《基于区域"创智指数"评价的初中数学作业设计与评价》课程学习,举办了区级作业设计专题展示活动 2 次,出版 1 本专著、发表 5 篇论文,在市级以上评比中获奖 5 次,形成 4 本初中差异化作业设计样例集、20 余节资源包。青年教师教学研究课题立项 3 项,课题成果获奖 5 项,在区内多个学校和集团做了作业设计专题展示交流,对区域提升初中作业设计与评价发挥了重要的示范和辐射效应。

情境式劳动实践活动
在幼小衔接中的多元应用研究报告

课题负责人：

袁　洁　上海市杨浦区教育学院

课题组成员：

曹　敏　上海市杨浦区教育学院附属幼儿园

许易颖　上海市杨浦区教育学院附属幼儿园

俞斐阳　上海市杨浦区阳光幼稚园

陈敏炎　复旦大学附设幼儿园

顾怡雯　上海市杨浦区五角场幼稚园

梁　静　上海市杨浦区向阳幼儿园

袁敏慧　上海杨浦区新跃幼稚园

张旻瑜　上海市杨浦区教育学院附属幼儿园

一、背景与价值

2020年3月20日中共中央、国务院发布《关于全面加强新时代大中小学劳动教育的意见》明确了劳动的独特育人价值，要"把劳动教育纳入人才培养的全过程，贯穿大中小学各学段，贯穿家庭、学校、社会各方面，与德育、智育、体育、美育相融合，积极探索具有中国特色的劳动教育模式"。2022年1月，教育部发布《幼儿园保育教育质量评估指南》强调要全面贯彻党的教育方针，落实立德树人的根本任务，全面提高幼儿园保育教育水平，为培养德智体美劳全面发展的社会主义建设者和接班人奠定坚实基础。

各学段一系列有关劳动的政策文件推出，彰显了劳动教育在新时代育人过程中的重要作用,劳动是"五育教育"中不可或缺的一部分,劳动教育对于整个教育体系来说更具有不可或缺的实践作用和应用价值。在幼儿园中,劳动教育的应用和关注也是学前学段幼小衔接的重要教育内容,值得更深入的研究。因此,劳动教育的实施与开展需要一体化的跟进实践,在观念上、课程内容上结合幼儿园、小学的不同学段需求和特质进行有针对性的衔接与规划。

二、方法与过程

（一）研究方法

1. 文献综述法

通过查阅文献,梳理劳动教育、幼小衔接国内外相关理论研究成果,为本课题研究提供理论依据和实践线索。

2. 调查法

制定对幼儿、家长、教师的多角度调查问卷,抽样了解区域内不同层级园所、小学在幼小衔接的内容、关注度及劳动教育上的想法、做法和实践现状。

3. 行动研究法

在实践行动中开发设计适合不同场域、不同年龄段的情境式劳动实践活动,边研究边实践,边反思边改进,探索其在幼小衔接中的真实多元应用过程。

4. 案例研究法

撰写收集情境式劳动实践活动案例,对应用效果和指导策略进行梳理分析,形成各类别、各年段的劳动实践活动案例集。

5. 经验总结法

在调查、整理、收集和记录基础上,进行总结归纳形成书面研究报告。

（二）实施过程

1. 课题准备阶段

成立课题项目研究团队,明确分工,构建课题研究框架及内容,并查阅相关文献,梳理完成情报综述,设计制定调查问卷。

2. 规划实施阶段

（1）抽样对区域内不同层级的园所及小学的幼儿(学生)、家长、教师发放调查问卷,多角度进行全面调研。

（2）开发实施多场域情境式劳动实践活动方案设计,拍摄微视频,并进行实践反馈。

（3）结合实践活动实施撰写相关案例,并设计落实评价反馈机制。

3. 总结梳理阶段

汇总整理课题研究相关资料,汇编案例、微视频活动集、指导手册等文本内容,撰写结题报告,梳理装订相关附件内容。

三、内容与成果

（一）情境式劳动实践活动的设计思路

1. 柔活教参与幼儿生活的已有经验,以小见大融合开发设计情境

围绕"幼儿发展优先"理念,在使用教参过程中尝试柔活,围绕教参主题核心经验内容,立足幼儿现有生活经验和实践能力,进行融合式开发与设计。充分顺应学前期幼儿特点,充分理解主题核心经验关键要素内容,基于对不同年段幼儿的劳动教育分析设计适宜的内容。巧用幼儿感兴趣的热点内容作为素材设计情境,有时一个很小的切入口,就能成为一个非常具有劳动价值体验的情境内容。因此在设计情境式劳动实践活动中,情境一定要符合幼儿需求。

2. 内化理解幼儿劳动教育的基本内容,由点及面地创设情境

幼儿劳动教育基本要素不是劳动技能,而是趣味劳动体验萌发的劳动兴趣,实践劳动过程引发的自主劳动意识,以及多样化活动过程触发的积极劳动情感,崇尚尊重劳动的劳动品质。因此劳动实践活动设计和选择要明确幼儿劳动教育的基本要素,寻找适宜的劳动教育内容。

3. 关注幼儿已有劳动经验的实践价值,由表及里地延展情境

结合"德智体美劳全面发展"的五育融合育人目标,在设计活动时要围绕活动内容观察收集幼儿已有的劳动经验和劳动能力。不是所有的劳动经验都适宜开展集体教学活动的,因此要把握幼儿年龄特点,去除高强度或不适宜幼儿实践的劳动技能内容。找到能引发幼儿关注、乐于参与的有趣情境设计活动内容。通过智慧的设计,让幼儿劳动经验成为可开展的具有实践活动价值的有意义活动。充分考量幼儿现实生活中具有联系性、衔接性的劳动元素,能引发幼儿后续对劳动活动以及更多劳动内容的兴趣和可持续参与的投入意愿,让劳动成为幸福生活的起点,让幼儿从小感受劳动的美好与乐趣。

（二）幼儿园情境式劳动实践活动实施在幼小衔接中的多元应用

1. 联系日常生活活动需求,为幼小衔接做好生活准备

幼儿园《生活》教参中有"我爱劳动"的版块内容,为了进一步萌发幼儿的劳动意愿,我们从日常生活的自理能力入手,锻炼幼儿手指小肌肉动作及手眼协调能力,从身体上、行动上培养幼儿自己的事情自己做,能做的事情亲力亲为,从小

养成独立自主,自信乐观的健康心理品质。也在日常的生活活动中,进一步培养幼儿独立自主的基本生活能力,为入小学后,从幼儿园中被教养照顾的角色,逐步向小学中更加独立自主的个体转变进行有效衔接。

2. 挖掘学习活动素材及幼儿日常生活经验,为幼儿入小学做学习准备

在各年龄段《学习》教参中,我们充分挖掘和创设适合幼儿进行实践的情境式劳动实践活动,主题活动中也能与劳动教育活动进行有效嫁接,如"有趣的豆豆""整理小书包""清扫小花园"等情境式活动内容,既是幼儿力所能及的实践劳动内容,又能让幼儿直观体验和感应到主题活动核心价值,使幼儿学习过程更真实化、生活化、情景化,寓教于乐的学习内容更加丰富精彩。在真实情境的操作体验和感知领悟中萌发幼儿的劳动兴趣,激活幼儿乐于参与生活劳动的积极态度。

3. 结合各环节渗透劳动情境体验,为幼小衔接做好身心准备

在幼儿园的游戏、运动和过渡环节中,基于问题观察,引导幼儿将劳动内容融入一日生活情境,激发幼儿自主参与劳动的意识,在观察幼儿园和现实生活中为我们奔忙的各色劳动者的付出中,感恩劳动者的辛劳,在自主参与运动器械、游戏材料的整理、搬运过程中,亲身体验劳动的过程、方法和智慧,用自己小小的力量共同打造整洁有序的幼儿园环境,更在这份真实的美好背后,启迪孩子们热爱生活,感受美好生活的惬意,形成阳光的积极心态。

4. 回归家庭生活场景,家园共建应用情境式劳动实践活动

幼小衔接过渡期中,家长往往关注倾向于小学的知识技能,忽视从幼儿园起我们一直在培养的能力习惯内容。但在幼小衔接的实践过程中,我们发现真正困扰很多教师和家长的正是孩子自理能力和自主意识上的畏难和不自信。由此我们通过创设一些适宜在家庭中开展的情境式劳动实践活动,引发家长的共同关注,在家园协同共育中有效解决幼儿自理能力内驱力培养的困难,满足不同年龄段家长的不同需求,有效进行幼小衔接,逐步优化家长科学育儿观念的转变。

5. 开发社会生活实践,感受真实社会情境式劳动实践

劳动内容不仅仅是幼小衔接中帮助幼儿蜕变成长,逐步过渡到小学生活的科学过渡,也是让幼儿走近社会感受更多丰富生活经历的过程。在幼儿园之外的社会生活中也蕴含了丰富的情境式劳动实践的机会和内容。

1) 生产劳作体验

城市生活中不常见到的耕种劳作对孩子们来说充满了新鲜感,也是生产劳动活动中最真实的实践感应过程。外出旅行中看到的稻田、植物园等是孩子们

所能触及的最真实的生产劳作体验。家长和教师也会为幼儿寻找和创设这样远离城市喧嚣的自然劳作场,让孩子们感受插秧种稻、采摘耕作、研磨剥豆的劳作之乐,既锻炼了幼儿的动作灵活性,也辨识了解了不少日常生活中的食物稻米的原生态样貌,体会了谁知盘中餐,粒粒皆辛苦的深刻内涵。

2) 日常社会生活体验

稀松平常的日常社会生活蕴含许多适合学前幼儿的情境式劳动实践活动,取快递、和爸爸一起洗车、做一次小区垃圾分类员……这些日常社会生活的小事,在孩子们眼中就是好玩有趣的劳动实践体验,既能锻炼幼儿观察思维能力,也让他们学到了社会生存本领,体会身边很多为自己默默付出的人所做的平凡之事,提升了幼儿尊重劳动,崇尚劳动的敬畏之心,也为其能成为社会一员,为他人做力所能及的事打下了良好基础,为未来的生涯教育、职业体验也种下了蓄力的火种。

3) 创美实践体验

劳动的过程也是创美的过程,在社会生活中这样的创美实践,让幼儿在自然而然发生的情境式劳作体验中感受到劳作改变生活的美好情感。通过自己的双手和创意,让环境变得更整洁,让生活变得更美好。动手动脑的过程也让幼儿发自内心去感受生活的真谛,建立自信,崇尚劳动改变生活的美好期盼,在情境中真实感受"五育融合"中育人素养的转变,使幼小衔接真正达成从实践行为到心理认同的质的转变。

(三) 情境式劳动实践活动的评价与指导

1. 多主体对象评价,关注劳育核心素养

我们指向幼儿、教师、家长进行多主体评价,充分尊重作为评价对象幼儿的感受和表达,引导他们用绘图、印章、录音等多样化方式进行反馈评价,成人则用观察评价表对个体或群体进行表现行为、活动频次、喜好程度等方面的评价,以活动资源和指导小贴士等方式基于具体实践活动展开针对性指导。

2. 多方式多角度指导,转变劳育观念更新

微视频数字化推广方式直观呈现多样化情境式劳动实践活动推进,拓展幼儿可操作劳动素材的选取和实施,从家园社多角度实践,让不同年龄特点、生活习惯和教养理念的教师、家庭都能各取所需,从不同角度实践,转变其对幼儿劳育的内涵理解。

3. 多样态内容互动,活化幼小劳育衔接

评价指导内容充分衔接小学低年级劳动内容,不盲从不激进,以符合幼儿身

心特点的情境内容有效链接应用。让幼儿与同伴家长教师、与劳动工具、劳动场景、与各行各业劳动者建立多样态互动,活化劳动课程体系有效衔接。这样多样态的互动内容,不仅家长可参考,可模仿,更让家长结合实践理解在整个幼小衔接的过程中积极良好的劳动意愿、劳动态度以及劳动兴趣对幼小衔接的真正意义,体验幼小劳育衔接背后的深远影响。

（四）情境式劳动实践活动实施注意事项

1. 注意劳动实践器具的安全性

情境式劳动实践活动实施中首先要注意情境和实践操作场景和器具的安全性。要充分考虑幼儿身高、体能和动作特点,提供安全适宜的操作工具和活动情境。相关劳动工具便于幼儿操作,也要安全稳固。

2. 注意劳动实践体验的生活性

情境内容取材要注意是幼儿所能感知或知晓的与幼儿生活有关联的内容。不同年龄段幼儿有不同的生活经历经验,每个人的个性和家庭教养环境都不相同,有时候不同地域生活习惯在劳动实践过程中也会起到重要影响。因此实践过程中幼儿的体验过程要遵循生活实际。课堂实践中教师应对幼儿实践进行细致观察与分析,挖掘幼儿可能的生活经验与感受,给予适当的回应与支持。

3. 注意劳动实践过程的趣味性

劳动实践过程切忌繁琐沉闷,要充分挖掘能引发幼儿关注和喜爱的趣味元素,吸引幼儿注意力和参与度,让幼儿愉悦地投入活动,感知和发现劳动活动中的乐趣,让幼儿对劳动形成积极的感知体验,为后续更多样化的劳动内容尝试和探索提供契机。

四、效果与影响

（一）增加和丰富幼儿园劳动教育实践内容

通过本课题的研究,情境式劳动实践活动的开发与设计实施,让幼儿园的劳动实践内容得以增加。创新地结合《学习》教参进行活动设计,让教师对教参使用有了更多畅想,在幼儿园一日活动中发现应用各种劳动教育契机,大大增加幼儿参与劳动实践的机会。

（二）推动和提高家长对劳动实践和劳动教育的重视程度

本课题研究着力设计和开发的家庭情境的劳动实践活动,在杨浦教育"环享宅家时光、乐品亲子陪伴"线上平台进行区域推广,促使家长对于幼小衔接中的劳动有了更多认同和共同参与的积极性。

（三）拓展和优化教师对幼小衔接及幼儿劳动教育的专业研究能力

1. 形成从区域到园所，从幼儿园到小学的协作共同体

本课题参与开发《杨浦区居家劳动清单手册》汇编，设计主编全学段居家手册的幼儿园部分，实现区域层面从幼儿园到小学的协作共同体。

2. 明晰从园所到家庭，从家庭到社会的协同共育体

课题领衔人研发实施"十四五"信息化区域课程，将课题实践中微视频方式推广指导给区内公民办教师，提升教师信息化技术在劳动教育中的应用。

3. 拓宽从教参到生活，从实施到内化创新的融合创生体

课题领衔人撰写情境式劳动实践课例获 2023 年"践行新课程理念的教师行动"征文一等奖，向市级推广课题项目实践成果，也让更多业内同行关注到幼儿情境式劳动实践活动内容。

深度学习视角下小学语文低年级单元绘本阅读教学的实践研究

课题负责人：

钟　婕　上海市第二师范学校附属小学

课题组成员：

张培菡　上海市第二师范学校附属小学

汤静怡　上海市第二师范学校附属小学

王珏梅　上海市第二师范学校附属小学

蔡慧丽　上海市第二师范学校附属小学

李　雪　上海市第二师范学校附属小学

一、背景与价值

1. 国家对阅读素养培育的重视度

国家一直高度重视青少年的阅读素养培育。统编语文教材设置"快乐读书吧"，在激趣同时有意识引导学生掌握阅读方法。先后发布《义务教育语文课程标准(2022年版)》《全国青少年学生读书行动实施方案》等文件，对学校开展日常阅读活动提出新要求，以助力学生在阅读中实现全面而个性的发展。

2. 研究单元阅读教学的必要性

低年级教材包含拼音、识字、课文三种单元类型，课文数量少且不区分精读和略读。因此，要重视以单元形式设计与课文单元配套的课外阅读，使学生阅读更系统，实现从课内"学得"知识迁移至课外"习得"运用。同时，检索文献后发现，国内课外阅读缺少单元整合，几乎无人将绘本阅读与课文单元配套教学。现有研究也缺少深层的理论指引,这些空白点即研究价值点。

3. 学校教育教学实践中的真问题

教师课外阅读教学存在问题:课内外阅读联系不紧密,没有科学理念指引,依赖经验推荐书目;缺乏系统设计,未能提供适切的学习支架;教学形式较单一;学校教研支持不足。学生阅读学习缺乏深度:碎片化阅读的方式不利于培养阅读习惯和深度学习的能力,阻碍了高阶思维发展。因此,学校要系统整合课内外阅读,开展有深度的阅读教学。

二、方法与过程

1. 文献梳理,现状调查,夯实研究基础

通过文献研究,学习理论,确定主题,厘定核心概念;通过调查研究等分析家校课外阅读现状与问题,确定方向,制定计划。

2. 明确路径,顶层设计,确定研究框架

进行行动研究,明确课题框架,确定研究内容。分析低年级阅读素养培养目标、要求与课文单元"人文主题"与"语文要素";设计单元绘本阅读活动方案,确定配套绘本书目。

3. 多轮实践,梳理经验,反思优化提质

第一轮实践:进行行动研究,在一年级实践试行单元,通过"研讨-修改-优化"形成指向深度学习的单元绘本阅读活动设计、精读绘本教学设计、阅读活动单三份范本。

第二轮实践:采取行动研究与经验总结法,提炼设计流程,形成模板,依章编制,建设低年级单元绘本阅读活动资源库;在低年级同步实践不同单元绘本阅读活动,分析数据,优化教与学的过程。

第三轮实践:采取行动研究与经验总结法,提炼指向深度学习的单元绘本阅读活动设计与教学策略;在低年级全面实践,调整优化资源库内容。

4. 梳理资源,全面总结,形成系统成果

全面梳理总结,形成研究成果,撰写研究报告。通过市、区及集团交流活动,依托外省市结对,辐射成果。申报市、区教师培训共享课程,促进区域教师成长。

三、内容与成果

(一)厘清家校绘本阅读的现状与问题

1. 家庭亲子阅读现状及问题

学生阅读素养的培养需要家校共同努力。课题组发放《家庭亲子阅读调查问卷》240 份,涉及家长与学生对阅读的态度、阅读条件的选择、阅读的主要形式、阅读的计划性四个方面,共 13 个小题。其中有效问卷 221 份,有效率92.08％。通过分析结果,发现如下问题:

缺乏适宜的阅读条件:大部分家庭每周阅读的频次较低,时间不长,开始和结束比较随意,选择在床上和不断固定场所阅读的家庭比较多。虽然家长知道在固定时段和场所能让学生养成良好阅读习惯,但能坚持做的不多。

缺乏有效的阅读指导:整体阅读形式比较单调,缺少深入交流。虽然有73.4％的家长选择会与孩子经常互动,但大多属于随感而发,简单交流绘本画面内容。学生对阅读的书仅停留在"知道"上,自然无法达到深度阅读的效果。

缺乏必要的阅读计划:总体上看,家长忽视计划的必要性,且计划执行力度不足。在有效问卷中,仅有 2 名家长会提前制定好阅读计划,并按计划执行,有近一半的家庭没有计划。

2. 学校绘本阅读现状及问题

课题组访谈了 10 位有一定绘本阅读教学经验的一线教师。从教师对教学目标的把握、教学内容的把控、教学能力的自评、对学校支持的认可等方面加以分析,发现问题如下:

学校课外阅读缺乏顶层设计,教学研究支持不深:一是偏重物质支持,缺乏研训支撑。二是缺乏顶层设计,集体教研深度不足。在一定程度上,造成各班课外阅读教学效果因教师经验和能力不同而产生较大差异。

教师课外阅读教学依赖经验,缺乏系统整体性架构:一是绘本选择课内外联系不紧密,主要靠经验判断。二是单元实施意识不强,忽视阅读评价。绘本与课内阅读的关联性不紧密,未能形成与课内单元配套的活动设计,造成了课堂上对学生迁移、运用课内所学阅读方法的巩固不足。

学生课外阅读缺乏学习支架,阅读自主探究性不足:在指导过程中,教师较少为学生搭建阅读活动单等学习支架,学生大多数情况在老师的带领下前进,主动性、探究性未得到较好激发,深度学习受到影响。

3. 对策与建议

从调研结果看,无论是阅读条件、计划,还是阅读指导,大部分家庭开展的亲子阅读的有效性并不高。在家庭阅读质量不能保证的情况下,学校必须承担起指导学生课外阅读的重任,结合课内开展有深度的课外阅读,从而保证学生阅读素养的不断提升。

我们思考,首先要建立单元绘本阅读教研共同体,提炼单元绘本阅读策略,让低年级绘本阅读教学更规范、更有质量;其次要开发单元绘本阅读学生课程,搭建深度阅读的支架工具,让教师更有策略地"教",学生更自主地"学与评";还要开发绘本阅读师训共享课程,以研训保障阅读活动质量,给教师提供更专业的支持。

（二）提炼单元绘本阅读教学的策略与方法

1. 从课内到课外的多元绘本选择策略

结合绘本的可靠性与经典性:尽量在教育部官方发布的《幼儿图画书推荐书目》《中小学生阅读指导目录（2020年版）》中筛选,同时适当补充国内外获得绘本大奖的书目,增加内容的丰富性。

结合教材的"人文主题"与"语文素养":根据低年级课文单元的"人文主题"确定"单元绘本阅读主题",依据"语文要素"拟定"单元绘本阅读要素",按照"梳理单元阅读目标——分析教材学情——精心选配适切绘本"的路线,为24个课文单元配套绘本。

结合学生的兴趣点与喜爱度:学生喜爱的绘本也更能引起阅读兴趣,更有利于开展绘本阅读活动。通过师生交流、生生交流、家校交流等形式进一步了解学生的喜好,适当调整绘本,让书目更符合学情、班情、校情。

2. 由表及里的单元绘本阅读活动设计策略

课题组将单元绘本阅读活动设计的要素分为阅读前端分析、阅读目标确定、阅读内容选择与组织、阅读方法与手段选用、阅读评价开展五个部分。其中,设计策略主要集中在前三个部分中。

1）明晰设计方向

纵向开展学情分析,以"过去（已有知识）——现在（当前生活经验）——未来（深度学习后获得的知识、能力和情感）"为线索展开,把握好学生"将有"和"已有"之间的内在关联。

横向开展学习环境分析,以"整体（区域特点、学校特色）——部分（不同年段、班级）——个体（把握个性差异）"为线索展开,把握好实施环境与应用环境对学生的外部影响。

2）层层解读确定学习目标

结合课内梳理单元情况,以"人文主题"为依据,以"语文要素"为目标,引导学生在课外阅读中继续巩固课内获得的阅读策略,并形成技能。

依据阅读要素拟定学习目标,明确需要继续巩固课内哪些能力的培养,这样才能将每一条要素一一落实、落细。

3）可视化属性表呈现绘本阅读的学习活动

课题组依托市教委教研室《小学语文单元设计指南》中的要求形成了《单元绘本阅读活动设计属性表》《过程设计属性表》《评价要求属性表》，通过图表等方式可视化呈现，帮助教师有逻辑地开展设计、有思考地进行研究，同步提升教师的科研能力。

3. 从浅层到深层的单元绘本阅读活动教学策略

促进低年级学生深度阅读，就要引领学生由知识的表层"符号"走向内在更深层次的"逻辑形式"和"意义"。

1）根据文本类型选择适切教学方法

常用方法有以语言传递为主的，如讲授法、问答法；以感知体验为主的，如演示法、游戏法、表演法；以实际训练为主的，如练习法；以引导探究为主的，如讨论法。常见文本有掌握型，侧重"知识与技能"的迁移；理解型，注重"过程与方法"的体验；感悟型，关注"情感态度与价值观"的塑造。多数绘本是多种类型融合的，在深度学习视角下，教学方法要与教学内容具有内在一致性，同时兼具多样性。

2）设计阅读活动手册搭建自主学习支架

通过设计单元配套的阅读活动单，形成绘本阅读活动手册，分三个板块——漫步主题厅、畅游绘本馆（热身一起来、"悦"读一起来、漫游一起来）、打卡星星榜，引导学生在多样的阅读过程中自主探究。

3）多元多样助力绘本阅读的学习评价

主要采用形成性评价。课题组形成了《学生绘本阅读表现评价内容表》，结合学习的"自我感"（掌握水平）、"意义感"（理解水平）、"效能感"（感悟水平）三个标准评价学生的发展。评价主体多元，评价方式多样，评价内容丰富，评价载体有趣。

（三）开发绘本阅读课程与工具

1. 开发了低年级单元配套绘本阅读课程

1）课程目标

学生在教师或阅读手册的引导下，借助丰富多彩的图像和文字内容，自主开展阅读活动，迁移运用课内所学的阅读方法，积极学习，主动思考，了解内容，感受情感，表达想法，丰富想象力和创造力，获得真谛和启迪。

2）课程内容

课题组结合校情、学情、教材确定了 24 个绘本阅读活动主题和阅读要素，为低年级每个课文单元匹配了精读绘本与荐读绘本，见图 1、图 2、图 3、图 4。

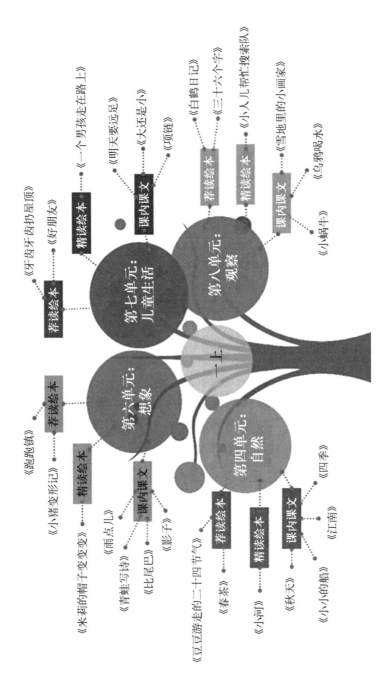

图 1 一年级上册课文单元配套绘本书目

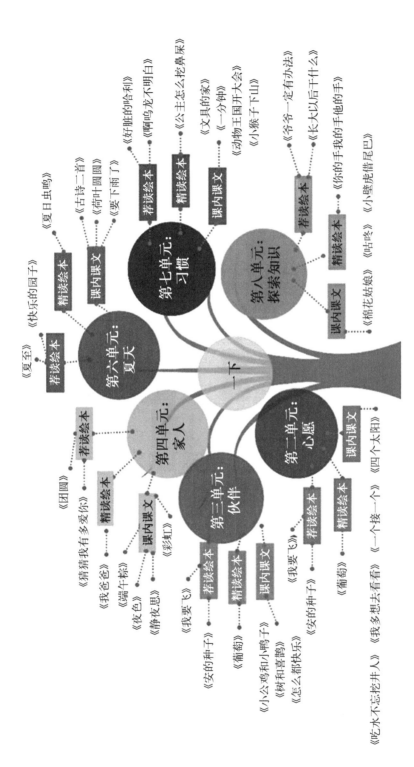

图 2　一年级下册课文单元配套绘本书目

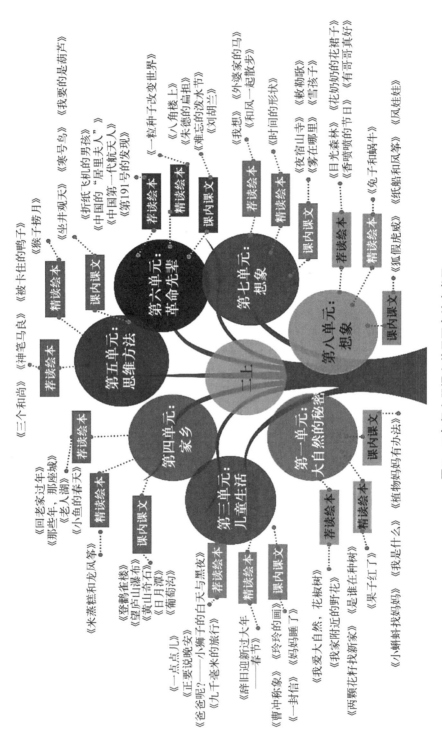

图 3　二年级上册课文单元配套绘本书目

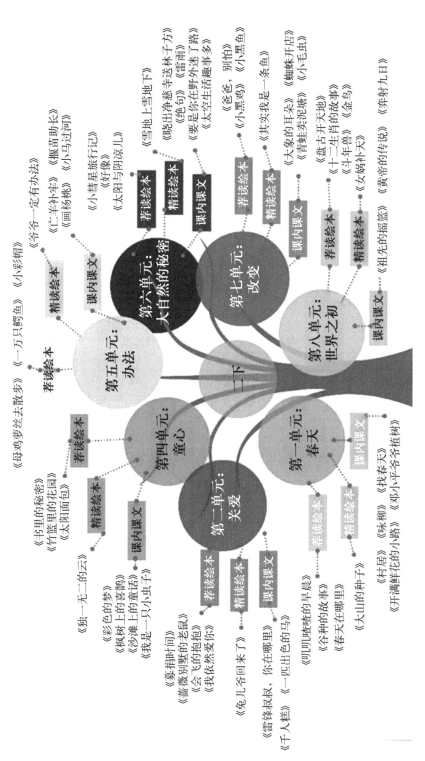

图4　二年级下册课文单元配套绘本书目

3）课程实施

形成流程清晰的课程编制路径和由试点到全面的设计推进策略,利用阅读课、学科月、快乐活动日、课后服务实施线下阅读教学;设计微课,依托校本课程平台实施线上自主阅读,形成"导学＋自学"的双融绘本阅读课程模式,见图5、图6。

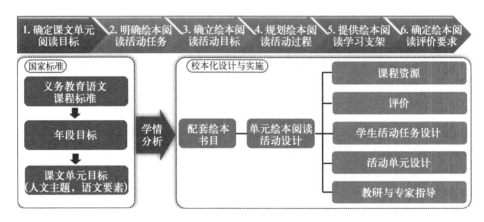

图5　单元绘本阅读活动设计编制路径图

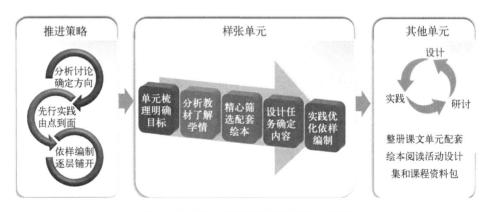

图6　单元绘本阅读活动设计推进路径图

4）学习支架及评价工具

为了提高阅读体验,让学生在轻松愉悦的氛围中逐步形成阅读能力,学校搭建学习支架,精创儿童化、趣味化、游戏化的《慧读绘本——低年级绘本阅读活动手册》,共24个主题单元,分为教师版和学生版。

课上学生所有的阅读、思考、观察、记录等都可依托手册进行,通过听、说、读、写、思、议、演、画等活动,基于证据表达,逐步迁移巩固阅读能力。课后开展自主阅读、亲子阅读。借助手册教师可前测、观察、记录、反馈,进行过程性、激励性、个性化评价,学生可自评和互评,使评价主体多元,评价方式多样,评价内容丰富。

5）课程资源

形成 24 个低年级课文单元配套绘本阅读资源包,每个都包含单元绘本阅读活动设计方案、精读绘本阅读教学设计与微课、单元配套绘本电子书、绘本阅读活动手册,并纳入学校阅读资源库中。学校还为低年级学生专门打造了"图书馆阅读专区＋走廊开放式阅读角"阶梯式阅读区。

2. 开发市区绘本阅读教学教师培训共享课程

1）上海市教师培训共享课程"小学低年段绘本阅读教学实践"

共 20 课时,分为四大版块——认识绘本、绘本的阅读、绘本教学和绘本阅读活动。每一讲都从理论层面、实践层面、案例介绍、资料拓展等方面详细展开。

2）杨浦区"十四五"教师培训共享课程"小学语文低年段课文单元配套绘本阅读活动设计与实施"

共 10 课时,包含五个模块:整体概述、书目选择、活动设计、活动实施、活动评价,采用讲师讲授、案例分析、问题研讨、自主学习等多种组织形式。

四、效果与影响

（一）社会影响

学校参与多个层面交流,不断扩大成果辐射面。如市、区教育局组织的课程建设展示活动等;面向外省市开放绘本课堂,如澳门、河南、贵州等地;通过市、区教师培训共享课程推广成果,影响区域内一批教师。学校单元绘本阅读活动案例获全国第三届书香校园阅读教育教学成果示范优秀案例、上海市及杨浦区中小学生读书行动典型案例一等奖,获上海市基础教育优秀科研成果推广、转化与深化典型案例三等奖,入选市教委教研室编撰的《幼小衔接,上海在行动》。

（二）研究成效

学生乐读会说,语文素养不断提升:基于课文单元的绘本阅读使课内外紧密结合,不仅拓展了认知视野,丰富了想象空间,点燃了阅读兴趣,也推动了习惯和能力的形成,巩固、夯实、提升了学生的阅读素养。在后续观察中这些学生也更热衷于参加各类语文活动与比赛,不断成长收获丰硕果实,近年来,获奖百余项。教师乐研会教,教科研水平有所提高:学校语文教师人人读绘本,进课堂,讲故事,说评课,搞活动,积极实践、开拓创新。近三年内,语文组教师立项 6 个并参与 9 个市、区课题,发表超过 20 篇,论文获奖超过 50 篇,科研成果获奖 7 项,荣获市、区各类教学奖项五十余项。

"双新"背景下普通高中语文
情境教学新探索

课题负责人：

陈　怡　同济大学第一附属中学

课题组成员：

冷海鹰　上海市控江中学

李　郦　复旦大学附属中学

刘　芳　同济大学第一附属中学

周　琳　同济大学第一附属中学

沈旭栋　同济大学第一附属中学

黄　珊　同济大学第一附属中学

王振宁　同济大学第一附属中学

陈洪典　同济大学第一附属中学

程　亮　同济大学第一附属中学

一、背景与价值

"双新"背景下的语文教学带着教师、学生走进一种新格局,对"情境教学"提出更高的要求。而传统的、陈旧的课堂情境无法与之相匹配。经过对本市三所高中《关于"双新"背景下语文课堂情境教学实施情况的调研(学生卷)》《关于"双新"背景下语文课堂情境教学实施情况的调研(教师卷)》的问卷调查,发现目前"情境教学"实施过程中存在以下问题:

(一)"情境设置"流于形式,无法产生真实体验

在调研的过程中,发现虽然越来越多的语文教师对"任务""情境"等概念有

了更深的理解,但不能将"任务""情境"转化为"真情境""真任务"。

(二)"情境设置"教师本位,忽略学生心理需求

课堂情境设置不能脱离学生实际。"双新"背景下的"情境教学",需要教师主动关心学生实际心理需求。但在具体实施的过程中,这些要素又往往被忽略,导致情境教学的过程与学生的认知实际发生了偏差。

(三)"情境"认知囿于成见,忽视对课程资源的开发、利用

"双新"背景下的"情境教学",不仅是为了激发学生兴趣、活跃课堂氛围,更是为了让学生在真实的情境中进行积极实践,促进学生在更广阔的语言环境中主动学习。而这样的"情境创设",肯定离不开教师对课程资源的开发和利用。

二、过程与方法

(一)研究过程

1. 理论研究阶段

1)"双新"背景下普通高中语文情境教学的现状分析和理论研究

查阅相关理论书籍,厘清"双新""情境""情境教学"等相关的概念、要素和理论依据,明晰概念之间的关系。

2)构建"双新"背景下普通高中语文情境教学的原则和策略、路径

对接"双新"理念,明确高中语文情境教学落实"双新"理念的程度,根据校情、学情,构建原则、策略、路径。

2. 行动研究阶段

(1)在教学中落实"双新"背景下普通高中语文情境教学的策略、路径。

(2)在实施中完善"双新"背景下普通高中语文情境教学的策略、路径。再反思、再提炼,不断完善策略、路径。

3. 经验总结辐射阶段

形成单篇和单元案例。全面总结经验与成果,相关案例论文等研究成果公开发表。

(二)研究方法

1. 文献研究法

本研究在阅读大量文献的基础上对目前的研究成果进行梳理。

2. 调查研究法

通过问卷的形式对高中语文教师及学生进行问卷调查,对其加以分析和研究,找到语文情境教学中存在的问题。

3. 行动研究法

通过理论-实践-理论的循环进阶,逐渐形成"双新"背景下普通高中语文情境教学的可操作、可推广的策略、路径。

三、内容与成果

(一)厘清了"双新"背景下高中语文情境教学的内涵、类别

1. 内涵

(1)情境教学:在较多研究者眼中,教学情境不仅仅是客观的环境、场域,而是与客观环境、教学主体(学生、教师)不可分离。如果要把构成教学情境的要素进一步进行细化,笔者认为学生、教师、环境、内容缺一不可。只有主观因素与客观因素的有机交融,才能构成真正意义上的情境教学。

(2)"双新"理念下的高中语文情境教学:高中语文新课标发布以来,大单元、大任务、真情境成为当下引领语文教学方式变革的新理念。而真实的学习任务让学生完全置身于复杂的情境中,面对各种困难挑战,学生解决实际问题的能力将得到最大限度的提升。所谓的高中语文情境教学,就是要根据高中生的心理特点、生理特点、思维发展水平,来创设符合青少年特点的教学情境。

2. 类别

在学习了相关理论,查阅了众多文献之后,笔者发现专家、学者们不约而同地都提到了这几种情境——直观情境、实物情境、生活化情境、问题情境、任务情境、语表情境、语言情境、想象情境、推理情境。关于直观情境、任务情境、问题情境、生活化情境和语言情境,"直观""任务""问题""语言"均属于外在的环境或者条件,因为外在的环境、条件的刺激,形成了不同的情境。关于想象情境和推理情境等,其立足于学生在学习中产生的思维活动和情绪体验,所以按照学生的思维、体验进行情境分类,必然缺少一些边际感,统一概括为"体验情境"。

(二)明确了"双新"背景下高中语文情境教学的理论依据

(1)"核心素养"理论。"双新"课程改革的核心词就是"核心素养"。根据核心素养理论,教师营造教育教学环境,让学生在某种氛围中逐步形成能够适应社会的个人综合、关键必备的能力和品质。

(2)"建构主义"理论。研究情境教学绕不开"建构主义"理论。情境教学基于建构主义理论研究的基础,将创设情境作为教学的重要方式,帮助学生超越现阶段的水平达成下一个发展目标。

(3)"青少年智力"理论。高中阶段的学生相对小学、初中学段的学生更渴

望、更适合在相对真实的社会、生活情境中,进行思想、情感的交流和碰撞;也更适合在教师设置的复杂任务中,整合知识经验,利用高阶思维,完成任务、解决问题。

(4)"情知对称"理论。情绪心理学认为,个体的情绪、情感对认知活动至少有动力、强化和调节三方面的作用。正向的积极的情绪、情感对认知活动起着积极发动和促进的作用。情境教学能够调动学生正向、积极的情感体验,直接提高学习的兴趣,促进学生深入地思考、深层次地探究。

(三)构建了"双新"背景下高中语文情境教学的策略

1. 借助"真实环境"带入"情境"

(1)联系生活展现情境:新课标要求"任务"在"真情境"中落实,所以教师常常从"真实生活情境""模拟生活情境"中寻找教学契机。"真情境"是课上与课下、校内与校外学习情境的综合,让渗透着日常生活的"真情境"融入高中生的语文学习中,借助生活这股活水来促进高中语文的学习。

(2)利用资源渲染情境:新课标要求"任务"在"真情境"中落实,但是我们无法确保每一项任务都在"现实情境"或者"模拟真情境"中展开。因此,利用各类教学资源,尤其整合各类多媒体资源来拓展教学空间、渲染任务情境,就显得非常重要了。在大单元统整教学中,教师应该尽可能减少自己的讲解时间,通过各类资源整合,丰富学生的学习资源,为学生创设良好的学习情境,促使学生提高自主学习效率。

(3)内化资源深化情境:在课堂教学中,教师通过内化资源深化情境;在课后训练中,也可以借助资源促使学生深度体验。

2. 运用"有效教法"优化"情境"

(1)巧设"问题",完善"情境教学":在"双新"课程改革理念推动下,语文教师在组织和开展课堂教学时,越来越关注学生发现问题、思考问题、解决问题的能力,关注学生语文综合素养的提升。就目前的高中语文教学内容来说,其中含有大量的思考点,是引导学生在学习中展开思考、促进思维发展的关键。因此,教师在创设教学情境时,应该以问题作为切入点,深化问题情境,进一步完善情境教学。

(2)巧设矛盾、悬念和比较,激活情境教学:托尔斯泰认为,"成功的教学"并不是教师强制学生学习,而是要不断地激发学生进行主动学习。情境教学不是由教师创设一个静态的场景,而是一个动态的过程。需要教师不断地打破课堂的"平静",通过制造矛盾、设置悬念、纵横比较,吸引学生的兴趣和注意力,促使学生产生"非学不行"的想法和愿望。教师通过各种教法的运用,促使学生积极思维和主动探求,激活情境教学,进而提高课堂教学质量与效率。比如,在《雷雨(节选)》的教学中,为了让高中生把周朴园当作一个"人"来看,师生之间、生生之间开展了思想情感的"交锋"。

3. 通过"合作交流"创生"情境"

(1) 在大单元任务探究中,创设合作交流的教学情境:在"双新"课程改革背景下,教师常常采用"合作交流"的方式推动单元统整任务,通过学生间的合作探究、交流反馈,实现情境教学。要在单元任务实施的过程中形成合作探究的氛围,不仅仅需要教师提供有探讨价值的任务、采取小组合作的形式,还需要教师提供与任务相关的子任务、子问题,提供与主题相关的助读资料,提供相关习作范文及教师的讲解提炼、确定交流的形式等。

(2) 在常规教学中,生成合作交流的教学情境:基于"合作交流"的"教学情境"不仅仅出现在大单元探究中,也不仅仅出现在公开教学中,更出现在常规的教学中。合作交流的教学方式不是任何课堂的"点缀",只要它能够促进学生的发展,突出学生在课堂上的能动性、创造性,凸显学生的独立人格,形成良好的互动氛围,那么在常规课堂中,自然也应该采用。

4. 巧设"评价情境"形成"闭环"

(1) 基于"个人体验情境"的评价情境:"个人体验情境"是学生个体独自开展的语文实践活动。教师在评价中,也应创设具体的情境,设计典型的任务,让学生在"个体体验情境"中充分展示其具有创造性和个性化的学习成果。

(2) 基于"社会生活情境"的评价情境:社会生活情境是指向校内外具体的社会生活,强调学生在具体生活场域中开展的语文实践活动。因此,教师在作业设计时,应该让学生更多地直接接触现实生活,在大量的语文实践中掌握语文学习的规律。

(3) 基于"学科认知情境"的评价情境:学科认知情境是指向学生探究语文学科本体相关的问题,并在此过程中发展语文学科认知能力。教师设计此类作业的目的是促使学生充分调动自己的语言和知识、技能,引导学生在思考并解决问题的过程中实现相关知识的结构化。

(四) 实施了"双新"背景下普通高中语文情境教学的路径

1. 实施了"双新"背景下高中语文大单元情境教学的路径

崔允漷教授认为"一个大单元就是一个完整的学习事件或学习故事"。传统教材中的单元是由几篇课文构成的单元,而新课程改革背景下大单元教学是基于学科核心素质,整合目标、任务、情境的一个完整的过程。大单元情境教学创设是指在大单元教学中,设置整体、相对真实的情境,使学生全程投入其中,从而搭建起"确定单元学习目标"-"创设单元情境任务"-"设计单元层级问题"-"提供单元助读资料"-"提供单元任务流程"-"促使学生交流表达"-"完成单元评价反馈"这样一条连接知识与现实生活的通道。

2. 实施了"双新"背景下高中语文单篇情境教学的路径

"双新"课程改革强调"任务驱动""单元统整",但是这并不意味着单篇教学不重要,也不意味单篇教学无所谓"情境"。大单元教学绝对不能忽略对学生单篇阅读的指导以及"情境"的创设,因为大单元的统整教学的设计基于每一篇课文教学,单篇情境教学的路径为:"明确单篇学习目标"-"重构单篇学习内容"-"设置单篇情境任务"。

3. 实施了"双新"背景下高中语文信息化情境教学路径

对于立足"情境"的线上教学来说,主要以学生为主体,重在激发学生对自我效能的认知,引导学生自主学习、自我监控、自我反思。通过导学案编制和信息化技术的应用,形成了"课前学生自主学习、反馈初步学习结果"-"课中深度探究关键问题"-"课后及时评估、反馈调控"的教学模式。其路径为:"方案设计是前提-个性化方式是重心"-"数据分析是助攻"-"共享意识是效率"。

四、效果与影响

(1)创建并培育适合高中语文学习的课堂生态。经历三年单元情境教学,师生共创"动态"课堂情境。

(2)开发并丰富跨媒介教学资源,根据不同类型的阅读专题,教师主动收集、整合多种媒体的教学资源。

(3)学生的学科基本素养得到全方位培育。遵循学生发展客观规律,为学生营造良好语文学习空间。

(4)借助"上海市高中名校慕课"平台定期向全市中学生公开授课、网上探讨;借助"华师慕课"平台在全国范围内进行推广,让来自全国各地的学生共享、共研。课题负责人带领团队形成相关专著1本,编著2本;所持有的教学成果获得国家教学成果二等奖、上海市教育教学成果一等奖;系列情境课程获得全国中小学教师微视频大赛优秀奖;在市级"'双新'背景下的高中语文单元教学研讨活动"中进行展示,向新疆喀什地区教师开展了讲座"基于核心素养的高中语文情境教学设计",向云南省学科带头人开设公开展示课;开设市级以上公开课3节。

在《上海教育》《语文学习》等刊物发表《在语文教学中谈情说爱》《关于"后在线教学时代"发展深度思考》等论文 10 余篇；获得全国中学阶段群文阅读论文比赛一等奖；"新课程背景下高中语文'情境教学'研究"立项为区级课题。

五育融合理念下区域优化
音体美劳学科育人的实践研究

课题负责人：

陆卫忠　上海市杨浦区教育学院

课题组成员：

奚莉芳　上海市杨浦区教育学院

路叶燕　上海市杨浦区教育学院

程　勇　上海市杨浦区教育学院

李　荔　上海市杨浦区教育学院

李艳璐　上海市杨浦区教育学院

朱　毅　上海市杨浦区教育学院

潘　玮　上海市杨浦区教育学院

叶霞敏　上海市杨浦区教育学院

吴　敏　上海市杨浦区教育学院

刘晓青　上海市杨浦区教育学院

一、背景与价值

（一）顺应国家教育发展战略和上海中高考改革趋势

习近平总书记在全国教育大会上强调要培养德智体美劳全面发展的社会主义建设者和接班人，提出"六个下功夫"。为顺应国家"五育融合育人"理念和上海市中高考改革的学生综合素质评价要求，杨浦区决定率先启动五育融合理念下，优化音体美劳学科育人成效的实践研究。

（二）深化杨浦区基础教育发展核心理念与要求

在杨浦基础教育内涵转型中，蕴含着丰富育人价值的音体美劳学科留下更多创新驱动的机会，其真正成为每一个孩子在未来发展中不可缺少的基本素养，指引每一个孩子认知世界、认知自我。因此，杨浦区启动五育融合理念下，优化音体美劳学科育人成效的实践研究是对学科教育教学创新驱动、全面育人的深入探索。

（三）突破音体美劳学科教育教学瓶颈，优化育人成效

五育融合理念下，优化音体美劳学科育人成效的实践研究是对音体美劳学科育人价值的全面提升和深入开掘，使之成为构建学生完整人格必不可少的学科，成为改变社会偏见的实践路径之一。

二、方法与过程

（一）建立共识："五育融合"课程结构的认知理解

通过与专家对话，加强理论学习，阅读、分析、交流、整理，收集反映"五育融合""学科育人"的政策文本、政策解读、相关文献，厘清概念内涵与相互关联。

（二）摸清现状："五育融合"学科育人的现状调研

借助"中国教研网"和问卷星等网络平台，面向区域内十组小学、初中和高中学段的教师和部分学生进行了分层抽样问卷调研和访谈。

（三）论证方案："五育融合"校本方案的可行性论证

举行了项目成员校开题论证会，各成员校交流了校本研究方案。由高校专家和教研员及科研员组成的指导团队，对每一所学校的研究方案给出了具体反馈指导。

（四）设计"三层"："五育融合"课程结构内容的合理设计

以编制"五育融合"理念下音体美劳课程的实施方案、学期课程纲要和单元教学方案为抓手，开展成员校校本课程的顶层设计研究。

（五）阶段"审议"："五育融合"校本课程方案的审议与优化

对各子项目组提交的 15 套课程方案分阶段进行了两次审议，各子项目组结合审议结果对课程"三层"方案进行了及时修改和优化。

1. 研发工具："五育融合"课堂听评课工具的初步研发

以"五育融合"课程评价指标为核心，从 5 个维度、20 个指标、评价要点和证据收集方式等方面开展课堂听课和评课工具的初步研发。

2. 应用实践："五育融合"应用模型和工具的应用完善

围绕实践应用模型，利用系列思维支架，确立学科研究重点，开展以主题、专题或单元设计为核心的较为系统的实践研究，积累典型性的实践案例。

三、内容与成果

（一）形成了"五育融合"校本课程方案系统设计的研究路径

通过12所成员校共同参与、14个子项目（详见表1）的共同推进、高校与教研员和科研员的共同指导，初步形成了"建立共识-方案论证-'三层'设计-审议修改"的研究路径（详见图1）。

表1 "五育融合"校本课程方案一览表

序号	学 校	方 案
1	鞍山初级中学	"五育融合"视域下的初中书法校本微课程设计与实施研究
2	东辽阳中学	初中校本劳动教育课程体系的建构与实施
3	铁岭中学	五育并举下的生态园劳动教育校本课程开发策略研究
4	同济初级中学	"五育融合"理念下体育学科育人成效的策略研究
5	三门路幼儿园	"五育融合"视角下幼儿园体育游戏的开发与实施研究
6	民办打一外国语小学	"五育融合"视角下美术教学资源本土化的实践研究
7	翔殷路小学	"全过程育人下的小学体育兴趣化的五育融合"实施推进方案
8	中原路小学	"五育融合"视域下提升《民族歌舞万花筒》育人成效的实践研究
9	控江二村小学分校	融合家庭教育的学校劳动教育课程体系建构研究
10	现代音乐职业学校	音乐类中职学校美育课程的探索与实践—以上海市现代音乐职业学校"美乐"系列课程为例
11	中原中学	"五育融合"理念下高中体育专项化的单元教学设计的实践与研究
12	同济大学附属江湾城实验学校	"五育融合"背景下武术大单元教学设计与实施
13	同济大学附属江湾城实验学校	指向创新素养培育的劳动任务群的实践研究
14	同济大学附属江湾城实验学校	"五育融合"背景下艺术综合活动的实践研究

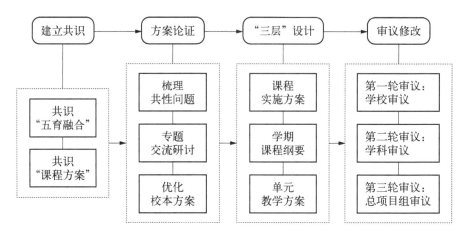

图 1　"五育融合"校本课程方案系统设计路径

（二）形成了"五育融合""1＋10"调研报告

在前期调查问卷的基础上，最终形成"1＋10"的调研报告。总项目通过大量的数据比对和分析，形成杨浦区中小学音体美劳学科育人现状调研报告。各学段各学科，基于分类的数据分析，形成了各学科育人现状调研报告。在此基础上，总项目组和各学科把握学科教育对育人价值的理解程度，总结学科教师采取的方法、策略，初步形成后续实践应用研究要点。

（三）制定了"五育融合"课程实施的审议制度

为了提升课程实施的可行性，项目组编制了审议制度。课程审议制度是由项目特聘专家、学科教研员、科研员、项目组成员共同组建的审议团体，对各子项目的课程研发和实施方式进行审议，以确保"五育融合"校本课程实施的科学性和可行性，为研究方案的落地保驾护航，详见图 2。

（四）研制了"五育融合"的教学实践模型

"五育融合"的教学实践针对的是"五育分离""五育不全"的课程与教学。由于劳动教育的纳入，"五育融合"的教学实践需要关注劳动在单元教学活动中的落实与完成。劳动是一种社会实践活动，纳入了劳动教育的学科教学，一般都是以大任务、大项目或大活动组织起来的大单元教学，其实践模型由单元主题、单元目标、学习进程以及单元评价四个要素构成，如图 3"五育融合"的单元教学实践模型。

（五）编制了"五育融合"课堂教学评价工具

"五育融合"的教学实践，其育人过程是"五育"整合的（"教学"的视角），而其

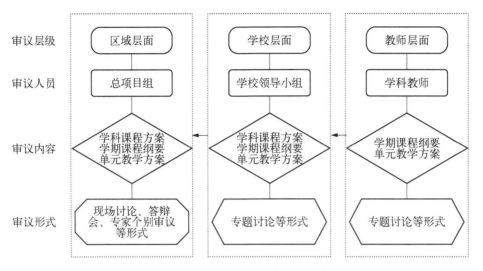

图2 "五育融合"课程实施的审议流程

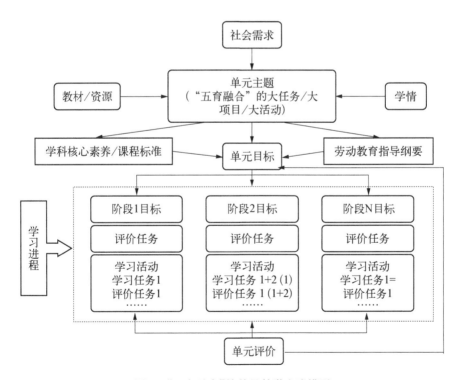

图3 "五育融合"的单元教学实践模型

学科育人成效可从德育、智育、体育、美育、劳动教育五个方面来设计评价指标（"评价"的视角），见表 2。

表 2 "五育融合"理念下学科育人成效的评价指标、评价要点与评价方式

维度	指 标	评价要点列举	证据收集方式
德育	思政表现	爱党爱国、民族团结、社会主义核心价值观、法治意识、集体意识、人生理想等	档案袋、访谈法、观察等
	文化认同	传统文化认同、革命文化认同、社会主义先进文化认同、世界优秀文化理解（国际理解）等	档案袋、表演展示、访谈法、角色扮演、观察、小论文等
	道德行为	诚实守信、责任担当、文明礼貌、团结友善、乐于助人、尊重他人、尊重生命、认识自我等	档案袋、访谈法、角色扮演、观察、日志、学习记录等
	生态文明	尊重自然、顺应自然、勤俭节约、低碳环保、爱护环境、垃圾分类、绿色消费等	档案袋、方案策划、访谈、角色扮演、观察、日志、学习记录等
智育	知识技能	言语信息（陈述性知识）：名称、事实、有组织的知识、命题等；智慧技能（程序性知识）：辨别、具体概念、抽象概念（定义性概念）、规则（或原理）、高级规则（问题解决）等	纸笔测试、档案袋、方案策划、小论文、剧本、脚本、小报、宣传册等
	学习方法	学科专门的学习方法；认知策略（策略性知识）：复述策略、精加工策略（是指将要学的对象与熟悉的对象联系起来）、组织策略（是指将要学的对象形成有组织的结构）、元认知策略、情感策略（是指学习者用以集中和维持注意、控制焦虑、有效使用时间的策略）等	纸笔测试、学科实践、方案策划、事件任务、小论文、剧本、脚本、小报、宣传册等
	学科思想	学科方法：学科专门的方法；思维品质：学科思维、系统思维、科学思维、批判性思维、创新思维等；学科精神	纸笔测试、学科实践、方案策划、事件任务、作品展示、小论文、剧本、脚本、小报、宣传册等
	学习品质	学习兴趣：学生在学习过程中表现出的积极的认识倾向与情绪状态；学习习惯：学生在学习过程中形成的自觉、坚持、独立的行为方式	档案袋、方案策划、访谈、角色扮演、观察、日志、学习记录等

维度	指　标	评价要点列举	证据收集方式
体育	体质健康	身体形态：身高、体重等； 身体机能：心率、血压、肺活量等； 体能：力量、速度、耐力、柔韧、灵敏等	体质测试、体能测试等
	运动技能	基本运动技能、专项运动技能	表演展示、技能测试、比赛等
	健康行为	运动参与：积极参与课内外体育锻炼、运动竞赛等； 生活习惯：饮食、用眼、作息和卫生习惯等； 安全意识：运动安全、生活安全、药品安全、生命安全等； 心理健康与社会适应：心理调控、情绪调适、应对挫折、心态积极、良好的个性心理品质、人际交往、环境适应等	档案袋、方案策划、访谈、角色扮演、观察、小论文、日志、学习记录等
	体育精神	自尊自信、自立自强、勇敢顽强、积极进取、超越自我、追求卓越等； 遵守规则、尊重裁判、尊重对手、公平竞争、团队精神等	档案袋、表演展示、比赛、事件任务、角色扮演、访谈、观察、日志、学习记录等
美育	审美意识	审美兴趣、对美的敏感性、能够自主发现审美对象、注意到美等	作品展示、毕业展览、访谈、观察、小论文等
	审美观念	审美情趣、审美格调、审美的追求等	表演、作品展示、毕业展览、访谈、观察、小论文等
	审美体验	对美的感知、感悟、理解、把握、判断、鉴赏与评价等	表演、作品展示、毕业展览、作品鉴赏、艺术评论、访谈、观察、小论文等
	审美表现	审美想象、审美表达与展示、审美创作、审美交流等	档案袋、表演展示、作品展示、毕业展览、方案策划比赛、观察等
劳动教育	劳动观念	尊重劳动、尊重普通劳动者、劳动光荣、劳动伟大等	档案袋、事件任务、角色扮演、访谈、观察、日志、学习记录等
	劳动能力	完成劳动任务、具备劳动技能、具备劳动体能等	表演展示、作品展示、技能测试、比赛、事件任务、角色扮演等

续　表

维度	指　标	评价要点列举	证据收集方式
劳动教育	劳动习惯	劳动意识、坚持不懈参与劳动、自觉自愿劳动等	档案袋、访谈、观察、日志、学习记录等
	劳动精神	吃苦耐劳、敬业奉献、艰苦奋斗、开拓创新、砥砺前进等	档案袋、表演展示、比赛、事件任务、角色扮演、访谈、观察、日志、学习记录等

（六）集结了"五育融合"校本课程"三层"方案的优质文本

历经开题论证、专家指导、方案交流、三轮审议和修订优化,完成了项目研究方案、校本课程方案和单元教学方案的系统设计。项目组充分依托试点学校,开展实践探索,反思和改进,形成学科五育融合的典型案例。如小学美术学科的"美术设计类课型"与"科学技术"统合实施;小学科学与技术学科在劳动教育中渗透"五育"的教学策略;初中音乐学科在五育融合背景下华夏艺术溯源的教学实践;高中艺术(音乐)学科发挥高中学生合唱团育人功能的探索与实践。

四、效果与影响

（一）有力推动了杨浦基础教育对学科育人价值的深度开掘

杨浦区经历三轮基础教育创新实验后,课程与教学改革逐步进入深水区,创新驱动下的课程体系建构、课堂教学转型、课程资源建设、教学督导与评估,都要更为清晰地指向学科育人,可以说对学科育人的认知深度直接影响课程与教学改革的深度。

（二）持续深化了区域课程与教学改革

五育融合理念下,优化音体美劳学科育人的成效研究,选择了基础教育中长期处于小学科、副学科地位,又对学生建构完整人格具有重大价值意义的音体美劳学科,以学科育人为切入点,优化其课程建设与课堂教学策略,以此推动杨浦区课程与教学改革能够稳健而富于成效地走入深水区。

（三）有效促进了学科育人研究由学科走向跨学科

本项目呈现的区域研究路径既是学科的也是跨学科的,开发的核心样例具有学科的独特性又具有跨学科的普遍性,培养的四门学科教师以育人价值为优化教学基点、以创新能力为专业发展重点,从而获得跨学科的专业理解力。

基于学科核心素养的
高中历史教学设计研究

课题负责人：

陈　鑫　上海交通大学附属中学

课题组成员：

杨　磊　上海交通大学附属中学

曹东旭　上海交通大学附属中学

王瀚巍　上海交通大学附属中学

周兴媛　上海交通大学附属中学

金诚至　上海交通大学附属中学

一、背景与价值

2017 年，教育部制订和颁布的《普通高中历史课程标准》中明确提出，高中历史学科的核心素养包括唯物史观、时空观念、史料实证、历史解释、家国情怀五个方面，是学生在学习历史的过程中逐步形成的具有历史学科特征的价值观念、必备品格与关键能力。

随着新的课程标准正式出台，核心素养成为当下中学历史学科教学研究的核心问题，既关注政策方面，也聚焦理论和实践方面。我们希望能够在新课程标准的指引下，结合教学实践，形成由点到线、由线到面的一个整体的、系统的、宏观的教学设计。

"基于学科核心素养的高中历史教学设计研究"这一课题，有助于一线教师适应新的课程结构，在日常教学中更合理地安排教学结构和教学计划，找准各教学环节的定位;理解新的教学内容,逐步适应教材结构和内容的变化,更准确地把握教学重难点;领会新的评价体系,更有的放矢地培养学生的学科能力和素养;依据新的教材和教学设计,重新整合核心素养与教学环节。此外,本课题有助于填补相关研究的空白,能够在适应期为学界提供新的经验,具有一定的推广价值。

二、方法与过程

（一）研究方法

1. 文献研究法

通过查阅文献,了解目前该领域已有的研究成果,明确研究的侧重点和薄弱点,从而全面地、正确地了解和掌握所要研究的问题。

2. 行动研究法

运用行动研究法,将针对历史核心素养培养问题的教学设计,通过在实践中实施、验证、修正而得到研究结果。

（二）实施过程

1. 课题准备阶段

阅读关于高中历史学科核心素养的文献,形成研究综述。讨论课题的目标与实施途径,初步拟定课题结构提纲。

2. 规划实施阶段

梳理教材,分析两本必修教材与三本选必教材的特点,围绕五大核心素养确定研究方向,厘清三级提纲。根据课题组成员自身特色,分配研究任务,撰写研究报告。借助教学比赛、公开课、作业设计比赛等契机,完善研究项目,定期召开课题研讨会推进研究。聘请校内外专家进行开题、中期、结题指导。

三、内容与成果

（一）立足课标下的目标设计

高中历史学科的核心素养,是指 2017 年版教育部制订的《普通高中历史课程标准》中所提出的唯物史观、时空观念、史料实证、历史解释、家国情怀五个方面,是学生在学习历史过程中逐步形成的具有历史学科特征的价值观念、必备品格与关键能力。

针对每一个高中历史学科核心素养,分别从其基本概念、层次要求、注意要素、案例与分析四个方面进行阐述。其中案例既有简单的课堂某一环节,也有完整的侧重某一素养培养的单课教学设计。

（二）单元结构下的教学实践

单元是依据课程标准或课程纲要，围绕主题、专题、话题、问题和活动等选择学习材料，并进行结构化组织的学习单位。在目前的教学实践中，单元的划分一般采用部编版高中历史教材的划分方法，师生依照教材中的单元内容展开教学活动。

2017年底，教育部印发了《普通高中历史课程标准（2017年版）》，2020年5月又作了局部的修订，再次明确其在教学中的指导地位。新版课标在第四章对课程内容做出了要求，与2003年版课标或上海实行的《上海市中学历史课程标准》《上海市高中历史学科教学基本要求》进行对比，可以很明显地发现新版课标对课程内容的规定更为细致。必修部分使用24个小专题取代原有的大模块、大主题；选修部分每个模块各用6到7个小专题细化要求，直接与具体的课程内容和教材内容挂钩。每一个或多个专题可以准确地对应到新版教材的某一单元之中，大部分专题与教材单元一一对应。

这一部分我们从单元设置的基本原则、单元内核心素养的归纳工作阐述单元基本概念；从重点内容的概念、重点内容的确立依据、单元重点内容的把握与突破阐述单元重点内容；从核心问题的概念、核心问题与核心素养的结合、核心问题的教学实施思路、单元教学策略来阐述单元核心问题。

从三维目标到核心素养，从知识点到专题，新一轮课程改革明确了高中历史教学重点从具体的知识向在大情境、大问题之下培养学生核心素养落实的改革方向。单元设计能够改变学科知识点的碎片化教学，实现教学设计与素养目标的有效对接。钟启泉认为，基于单元进行教学设计，可以有效地打破课时主义的束缚，基于核心素养整合不同的教学策略，使学生对知识进行全局性地掌握，避免流于低层次的知识技能训练。以单元为视角把握教学实践，指向了新时代教育发展的需要，是实现立德树人根本任务的有效策略之一。

（三）主题牵引下的教学创意

统编教材在中外历史纲要基础上，设置了选择性必修，分别是《国家制度与社会治理》《经济与社会生活》《文化交流与传播》。三本必修，每本都有一个主题。主题就是该书内容的专业领域的核心。每个主题及其下的每单元、每课的内容都是围绕该专业领域的历史大趋势与特征选择和组织了有代表性的中外重大历史事件。对必修主题的认识，对整本书及其每一单元、每一课的设计都有高屋建瓴、提纲挈领的作用。所以，认识任一模块所在的内容主题对教学内容的设计至关重要。

在主题牵引下,必修教材的关注点集中在以下两个方面:一是学生基础知识的立体化,即建立结构化、网络化的知识体系。二是注重知识的应用性,让学生认识和建构历史发展的大线索、大特征、大趋势。知识的结构化、网络化很重要。知识只有结构化,才有意义、有价值,才能促进学生积极地思考,才能顺利地把学生头脑中原有的知识技能同化与顺应,并内化为新的结构化、网络化的知识技能体系。简言之,碎片化的知识对学生来说没有任何意义,不利于学生的理解和吸收,而且根本不能转化为学生的能力,只是徒费学生的脑容量而已。教学设计的基础理论——认知主义学习理论强调:"学习的结果取决于信息是否能在记忆中用一种精心组织和意义充分的方式贮存起来。"遗忘的原因之一就是"缺乏线索","难以从记忆中提取信息"。所以,教师要彻底告别简单、零碎的知识堆砌,帮助学生构建知识的结构和网络。所以我们对三本选择性必修教材分别进行了主题的梳理、教材整体设计、学生互动活动设计。

(四)学生评价设计与学习使用手册

自新一轮课改以来,新课标对教学评价提出了新的要求,教学评价也日益朝着"以学生为中心"的方向转变。以往的评价体系中,在评价标准方面,单一地关注学生成绩、升学率,易忽视学生的全方位发展;在评价方式方面,主要集中于以考试测验为主的纸笔评价,更注重知识维度所扮演的角色;在评价主体方面,也更倾向于以教师为主体的评价,少有以学生为中心的评价,有较大的局限性,对于评价结果而言,也是升学质量高于一切。随着教育理念的革新,强调评价的多样功能,丰富评价维度,改变评价标准等多种理论和实践更多出现在教学评价之中,毫无疑问,对于高中教学来说,以客观科学为原则,完善多元的科学的评价体系对于促进学生发展而言助益颇多,这也为教学活动的开展指明方向,更好地促进学生发展,使之成为具有高阶思维能力的人。这里,我们从学生评价设计的基本概念与意义、历史教学中学生群体的特点、课堂引导语历史学习能力的培养、学生评价设计的具体实施等方面阐述学生评价设计。针对学生评价使用手册,阐述了手册的特点与价值、使用方法训练并附具体操作与实践案例。

培养面向未来的城市主人

——基于学校市政特色的课程设计和实践研究

课题负责人：

沈　洪　上海市市东实验学校(上海市市东中学)

课题组成员：

郑东刚　上海市市东实验学校(上海市市东中学)

张哲峰　上海市市东实验学校(上海市市东中学)

程付羚　上海市市东实验学校(上海市市东中学)

高　莺　上海市市东实验学校(上海市市东中学)

孙佳音　上海市市东实验学校(上海市市东中学)

钱栋英　上海市市东实验学校(上海市市东中学)

王　晟　上海市市东实验学校(上海市市东中学)

朱　琳　上海市市东实验学校(上海市市东中学)

李薇燕　上海市市东实验学校(上海市市东中学)

赵慧华　上海市市东实验学校(上海市市东中学)

一、背景与价值

（一）顺应人民城市建设的需要

2019 年,习近平总书记来到杨浦滨江提出"人民城市人民建,人民城市为人民"理念,为未来城市建设和发展指明了方向。上海深入践行"人民城市"重要理念,奋力谱写新时代人民城市新篇章,自然迫切需要与城市发展战略匹配的基础教育,通过学校课程建设培养符合人民城市建设需要的未来城市主人。

（二）顺应"双新"改革转变育人方式的需要

新的时代不仅需要新的人才,也需要新的人才培养方式,"双新"改革是推进高中育人方式改革的重要抓手。根据《国务院办公厅关于新时代推进普通高中育人方式改革的指导意见》文件精神,"双新"改革的重点包括课程体系建设和课堂教学改革,特别是要基于学校特色推进课程建设、变革课堂教学,真正培养未来国家和城市发展所需人才。

（三）顺应学校特色创建推进高质量发展的需要

推进高中特色多样化发展是杨浦区教育"十四五"规划中的一项主要任务。市东实验学校是上海市第三批特色普通高中建设项目学校,近年来在"双新"改革背景下,围绕"市政教育"开展特色创建。这必然要求学校基于市政特色完善课程体系、课程实施路径、资源保障机制等,助力学校特色建设,推进学校高质量发展。

二、方法与过程

（一）研究方法

1. 文献研究法

通过查阅文献资料和政策资料,了解"双新"背景下课程建设研究动态、"人民城市"理念内涵,为研究提供坚实的理论基础。

2. 行动研究法

开展基于学校市政特色的课程设计和实施,在实践中不断总结、反思、改进。

3. 调查研究法

调研学生成长需求,立足学生设计课程;跟踪调查课程实施过程、学生素养发展,及时反馈信息,调整研究方案。

4. 案例研究法

收集并分析课程实践的典型案例,提炼经验和启示。

（二）实施过程

1. 准备阶段

（1）搜集并整理文献和政策资料,了解"双新"改革动态以及"人民城市"理念内涵。

（2）结合中学生发展核心素养和"人民城市"理念,解读育人目标和市政素养。

2. 设计阶段

（1）围绕育人目标,结合"双新"要求,开展课程矩阵分析、学生调研,构建基于学校市政特色的课程体系。

(2) 设计国家课程有机融合市政特色、校本课程充分凸显市政特色的课程实施路径,以及学生评价机制和资源保障系统。

3. 实施阶段

(1) 开展课程实施,形成课例(案例)集。

(2) 开展学生素养评价。

4. 总结阶段

(1) 对课程实践工作进行总结,对课例素材、学生评价数据进行分析。

(2) 撰写课题研究报告,并及时改进课程建设、实施、保障。

三、内容与成果

(一) 确立了"四有"城市主人育人目标和市政素养

1. "四有"城市主人育人目标

立足上海建设人民城市提出的"五个人人",即人人都有人生出彩机会、人人都能有序参与治理、人人都能享有品质生活、人人都能切实感受温度、人人都能拥有归属认同,确立学校的特色育人目标为"四有"城市主人,即有品位的城市生活者、有格局的城市文化者、有理性的城市守护者、有能力的城市力行者。

2. 市政素养

育人目标的核心是素养培育。依据核心素养的三大要素(价值观、必备品格、关键能力),结合中学生发展核心素养以及"四有"城市主人育人目标,对"市政素养"进行了界定:是指更具城市主人翁意识和城市归属感,更有对公共事务的敏锐性和责任担当,更能发现城市建设和治理问题,并且更有解决问题的沟通力、协调力、领导力、实践力。"市政素养"具体表现为:

(1) 和谐理念:具备人与自然和谐的可持续发展理念,人与群体和谐的合作共进意识,人与自我和谐的健康生活方式,从而成为有品位的城市生活者;

(2) 家城情怀:认同上海城市文化,能够传承上海城市文化,进行跨文化的国际交流,从而成为有格局的城市文化者;

(3) 服务品格:能够识别公共事务,乐于参与城市建设和治理,善于运用法治思维依法进行城市建设和治理,从而成为有理性的城市守护者;

(4) 实践智慧:善于发现城市建设和治理问题,具有运用现代信息技术创造性解决问题的智慧和能力,从而成为有能力的城市力行者。

（二）构建了基于市政特色的课程体系

1. 高质量架构学校整体课程体系

结合"双新"以素养培育为导向,进一步梳理学生全面发展和个性发展、国家课程和校本课程之间的关系,在高质量落实国家课程基础上,以"融合、嵌入、凸显"三条路径建立起不同类型课程与市政特色的关联,另外还设置兴趣选修课程满足学生多元发展需求,整体架构起学校课程体系,见图1。

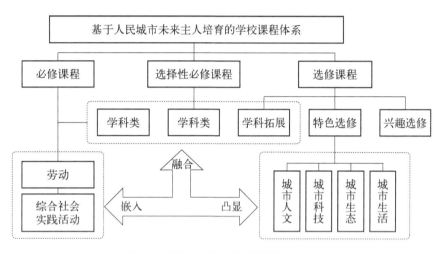

图1　基于市政特色的学校课程体系

2. 高水平建设特色课程体系

1) 搭建"四横三纵一延伸"市政特色课程体系

围绕育人目标和学生发展需求,利用选修课程空间,紧扣上海人民城市建设要求,搭建了"四横三纵一延伸"的市政特色课程体系:

"四横"即四个课程模块,城市生活、城市人文、城市生态、城市科技。

"三纵"即三种课程类型,普及市政基础知识的通识课程、深入市政某一领域的拓展课程、开展市政课题研究的创生课程,呈现"普及-提高-拔尖"进阶性。

"一延伸"即将社团活动作为特色课程的课外实践延伸,回应学生兴趣实践需求。

学校市政特色课程注重跨学科内容整合,《基于市政特色的跨学科课程体系设计与实施》入选2021年教育部普通高中"双新"实施学校建设经验成果汇编。

2) 主题化构建市政特色德育体系

高中新课程方案规定了综合实践活动和劳动的学分要求,成为学校特色育人的重要渠道,有效解决了特色选修课程课时有限的现实问题。学校围绕"人民城市"理念,积极在综合实践活动和劳动课程中嵌入市政主题,形成"城市智造家"社会调研、"城市地图"系列行走、"红色滨江且行且说"志愿者服务、见习居委会书记等品牌活动。

(三)形成了基于市政特色的课程实施路径与策略

1. 细化国家课程校本化实施路径,有机融入市政特色

探索"课程寻策""课堂落实"和"教研支撑"三步走,实现市政特色与国家课程校本化实施的有效对接。

"课程寻策"环节,不同学科根据学科素养与市政素养的关联性、学科教学内容与市政教育内容的可融性等维度,梳理学科与市政特色的结合点,制订不同的实施策略,追求实现"充分展示、自然融合"。

"课堂落实"环节,教师根据学科分类采取针对性教学策略,注重市政素养与学科核心素养互融互补,选择适切内容开展学习活动,形成示范课例。

"教研支撑"环节,以"全员、全学科、全覆盖"的思路,组织各学科在示范课例基础上编写《国家课程校本化实施指南》。

2. 推进"五实"课堂建设,变革教与学的方式

2019年,学校以获得上海市教学成果二等奖的"二段五步教学法"为基础,结合"双新"要求,融入市政特色,构建起"五实"课堂:

➤ 引实例——设置与教学内容相关联的城市生活情境

➤ 探实理——基于文本或现象做启发、互动,格物致知

➤ 重实践——在实践中学会观察、合作、验证、探究

➤ 讲实用——注重知识迁移,举一反三,解决现实问题

➤ 求实效——设计项目化学习,落实学科核心素养和市政素养

2022年以来,"五实"课堂建设从聚焦大单元,到聚焦挑战性学习任务,再到关联"三动"(任务驱动、师生互动、探究主动),形成更具可操作性的实践模型,见图2。

3. 优化特色课程实施策略,开发特色课程学习空间

1)优化校本课程实施策略,凸显市政特色

跨学科项目化学习策略:以城市真实问题为载体,以项目学习为形式,引导学生运用多学科知识解决城市复杂问题,将知识内化为能力与素养。

真实城市场景中的实践研究策略:充分利用市政主题综合实践活动和劳动,带领学生行走城市、实践研究,在与城市共建共享互通互融中学用结合。

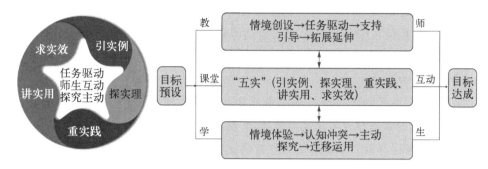

图 2　"五实"课堂教学实践模型

2）开发特色课程学习空间，联动校内校外和线上线下

学校传承吕型伟老校长"两个课堂并举"的理念，在校内布局"市政教育研究中心"，围绕城市生活、人文、生态、科技四大领域开发跨学科学习空间；在校外扩充"3 公里市政教育圈"，将课程学习延伸到周边 3 公里的场馆基地、企事业单位。

学校积极打造市政教育数字化应用场景，引入智能交通沙盘、城市模拟软件、气候变化实验平台，并推进特色课程"云课堂"建设，实现"线下"实验室沉浸式体验与"线上"平台学习相结合。

（四）完善了基于市政特色的学生评价机制

1. 设计特色素养评价彰显市东学生特质

学校遵循"双新"理念，在统一的高中学生综合素质评价之外，又设计了彰显市东学生特质的市政素养评价量表，形成"基础＋特色"的学生素养评价体系。

2. 开发"学习画像"赋能学生成长

学校持续开发"学习画像"，记录学生过程性学习表现和阶段性学习成果，经大数据智能处理形成学生素养雷达图，并将习得素养与生涯发展挂钩，为不同职业定义了必备素养和建议学习课程，帮助学生做好个性化生涯规划。

（五）丰富了基于市政特色的课程资源保障系统

1. 大力弘扬教育家精神，搭建教师成长阶梯

1）传承吕型伟教育思想

学校大力弘扬教育家精神，传承吕型伟教育思想。在 2023 年吕型伟老校长 105 周年诞辰之际，出版《吕型伟与市东中学》，成立吕型伟书院，为学校师德师风建设和教师专业发展注入源头活水。

2）健全教师分类培养机制

面向全体教师，优化校本研修组织机制：按照"内在需求-目标导向-关键问

题-关注过程"的思路,从"双新"背景下"五实"课堂建设实际需求和教师问题困惑出发,确定研修目标和主题,并采用"集体学习＋个人实践"相结合的形式,组织校本培训、教学研讨会、学科教研、教学展示等多样活动,促进校本研修走向规范化、特色化、品质化,解决教学中"双新"与"特色"相融的重难点问题,提升教师教育教学能力。

面向特色专兼职教师,完善跨学科协同教研机制:立足市政特色课程形成相关跨学科教学群,合作制定课程方案,研讨规划教学设计,协同实施教学内容,共同设计课程与教学评价,稳步推进以学生为中心、以项目化学习为载体的学生课程学习和课题研究活动,逐步构建起跨学科校本教研"规划、实施、评价"闭环,实现以研增质。

面向特色骨干教师,探索名师引领成长机制:依托吕型伟书院,聘请特级、正高级教师建立了7个学科及跨学科研习室,带领骨干教师开展主题报告、专著研读、论坛交流、教学展示、课题研究等研习活动,发挥名教师引领作用。

2. 联动家、校、社、城,整合多元育人资源

1)校城联动:深化建设市政教育联盟,引入政府、高校、党建资源

在区委、区政府、区教育局关心支持下,加入杨浦滨江治理联合会;与复旦大学、上海交通大学、同济大学、上海理工大学、上海体育大学、上海健康医学院共建产学研基地联盟;与杨浦区司法局党委、杨浦区律师行业党委联建,成立"律政先锋伴成长"党性实践联盟;与学校周边红色场馆党委联建,成立区域红色文化馆校联盟。

2)社城联动:持续扩容"3公里市政教育圈",共享区域社会资源

借力杨浦"四个百年"资源优势,打造"3公里市政教育圈",广泛联合学校周边3公里的场馆基地、企事业单位,包括杨浦滨江人民城市规划建设展示馆、国歌展示馆、杨树浦水厂、杨树浦发电厂、罗曼照明、联通5G、经纬设计院、南方水中心、上海市药材公司、上海国际货币经纪公司、上海利真汽车公司等,让课程学习从校园延伸到城市。

3)家城联动:有效依托学制贯通家庭教育指导站,活用家长资源

作为上海市家庭教育示范校,学校依托学制贯通家庭教育指导站,邀请家长参与特色课程建设,开发"无人驾驶""数字公民""数字交通绿波带""数字孪生城市"4门市政特色课程,开设8场家长讲坛,并帮助学校落实城市志愿者服务基地。

四、效果与影响

（一）让学生出彩，实现全面而有个性发展

通过市政特色课程学习和实践，市东学子树立起正确的人城观，明确未来城市主人的角色定位，更倾向选择市政相关专业；更具备服务品格和家城情怀，每学年超 300 人次学生参与城市志愿服务活动；也更具备城市建设实践创新能力，近三年学生课题输出量年均 140 个，拔尖学生在专家指导下孵化课题，获得市级多个大赛近 40 个奖项，每年形成近 30 份城市公共空间建设调研报告，汇编《城市智造家》5 册，充分担当起城市主人的重任。

（二）让教师精彩，引领专业成长

随着学校市政特色教育实践持续深入，教师课程开发和教学科研能力都有显著提升，开发 40 余门特色课程，撰写 20 门课程纲要，录制 16 门慕课，其中 8 门区域共享，教师获奖数量以及区级以上各类骨干教师数量显著增加。

（三）让学校多彩，推动高质量办学

学校办学影响力不断扩大、办学质量不断提高，承办上海国际友好城市青少年夏令营、上海青少年网络安全空中课堂启动仪式、杨浦区滨江治理联合会会员大会等多场重量级活动，在中央电视台、"学习强国"平台、上海电视台以及《上海教育》《教育家》等媒体杂志上介绍了学校基于市政特色的课程建设经验，连续 5 年被评为办学先进单位。

认知策略导向下小学高年级英语故事阅读教学的实践与研究

课题负责人：

姚韵斐　上海市杨浦区控江二村小学

课题组成员：

杨　柳　上海市杨浦区控江二村小学

刘佳容　上海市杨浦区控江二村小学

金　勍　上海市杨浦区控江二村小学

李　沛　上海市杨浦区控江二村小学

许　盛　上海市杨浦区控江二村小学

蒋　政　上海市杨浦区控江二村小学

一、背景与价值

随着"双减"政策的推进、新版义务教育课程方案等陆续颁布，学生的主体地位得以进一步凸显，如何令学生积极、高效地学习成为教学研究中的重要命题。《义务教育英语课程标准(2022年版)》中明确指出"学习策略为学生提高学习效率、提升学习效果提供具体方式方法"。已有研究证明，以认知策略为代表的语言学习策略的有效运用对阅读能力的发展具有明显的促进作用，即使是儿童也能进行策略性阅读。

但现实中，有关小学英语阅读认知策略的研究还存在理论与实践脱节的现象，一线教师在阅读教学中往往忽视认知策略的培养或无法对学生进行策略指导。学生在低年段中养成的指读习惯，也造成学生阅读速度过慢、对新词容忍度较低等不良习惯。同时,教师在课堂中对阅读的指导还普遍停留在帮助学生学习生词新句、了解情节,学生缺少必要的阅读方法与策略的训练。

因此,本研究立足文献研究、教材分析与小学高年段学生认知策略发展的现状,构建阅读认知策略框架,借助信息技术对学生学习数据进行采集、统计与分析,探索教学设计中策略训练与阅读活动有机融合的有效路径与方法,使得认知策略相关理论能在小学高年级英语课堂中通过以英语故事为载体的阅读教学得以落实与贯彻,为教师培养学生认知策略运用能力提供有效的支持,引导学生形成策略意识,养成良好的阅读习惯,带动思维与语言能力的发展,为终身可持续性学习奠定基础。

二、方法与过程

（一）研究方法

1. 文献研究法

以“语言学习策略”“认知策略”“小学英语故事阅读教学”为关键词进行文献检索,梳理、分析认知策略导向下小学英语故事阅读教学的研究现状,为本研究提供理论依据。

2. 行动研究法

制定小学高年级英语阅读认知策略框架及表现指标,并依据此进行英语故事阅读教学设计和评价学生认知策略运用能力,通过课堂观察与实验研究检验其合理性和有效性,及时调整,使策略框架及表现指标日趋科学、完善。

3. 调查研究法

开展学情调研,了解本校四、五年级学生阅读认知策略运用的现状,定位研究的起点;在实践推进的过程中,通过师生访谈、问卷调查与阅读测试,了解学生认知策略发展状况与教师教学理念及教学方式的变化情况,为教学成效评估提供依据。

4. 案例分析法

积累典型的认知策略导向下小学高年级英语故事阅读教学案例,归纳和提炼学生认知策略运用能力提升的有效教学策略与训练方法。

（二）实施过程

第一阶段：初步形成阅读认知策略框架

组建课题组,进行文献搜集、梳理,对教材中的英语故事进行筛选、分类与分析,开展学情调研,初步制定小学高年级英语阅读认知策略框架及其表现指标。

第二阶段：积极开展课堂阅读教学实践

依据小学高年级英语阅读认知策略框架,以教材英语故事为载体,开展为期三年的阅读教学实践,采集、统计与分析学生学习数据,积累教学案例,归纳与提炼提升认知策略运用能力的教学策略与训练方法,定期总结与评估,诊断、反馈实施成效,持续改进教学,优化阅读认知策略框架。

第三阶段：全面总结评估研究成果成效

形成小学高年级英语阅读认知策略框架及表现指标,汇编教学案例,统计数据,分析认知策略导向下故事阅读教学成效,全面总结研究成果。

三、内容与成果

（一）认知策略导向下小学高年级英语故事阅读教学理论框架的构建

1. 教材英语故事剖析

梳理板块分布,明确故事分类。本研究在四、五年级四册教材中共筛选出37篇故事。为了更好地为语言学习服务,按内容对故事进行分类,包括寓言故事（Fable）、民间故事（Folktale）、虚构故事（Fiction）、奇幻故事（Fantasy）（见表1）,对作者的写作意图与故事的教育功能进行更深一步的解读,也帮助教师更好地使用故事为语言教学服务。

表1　教材英语故事分类细目表

体裁 (Genre)	故事名称(Title)	板块(Block)	单元(Unit)	年级 (Grade)
Fable	*A thirsty crow*	Read a story	Module 1 Unit 3	4A
	The lion and the mouse	Read a story	Module 2 Unit 3	4A
	The fox and grapes	Read a story	Module 1 Unit 1	4B
Folktale	*The blind brothers and the elephant*	Read a story	Module1 Unit 2	4B
	The piper of Hamelin	Read a story	Module 4 Unit 1	4B
	The emperor's new clothes	Read a story	Module 3 Unit 2	5A
	The toothless tiger	Read a story	Module 3 Unit 3	5A
	Little Justin	Read a story	Module 1 Unit 2	5B

续　表

体裁 (Genre)	故事名称(Title)	板块(Block)	单元(Unit)	年级 (Grade)
Folktale	*The Noise Kingdom*	Read a story	Module 1 Unit 3	5B
	Snow White	Read a story	Module 2 Unit 2	5B
	The path of stones	Read a story	Module 3 Unit 1	5B
	The giant's garden	Listen and enjoy	Module 4 Unit 3	5B
Fiction	*Mid-autumn Day*	Read a story	Module 2 Unit 1	4A
	Henry the dog	Read a story	Module 1 Unit 3	4B
	Tom's clock	Read a story	Module 3 Unit 2	4B
	Tommy's birthday present	Read a story	Module 1 Unit 1	5A
	A big fire	Read and match	Module 4 Unit 3	5A
	Yaz, the food and the fire	Read a story	Module 4 Unit 3	5A
	A magic stone	Read a story	Module 1 Unit 1	5B
	In the Art class	Read a story	Module 2 Unit 3	5B
	George's four seasons	Read a story	Module 3 Unit 2	5B
Fantasy	*Animal School*	Read a story	Module 3 Unit 1	4A
	Panda's Glasses Shop	Read a story	Module 3 Unit 3	4A
	Animal friends	Say and act	Module 2 Unit 2	4B
	The cat and the mouse	Read a story	Module 2 Unit 2	4B
	The old tortoise and the little bird	Read a story	Module 3 Unit 1	4B
	The ugly duckling	Listen and enjoy	Module 4 Unit 3	4B
	Froggy's new job	Read a story	Module 1 Unit 3	5A
	The journey of Little Water Drop	Read a story	Module 4 Unit 1	5A

续　表

体裁 (Genre)	故事名称(Title)	板块(Block)	单元(Unit)	年级 (Grade)
Fantasy	*The sound of the wind*	Read a story	Module 4 Unit 2	5A
	Jim and Matt	Read a story	Module 2 Unit 1	5B
Drama (Folktale)	*Little Red Riding Hood*	Say and act	Module 2 Unit 1	5A

　　归纳故事特征,提炼故事要素。从故事的主要构成要素构成(人物、背景、情节)出发,分析人物形象,明确故事背景,归纳出单一"三段式"、重复"三段式"、叠加"三段式"等情节编排模式。提炼出教材故事中推动情节走向高潮的主要类型"冲突",包括行为冲突、利益冲突、欲求冲突、认知冲突、善恶冲突、价值观冲突等。通过对故事要素与特征的归纳与提炼,一方面,帮助教师更为准确地定义故事内涵,筛选教材中的故事;另一方面,在运用教材故事作为教学文本时,为文本的优化提供了参考与指导。

　　2.阅读认知策略框架构建

　　在充分研读教材,分析学生学情的基础上,参考了中外学习策略分类框架,依据语言学习策略的分类、认知策略的定义,对与阅读相关的认知策略进行梳理与筛选,并对其中一部分表述进行了调整与修改,从而能更为贴切地描述与阅读任务相关的认知策略,并符合小学四、五年级学生的认知能力。提取表述中的"获取信息""推测"等关键词,依据认知规律进行整合与分类,最终形成了"获取信息与理解""预测与推断""归纳与组织""精加工与迁移"四大维度的小学高年级英语阅读认知策略框架(见表2)。

表2　小学高年级英语阅读认知策略框架

分　类　维　度	内　容　要　求
获取信息与理解	1. 通过快速浏览理解语篇大意 2. 通过扫读获取语篇中具体信息 3. 根据图片、图表等非语言信息理解语篇内容 4. 根据标题、关键词、细节描述等文字信息,理解语篇的主题与内容

续　表

分类维度	内　容　要　求
预测与推断	1. 根据标题、图片、图表和关键词等信息,预测语篇的主要内容 2. 通过重读,借助图片、情境和上下文揣测词义或推测句子大意 3. 根据说话人的语调或用词,推断其态度和意图
归纳与组织	1. 利用笔记、图表、思维导图等收集、整理信息 2. 有逻辑地归纳、组织、总结语篇信息
精加工与迁移	1. 在获得的信息与个人的背景知识、经历之间建立有意义的联系 2. 对获得的知识进行迁移与运用

（二）认知策略导向下小学高年级英语故事阅读教学精准设计

1. 开发系列设计工具

开发与设计教材故事文本分析表、阅读认知策略调用表、阅读任务实施表、认知策略评价方案设计表等系列工具,帮助教师优化故事文本,选取有效认知策略,将阅读任务与策略训练有机融合,评估与检视学生课堂表现。

2. 明确设计方法步骤

设计的要点：故事文本优化。以主题意义探究为引领,立足单元整体规划,基于学习目标,将故事作为通往世界的媒介来看,通过分析教材故事、调整故事文本、检视优化效果,挖掘积极的育人价值,使学生的学习经历与社会生活、自然世界联结,对学生树立正确的价值观、健康的审美情趣和道德情感产生积极作用。

设计的重点：认知策略调用。全面考量学习目标、学习内容、学习任务和学生学情,选取适切的阅读认知策略。评估学生的现有基础,结合故事内容,细化认知策略运用要求。

设计的落点：阅读任务设计。通过分解学习任务,确定其内容和方法,将调用的阅读认知策略与阅读任务有机结合,制定认知策略评价方案,促使阅读认知策略在课堂中落地。

3. 运用学习数据支持

学习数据一般是指在学生学习活动中生成的文字、数字、图片、音视频等数据或信息。本研究中的学习数据是指学生在阅读活动中生成的多维度数据,它旨在记录学生学习过程,评估学生认知策略运用效果。学习数据的收集、分析与运用贯穿阅读教学的全过程,对学生认知策略培养起到评估、反馈与驱动的作用。

（1）学习数据对认知策略调用的评估。通过对以往学习数据的分析,教师在进行阅读设计时,可更为精准地判断小学高年级学生认知策略运用的已有基础,并以此为依据,结合教学需求,从认知策略框架中选取合适的认知策略,进一步细化策略运用具体要求。

(2)学习数据对阅读活动表现的监控。在阅读教学中即时生成的学习数据能更为准确地反馈阅读活动中学生理解、掌握与运用认知策略的程度与效果,帮助教师及时调整教学。

(3)学习数据对教学成效反思的驱动。通过分类汇总与综合分析阶段学习数据(包括课堂及时生成的数据与长期追踪收集的数据),教师可更为全面、客观地研判学生认知策略培养的成效,反思教学得失,为下一阶段教学策略与方法的调整与改进奠定基础。

(三)认知策略导向下小学高年级英语故事阅读教学有效实施

1. 探索"读"的方法,改善阅读习惯

开展阅读教学时,重视阅读方法的训练,巧用"小贴士"设计,细化快速浏览与扫读指导;兼顾默读指导,将参与阅读的器官限制在眼睛与大脑,减少语音和动作对阅读的影响,加快学生获取文本信息的速度;融入重读指导,引导学生学会揣测词义,推测句子大意,提升阅读效率,改善阅读习惯。

2. 围绕"读"的过程,促进思维发展

有意识地引导学生在阅读过程中,合理运用认知策略梳理故事信息,厘清故事脉络,能对故事的情节发展做出合理的猜想推测,迁移运用所学,培养学生理解、归纳、概括、推理等能力,带动学生思维发展。

3. 基于"读"的结果,提升语言表达

在故事阅读教学中,指导学生有效运用认知策略,在经历对故事文本信息的获取、理解、加工、内化基础上实现输出,强化情感体验,关注表达逻辑,组织语言,夯实语用,从而逐步提升语言表达能力。

四、效果与影响

(一)实践成效

研究选取本校四年级两个平行班,分别作为实验班和对照班。实验班进行认知策略导向下的英语故事阅读教学,对照班沿用常规的阅读教学,不特意渗透认知策略训练。

在阅读速度方面,根据研究前调查数据,对照班平均阅读速度为每分钟105 个单词,略高于实验班的每分钟 103 个单词,但经过近两年的教学研究,实验班平均阅读速度达到了每分钟 151 个单词,而对照班则为每分钟 139 个单词。实验班平均阅读速度上升幅度达到 46.6%,显著高于对照班的 32.3%。

在阅读能力方面,根据定期阅读水平检测的数据统计,实验班的学生在揣测词义、获取语篇信息的练习正确率总体呈现出明显上升的趋势,相较于对照班的学生表现更为突出。实验班学生在理解语篇主题与内涵,归纳、总结语篇主要内容,预测、推断情节发展等方面的表现也优于对照班学生。

在阅读心理方面,通过问卷调查和课堂观察也发现,实验班学生无论在阅读情绪、阅读态度还是阅读行为方面相较于对照班学生显得更为积极主动。

总而言之,学生对"获取信息与理解""预测与推断"维度的认知策略运用总体表现更佳,而对认知层级较高的"归纳与组织""精加工与迁移"维度的认知策略,班级中呈现两极分化的趋势。这也引发教师对今后教学研究的思考:针对更高层级的认知策略,需要通过更为科学与细致的学情调查与分析,针对策略运用上更为灵活有效的学生,发现与提炼可迁移的共性经验,设计符合学生自身能力的多元阅读任务,搭建有梯度的学习策略支架,精准设计认知策略评价,支持与鼓励不同学习层次的学生合作学习。

（二）社会影响

《认知策略导向下小学高年级英语故事阅读教学的实践与研究情报综述》在上海市教育科学研究院普通教育研究所主办的 2021 年"中小学幼儿园课题情报综述"征文评选中荣获三等奖。

2022 年 4 月于《教育传播与技术》杂志发表《学习数据支持的小学高年级英语阅读认知策略培养》一文,并于同年 10 月被"中国人民大学复印报刊资料"全文转载。2022 年 4 月 26 日在杨浦区小学英语教研活动中公开交流研究成果《认知策略导向下小学高年级英语故事阅读教学的实践与研究》。

海派美术资源在高中美术教学中的开发与应用

课题负责人：

潘　玮　上海市杨浦区教育学院

课题组成员：

王思遐　上海财经大学附属中学

沈晓萍　上海市同济中学

王　婧　复旦大学附属中学

姚　媛　上海理工大学附属杨浦少云中学

一、背景与价值

（一）新时代美育精神的要求

在全面贯彻落实党的二十大精神，建设教育强国的征程上，教育工作者使命在肩、责任重大。高中阶段是人生的"拔节孕穗期"，需要教师精心引导和栽培，我们需立足教师教育主责主业，充分发挥美术学科育人特色，帮助学生建立养成从文化的角度观察和理解美术现象的习惯，认识中华优秀传统美术的文化内涵，坚守文化立场，坚定文化自信，进而建立终身发展和社会发展所需要的必备品格和关键能力。此项研究，力图通过海派美术资源群的建设，实现这一目标。与此同时，开发和应用海派美术资源对促使美术课程向具体学习任务转换、加强课程与地方文化的联系、强化教学与现实生活情境的关系、拓展美术课程的空间、发展学生美术学科核心素养等都具有深远的意义。

（二）文化传承发展的需要

海派文化以"海纳百川"为个性展示，植根于中华传统文化，融汇吴越文化等中国其他地域文化的精华,同时吸纳消化西方文化因素,创立了富有独特个性的新文化。在当今全球经济一体化的大环境下,学生正受到西方文化意识形态和现代社会商品经济功利化价值观念的不断冲击,对海派文化的了解和认同显得尤为重要。因此,开发和应用海派美术资源,将其融入高中美术教学,对于传承和发展海派文化具有重要意义。

二、方法与过程

（一）研究方法

（1）文献研究:学习和检索相关专著,结合教材,尝试建设具有海派主体性的美术资源。

（2）调查研究:通过问卷和访谈,了解学生对海派的认识和期望。基于此,逐步在课程中渗透海派资源,并进行跟踪和后测,评估学生的学习效果。

（3）行动研究:通过学科研讨,找到海派文化在国家课程中的渗透点。同时,通过课堂实践、分享展示、论坛交流、案例收集等方式,实现项目的深度推进和有效实施。

（4）经验总结:梳理、归纳和整合,形成"海派美术资源群"。重点从"国家课程"和"海派美术资源课程群"两方面进行总结,使"海派美术资源群"体系架构更加序列化和梯度化。

（5）案例研究:通过对学生的跟踪调研和评价,收集成长案例。同时,组织教师参与实践,形成研究案例。

（二）实施过程

1. 准备阶段

（1）相关文献的收集与整理。

（2）对高中美术教学中海派相关应用情况的调研与分析。

2. 规划实施阶段

（1）海派美术资源在国家课程中的渗透点研究:① 撰写渗透海派美术的教学设计,分享交流;② 开展磨课、听课和研课活动;③ 结合核心素养,开展研讨,研究海派美术在国家课程中的渗透点;④ 邀请专家指导,完善渗透点。

（2）海派美术资源的本土研究:主要在海派绘画、建筑、服饰、红色电影等方面形成海派美术资源的单元设计和应用案例,编制海派美术资源课程群。

3. 课题结题阶段

构建海派美术资源库,初步为教学提供更丰富的资源,促进学生的文化理解,完成具有地域文化特色的课程群建构。

三、内容与成果

通过三年的实践探索,随着海派美术资源库目录架构的完善与实施,海派美术资源的学习和应用优化了高中美术课程资源,提升了学生对上海这座城市的认知与理解,增强了地域文化的认同与热爱。主要成效体现在以下三个方面:

（一）建构并完善高中美术教学的海派美术资源

通过研究探索总结出海派文化与国家必修课程、选修课程有机渗透和整合的海派文化特色资源群框架结构（见图1）,更加充分地发挥了课程资源育人的作用。一是将散落于教材中的海派美术资源进行具有地域文化特色的解读、串联和整合。二是通过研究,逐步建构起相对完整的海派美术资源目录体系,把散落在美术鉴赏、绘画、中国书画、雕塑、设计、工艺、现代媒体艺术与海派特色相关的课程内容进行梳理、整合、拓展,使海派美术资源更加丰富多样,更加序列化和梯度化,推动高中生的审美判断与发展。三是通过研究将单一的资源转为多元,使原先相对比较单一的海派资源相关课程更加多元,既有内容的多元化,实施路径的多元化,也有评价方式的多元化,更有呈现形式的多元化,使海派美术资源的应用更有鲜明的地域特色和海派文化内涵。

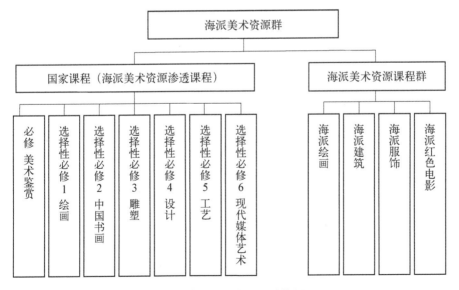

图1 海派美术资源群结构图

1. 国家课程(海派美术资源渗透课程)

在国家课程的实施过程中,研究团队以海派文化为脉络,梳理教材中带有上海百年美术教育特色的相关内容,引导学生共同体验、认知并感悟海派文化的精髓。

2. 海派美术资源群

团队重点关注了海派绘画、海派建筑、海派服饰等方面,建立了海派美术资源课程群,填补高中美术教学海派文化教学内容的缺失。促使海派美术资源融入高中艺术课程活动的各个层面,有利于培养和发展高中学生对海派文化的热爱之情,对教师关注时代需求、关注海派文化开展相关工作具有实践参考意义。这些资源群包括:

(1)海派绘画:梳理了从 19 世纪中叶至今的海派绘画发展历程和代表人物,选择了适合高中生的海派画家和作品进行资源整理。

(2)海派建筑:整理了上海开埠以来的有地域文化特色的海派建筑资源,特别是杨浦学子身边的海派建筑资源。

(3)海派服饰:以海派旗袍为代表,介绍了其诞生背景、款式面料、剪裁特点等,展示了海派服饰的独特魅力。

(4)海派红色电影:整理了贯穿新中国电影发展史的海派红色电影资源,形成了 30 余部教学资源并在课程中加以应用。

(二)探索海派美术资源应用评价,促进学生文化理解

立足高中学生的学习兴趣和年龄特点,尝试制定高中美术课程中各年级海派美术资源的教学内容。以单元探究为教学模式,开展海派美术资源在高中美术教学中应用研究,为高中艺术课程中海派美术资源的应用,促进学生核心素养的培育提供实践经验。

1. 海派美术资源群应用评价原则

(1)评价目标的多维。

(2)评价内容:应涉及多个领域,包括课堂上、家庭中或者是在社会活动中的表现等等。

(3)评价主体的多元:课程的评价主体至少包括任课教师、学生本人、家长等三个方面的人员,多个角度呈现评价的客观公正性。

(4)评价手段的多样:① 课堂反馈:课上鼓励学生乐于分享,养成交流的习惯,同时培养学生自我觉察、表达的习惯。② 档案记录:学生的课堂生成性成果(不限于美术课,任何包含学生文化理解的材料比如作文都可以)等。③ 研学

实践：在城市行走过程中的反馈与体悟。

2. 对海派美术资源应用于课堂的评价

1）针对教学的内容由学生参与评价反馈

学生1：我的父母分别来自四川和山东，虽然我生长在上海，但是我不会说上海话，老上海文化对于我而言非常遥远。在老师教授了海派建筑和海派电影课程后，我开始发现，原来海派文化就在我身边。我开始感受到它的魅力和影响力，一扇通向海派文化的大门逐渐向我打开。最重要的是，我开始认识到海派文化的包容性和强大的生命力。海派文化融合了传统的文化元素与现代的创新思维，这种结合为我今后的发展提供了无限的灵感和启发，使我更加自信地迎接时代的挑战。同时，也更加珍惜上海这座城市及其独特的文化遗产。

学生2：作为一名新上海人，我对海派文化的理解仍在不断加深和探索中。最初，海派文化对我来说有着一种陌生感和距离感。虽然我知道海派文化是上海独有的，但在刚来到这里的时候，我对它的了解非常有限。通过参观一些历史建筑、了解海派绘画名家等，我渐渐开始感受到海派文化的独特魅力。尤其是海派建筑的砖木结构、洋楼风格、石库门、老式弄堂等，让我逐渐走进了老上海人的真实生活，逐渐感受到了海派文化的独特性和魅力。

学生3：海派文化对我来说是一种独特的身份认同感。作为一名上海籍学生，海派文化是我家乡的象征，也是我自豪的源泉。无论是走进老式弄堂，还是聆听亲切的上海方言，我都能感受到海派文化所带来的亲切感和归属感。这份归属感让我深深地爱着这座城市，也愿意为之付出努力。

通过各方学生的实际反馈，我们认为，海派美术资源在高中美术教学中的实施，促进了学生了解、认识海派美术资源，帮助高中学子初步领略海派美术资源之精髓，感悟海派文化"海纳百川"之用意；了解美术与文化的密切关系；认识海派文化内涵及独特艺术魅力的同时，传承并发扬优秀传统文化。它能够丰富学生的艺术体验和审美情趣，促进学生的创造力和表现力的发展，与此同时，海派美术资源对于学生的文化身份认同和自我表达也具有重要意义。在高中阶段，学生正处于自我认知和身份塑造的关键时期。通过学习，学生可以更好地认识和理解地域文化，增强文化自信。

2）课程实施调研评价

不定期开展资源应用课程实施调研评价，通过询问了解课程内容、教师授课态度方式等状况、学生收获体会，进一步了解课程实施过程中的具体情况，为海派美术资源的推进和调整打下基础。

3）专家评价指导

本研究充分利用杨浦区"登峰计划"海派美术名教师研习基地等各类契机，聆听海派艺术大家对海派美术资源在高中美术教学中开发和应用的评价和指导，不断修正和完善课程建设。

（三）提升教师对海派文化的理解及专业发展

在课题推进过程中，课题组也引导教师有意识地在教育教学中渗透海派文化。在此过程中，王婧老师的课题"将现当代艺术创作引入高中艺术教学的实践探究"在探讨现当代丰富的艺术形式和创作方式的同时，尝试将现代艺术资源与传统美术资源，特别是与海派美术资源进行结合与发展，例如有的同学在创作过程中融入其对海派建筑的探究，有的同学则运用电子插画将海派旗袍进行创新设计和发展。此课题作为市级课题于 2020 年 12 月获得上海市青年教师课题三等奖；2022 年 1 月，王思遝老师完成的区级课题"基于高中美术核心素养的海派美术资源的开发与应用——以海派旗袍为例"，深入探讨了海派旗袍这一重要的海派美术资源在高中美术课程中的实际应用，对后续海派美术资源在课程中的实际应用，起到了有效的示范意义和参考价值。

教师实践感悟：

教师 1：自毕业后来到上海工作已有数年，通过这次课题研究，我终于有机会深入了解上海的文化，深刻体会到了海派文化的独特魅力。尤其是在课程中积极运用海派美术资源，这不仅使我对海派文化有了更深刻的理解，而且让我深深感受到它在不断变化的时代中展现出的强大生命力。突然意识到这就是无数年轻人向往上海的原因。海派文化是融合传统积淀与时代前沿创新于一体的文化。这些领悟都是在我投身课题研究和课程开发之前未曾领悟到的。

教师 2：作为一名生在上海长在上海的本土教师，我对于上海这座城市有着很深的感情。参与海派美术资源课题的研究和应用教学实践的过程，对我来说也是一个学习的过程，这也让我重新认识和理解了这座城市。上海作为一个历史悠久的城市，拥有丰富的海派文化资源。通过介绍上海的海派建筑、海派服饰、海派绘画等，我和学生们都了解到上海城市的文化特色，了解到海派文化的形成背景、发展历程以及传统价值观的体现。也逐渐认识到海派文化代表着上海城市的历史、地位和精神。如：在国际交流活动中，我们上海的学生会非常自豪地来介绍我们的海派旗袍。而外国师生们也饶有兴趣地试穿着海派旗袍。在这共同体验海派服饰的互动过程中，我们发现海派旗袍不仅仅是服饰，更体现了东方美学与现代时尚的融合。它丰富的款式、面料、剪裁,在一百年来不断地创新发展,不断地吸收和融合中西方新的美学思想,在不同时代呈现出了绚丽多彩的艺术魅力,让我们从服饰认识到了海纳百川的海派文化内涵。进而让我们对海派文化产生了浓厚的兴趣和认同感,让我们意识到自己作为上海人应该对本土文化有更深入的了解,肩负起传承和推广的责任。

由此可见,海派美术资源库的建设推动了全员参与的地域文化教育工作队伍建设,组织架构更加完善,形成了海派美术资源拓展小组、海派美术资源实践小组等。教师运用海派美术资源开展教育教学活动的意识在不断增强,教师专业发展有动力,师生在海派文化的浸润中有较高的归属感和幸福感,文化融入美术教育特色进一步凸显。

四、效果与影响

(一)作品展览

在复旦附中教育发展基金会和复星艺术中心 annex 空间高校项目的资助下,项目组于 2022 年 9 月举办《"观察者"学生作品展》,于 2023 年 10 月举办《"问思"学生作品联展》,展览中许多学生作品将海派美术资源与现代创作形式相结合,将海派书画、建筑、旗袍等学习资源进行再设计和创作。

(二)社会影响

1. 以论文和案例的形式,撰写小结并输出研究成果

本课题结题报告在上海市教育科学研究课题结题中被评为良好等级,课题主持人潘玮老师的论文《海派中国绘画在艺术课堂中的美育价值》获上海市中学艺术学科课程与教学研究成果征集与评选活动一等奖;课题组成员沈晓萍老师带领高中学子走进上海老弄堂,2020 年 2 月,实践案例"同飞蓝天"助力梦想》发表于《上海教育》;2022 年 3 月,王思遐老师的《从 VR 视角探秘陶瓷文化——虚拟陶艺课在高中传统艺术实践中的运用》发表于《上海教育技术装备》2022 年第 1 期,《数字化海派美术资源在线上教学中的应用——"以非遗传承——海派旗袍"一课为例》发表于第 2 期;2022 年 4 月课题主持人潘玮老师的《海派美术资源在高中美术教学中的开发与应用研究》发表于《文化产业》期刊。

2. 通过各类讲座,辐射研究成果

潘玮老师于 2020 年 10 月—2022 年 11 月在虹口区教育学院、松江区教育学院、青浦区教师进修学院、杨浦区五角场街道社区学校等大专院校举行"浅谈海派绘画""浅谈海派文化""海派文化与海派美术教育"等讲座；2020 年 12 月，在"走进艺术宫项目常态课程"中开展在线公开课"海派绘画——吴昌硕"，在师资培训中心组织的"名师云南行"中开展讲座"文化是美术教育的根"。

基于核心素养的小学生涯教育
课程体系建构研究

课题负责人：

郑岭梅　上海市杨浦区政立路小学

课题组成员：

杨　红　上海市杨浦区政立路小学

宋媛媛　上海市杨浦区政立路小学

金　燕　上海市杨浦区政立路小学

顾佳佳　上海市杨浦区政立路小学

杨蓓佳　上海市杨浦区政立路小学

吴习红　上海市杨浦区政立路小学

忻蓓芳　上海市杨浦区政立路小学

陈桢哲　上海市杨浦区政立路小学

顾欣怡　上海市杨浦区政立路小学

陈　坚　上海市杨浦区政立路小学

一、背景与价值

（一）落实上海生涯教育改革精神

2018 年 3 月 20 日，《上海市教育委员会关于加强中小学生涯教育的指导意见》提出了"构建大中小幼有机衔接，内涵丰富、科学适切的生涯教育内容体系"等总体目标，以及开设生涯教育课程等具体实施路径。本课题贯彻落实这一政策要求，科学、系统、适切地建构小学生涯教育课程体系。

（二）探索小学生涯教育实践样例

上海市生涯教育已有诸多探索，但是离系统、科学、适切建构还有较大空间。本课题以杨浦区政立路小学实践为基础，为上海市小学生涯教育尤其是生涯教育课程化建设提供指导和参考。同时在大中小幼一体化理念下，为衔接初中阶段生涯教育提供借鉴和基础。

（三）不断创新优化学校育人举措

学校秉承自立教育，凝练确立了"学会自立，生动成长"的育人理念。希望重点解决三方面的问题：其一，从助力学生"适应当下，面向未来"的角度丰富学校育人内涵；其二，系统建构育人体系，科学、系统、有效助力学生"学会自立"；其三，从学校、家庭、社会资源整合的角度，为学生提供丰富的体验平台，让学生千姿百态、丰富多彩地进行自我展示、自我生成、自我超越。在这一背景下，探索建设五年贯通的小学生涯教育课程体系，为后续实施生涯教育奠定坚实的基础。

二、方法与过程

（一）研究方法

1. 文献研究法

围绕"核心素养""小学生涯教育"等关键主题，对国内外相关文献进行收集、整理及分析，为研究奠定良好的认识基础。

2. 调查研究法

通过问卷调查，厘清当前校内实施生涯教育的资源，以及当前小学生的生涯发展现状与需求。通过调研及对比分析，评估课程效果。

3. 行动研究法

本研究将行动研究贯穿始终，在课程实施的过程中不断调整优化原有关于课程目标、内容、资源和评价的相关设计，边探索行动，边反思成效，边调整完善。

4. 案例研究法

建立对部分学生的案例研究，深入分析课程对学生的适切性、有效性，进而评估课程效果，并优化完善原有设计。

（二）实施过程

1. 准备阶段

对国内外相关文献进行收集、整理及分析，并对这些资料进行数量和主题上的梳理、总结。通过问卷调查，厘清当前校内实施生涯教育的资源，以及当前小学生的生涯发展现状与需求。

2. 实施阶段

建立生涯教育教师种子团队,在专家引领下,依据核心素养完成课程目标体系、内容体系的完整设计和实施。以三年级为试点,逐步铺开,最终实现一到五年级系统的建构。

3. 结尾阶段

完善核心素养下的 1—5 年级小学生涯教育课程方案与学习资源库的课程资源建设,评选优质生涯教育课例。总结提炼已有研究成果,撰写报告。

三、内容与成果

(一) 形成了小学生涯教育课程目标体系

参照国内外生涯教育成熟经验,基于"人文底蕴、科学精神、学会学习、健康生活、责任担当、实践创新"六大核心素养的内涵,结合学校和学生实际,将课程目标分为四大维度,分别是"自我觉察与人际互动""自觉学习与综合运用""自发探索与信息整合""自主决策与素养提升"。

自我觉察与人际互动:觉察个人能力、偏好等,发展自我认知,形成积极的自我概念;理解人际互动中的特点、差异等,培养人际沟通、团队合作、建立支持系统的意识与能力。

自觉学习与综合运用:体验学习的乐趣,探索习得适合自己的学习方法与策略,达成小学阶段学业成就;联系学习与生活,探索学习在各行各业中的应用,理解多元学习、学业成就对未来发展的价值和影响。

自发探索与信息整合:探索校园、周边、各行各业、当下时空发展趋势,以及初中生活;尝试信息获取的多种渠道,学会甄别、检验、整合、运用各类信息。

自主决策与素养提升:学习自主选择、决策与制定、达成目标的意识与技能;提升综合素养,为适应当下与未来发展做好准备。

通过研究,进一步梳理、明晰四大维度的内涵,结合各年级学生身心发展特点,将核心素养内涵与生涯教育内涵有机融合,整体建构,分年级分解(见图1)。

根据各年级不同的特点,对 1—5 年级在"自我觉察与人际互动""自觉学习与综合运用""自发探索与信息整合""自主决策与素养提升"四大维度设计了具体的内涵。

1. 一年级课程目标

一年级的学生刚刚从幼儿园进入校园,初次接触学校学习,班集体意识、规则意识比较淡薄。在一年级,注重培养学生的规则意识、交际习惯,带领学生认

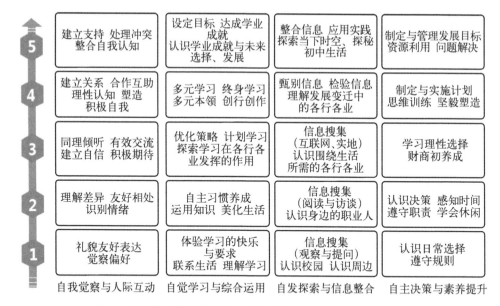

图1 政立路小学生涯教育四大领域内涵及1—5年级螺旋分解

识校园及周边环境和设施,理解学习的意义。一年级的四大维度具体内涵如表1所示:

表1 一年级生涯课程目标

四大领域	分年级内涵	课程目标
自我觉察与人际互动	礼貌友好表达	学习友好表达,合理表达自己的需求、感受、请求等
	觉察偏好	觉察自己的偏好等特点
自觉学习与综合运用	体验学习的快乐与要求	理解学习及其意义,发现、表达学校生活中的乐趣,了解学习活动的各项要求
	联系生活 理解学习	学习将所学与生活建立联系,理解学习、知识的价值
自发探索与信息整合	认识校园 认识周边	熟悉校园和周边环境,适应小学生活
	信息搜集(观察与提问)	通过观察、提问等,了解社区、校园周边、上学路上的职业人
自主决策与素养提升	认识日常选择	认识到生活中充满各种选择
	遵守规则	学习和遵守校园里、日常生活中的规则

2. 二年级课程目标

二年级的学生已经具有了集体意识和规则意识,还需要培养他们与他人交际的能力和自主学习的能力。该年级的学生还处于具象思维阶段,可以通过直接的访谈来培养学生搜集信息的能力。二年级的四大维度具体内涵如表 2 所示:

表 2　二年级生涯课程目标

四大领域	分年级内涵	课　程　目　标
自我觉察与人际互动	识别情绪	能够觉察开心、忧伤、害怕、生气等各类单一情绪和复合情绪,以及情绪对生活的影响,学习合理表达情绪
	理解差异　友好相处	认识到人与人之间在偏好、擅长等方面的异同,及其对人际沟通的影响,学习接纳、包容、分享,友好相处
自觉学习与综合运用	自主习惯养成	学习养成自主学习习惯,体验自主学习的乐趣与价值
	运用知识　美化生活	培养尝试将所学运用于生活之中,体验学习的价值
自发探索与信息整合	认识身边的职业人	尝试通过阅读和访谈他人的方式搜集信息,了解家庭成员的职业角色,了解社会中的各类职业及其价值,思考自己当前的理想职业
	信息搜集(阅读与访谈)	
自主决策与素养提升	认识决策　感知时间	认识到生活中做出选择之后会带来的影响,并学习理性、积极做出、参与各类决策 学习感知时间,积极参与、体验家庭日常、家庭节日、校园节日等
	遵守职责　学会休闲	认识学校里的各种职责,遵守自己应尽的职责 了解休闲是每个人的基本需要,学习各类休闲活动,积极休闲

3. 三年级课程目标

三年级的学生在心理和思维上都处于一个转折时期。孩子情感从外露、浅显、不自觉向内控、深刻、自觉发展,由具象思维向抽象思维过渡。同时,学习上也发生了较大的变化。因此,对于三年级学生的培养,应加入"思考"的元素,让学生提升自己的学习能力、交际能力、信息能力、选择能力以及理财能力。三年级的四大维度具体内涵如表 3 所示:

表3　三年级生涯课程目标

四大领域	分年级内涵	课程目标
自我觉察与人际互动	建立自信　积极期待	认识到自己能够做很多事情,开始形成积极的自我概念与期待
	同理倾听　有效交流	有意识地换位思考,倾听他人,学习以"我信息"与他人交流互动
自觉学习与综合运用	优化策略　计划学习	意识到有多样的学习策略,并尝试优化调整;尝试制定和实施学习计划
	探索学习在各行各业发挥的作用	发现学习在各行各业、生活领域发挥的重要作用,并主动尝试、探索实践
自发探索与信息整合	认识围绕生活所需的各行各业	发展对各类职业的好奇心,初步体验不同职业的工作职责与能力要求,认识衣食住行等生活各领域的多样性
	信息搜集(互联网、实地)	学习运用互联网有效搜索信息,尝试通过实地考察搜索信息
自主决策与素养提升	学习理性选择	发展自主、理性选择的意识与能力,能够陈述自己做出的选择与原因
	财商初养成	学习合理分配金钱、理性消费,初步认识到"让钱生钱"的一些方法及其收益-风险

4. 四年级课程目标

四年级的学生已经从被动学习向主动学习转变,有了自己的想法。在目标的设计中,应提高学生的思维能力,培养学生的合作关系,掌握解决问题的多种方法。四年级的四大维度具体内涵如表4所示:

表4　四年级生涯课程目标

四大领域	分年级内涵	课程目标
自我觉察与人际互动	建立关系　合作互助	认识团队,学习如何在团队中合理分工、贡献个人力量,积极应对分歧
	理性认知　塑造积极自我	理性认知到个人的成长、发展,构建积极的自我概念与发展期待

续　表

四大领域	分年级内涵	课　程　目　标
自觉学习与 综合运用	多元学习 终身学习	认识到学习的广泛性、多样性,尝试积极从家庭、校园、社会大环境中积极学习,树立终身学习的观念
	多元本领 创行创作	尝试用自己的本领、经验、思考等,进行创意、创新、创造活动,体会多元学习的价值
自发探索与 信息整合	理解发展变迁中的各行各业	体验各类职业角色,了解社会发展变迁中,各行各业的兴衰、价值
	甄别信息 检验信息	尝试根据目标搜集信息,甄别信息来源,检验信息真假,并尝试分析、整合信息
自主决策与 素养提升	制定与实施计划	学习制定、完成小目标,以及如何在意料之外的事情来临时,积极调适
	思维训练 坚毅塑造	练习发散思维,完成一物多用等思维训练 在不断解决问题的过程中,塑造坚毅品格

5. 五年级课程目标

五年级的学生处于小升初的阶段,对未来生活充满期待。同时,五年级也是学校的毕业年级,代表着学校的毕业生形象。因此,五年级的四大维度具体内涵如表5所示:

表 5　五年级生涯课程目标

四大领域	分年级内涵	课　程　目　标
自我觉察与 人际互动	整合自我认知	能够从多个方面,以发展性视角,客观、理性认识自己
	建立支持 处理冲突	学习积极求助,友善助人,探索构建自己的支持系统 学习应对冲突的态度和方法
自觉学习与 综合运用	设定目标 达成学业成就	为自己设定小学阶段的学业目标,并努力达成
	认识学业成就与未来选择、发展	认识到学习、成绩、学业成就与未来选择、发展的关系,培植努力学习、终身发展的意识

续　表

四大领域	分年级内涵	课　程　目　标
自发探索与信息整合	探索当下时空 探秘初中生活	碰触时代,认知当下时空,探索当今时代的特点、发展趋势、对人才的需求等,形成个人生涯发展的憧憬与思考 探索、了解初中阶段的学习与生活
	整合信息 应用实践	通过多种方式搜索信息,进而分析、整合、运用信息,思考、探索个人发展
自主决策与素养提升	制定与管理发展目标	综合对自己的认识、社会需求等,制定个人发展目标与策略,并尝试达成
	资源利用 问题解决	建立对问题的积极认知,坚信方法总比问题多,并尝试利用各方资源,积极解决问题

（二）建构了四大模块课程内容

1. 四大模块课程

围绕上述目标,开设了"生涯主题成长,我能行""校园小岗位,我能行""职业微技能,我能行""美好生活,我能行"四大模块课程（见图2）。

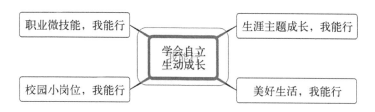

图 2　小学生涯教育四大模块课程框架图

"生涯主题成长,我能行"模块期待以丰富的生涯主题,落实核心素养,提供学生必要的生涯发展认知、技能、态度、理念指引。本模块开设"思维导图""学会选择""时间管理""财商搜商"等课程,培养学生的自理自立能力,让孩子们在学习中进一步看到学习的价值和意义。

"校园小岗位,我能行"模块开设"小小主持人""图书管理员""小小裁判员"等课程,让孩子们尝试校园里的一个个专业岗位,真正成为校园的小主人。

"职业微技能,我能行"模块兼顾传统职业和新兴职业,开设"游戏策划师""小小收纳师""旅游定制师""小小气象员"等课程,为学生提供丰富的职业微体验,点燃他们的梦想。

"美好生活,我能行"模块,以"排行榜制作""AI产品用户体验""'潮'时代"为主题,引导孩子由内及外关注生命健康、衣食住行、周边生态以及当今时代发展。

"校园小岗位,我能行""职业微技能,我能行""美好生活,我能行"三大模块课程采用项目式教学方法。课程设定联系学生经验、社会生活、时代发展的综合实践活动供学生选择,引导学生循着个人关注,探索当下时空,在真实情境中综合运用所学知识探究、分析、解决问题,体验与思考个人选择与发展,培养有理想、有本领、有担当的时代小主人。

2. 分年级具体课程

1) 一年级课程内容

一年级学生由于刚开始小学阶段的学习,对于课程学习和校园生活都还处于适应阶段,因此课程内容以校园学习适应为主。另外,考虑到一年级学生的拼、读能力还薄弱,因此生涯课程内容主要以绘本阅读的形式来开展(见表6)。

表6 一年级生涯课程内容安排

课 程 维 度	生涯主题成长,我能行	美好生活,我能行 (上学期)	美好生活,我能行 (下学期)
自我觉察与人际互动	独一无二的你 动物园变得其乐融融 ……	书包变形记 教室大不同 校园"植"友藏身处 校园午餐好时光 运动找不同 底楼多功能教室大揭秘	我给书包减减肥 装扮教室庆六一 我为小树挂小牌 春游食物我会选 运动后身体发生的变化 校园地图绘制
自觉学习与综合运用	美术馆里遇到数学 爱书的孩子 ……		
自发探索与信息整合	上学简史 我居住的小镇 ……		
自主决策与素养提升	大卫上学去 和甘伯伯去游河 ……		

2) 二年级课程内容

相比一年级学生来说,二年级学生基本适应了学校的学习、生活,跟班上同学也有了比较多的相处,因此课程主题更多地从学生日常生活、交往、班级活动中来选择(见表7)。

表 7　二年级生涯课程内容安排

课 程 维 度	生涯主题成长,我能行	美好生活,我能行（上学期）	校园小岗位,我能行（下学期）
自我觉察与人际互动	我们的"喜欢"与"暂时不喜欢" 我们的"擅长"与"暂时不擅长" 我情绪,我表达 他情绪,我看到 ……	我的一天 爸爸/妈妈的一天 祖辈的一天 老师的一天 校园岗位的一天 校外岗位的一天	护绿小卫士,我来当 图书角管理员,我来当 卫生监督员,我来当 节能小管家,我来当 光盘行动示范员,我来当 多媒体管理员,我来当
自觉学习与综合运用	班级成长手册 小立立直播间之认识爸爸妈妈的职业世界		
自发探索与信息整合			
自主决策与素养提升	无处不在的选择 小选择,自己定 和好朋友一起的休闲时光 我们家的休闲时光 ……		

3）三年级课程内容

三年级,"生涯主题成长,我能行"模块设计了"思维导图""学会选择""财商搜商"等课程内容;"校园小岗位,我能行"模块设计了图书管理员、主持人等课程内容;"职业微技能,我能行"模块开设了博物馆讲解员、小小烘焙师等课程内容;"美好生活,我能行"模块开设了"今天,你扔对了吗""我型我秀"等课程内容,见表8。

表 8　三年级生涯课程内容安排

课 程 维 度	生涯主题成长,我能行	校园小岗位,我能行/职业微技能,我能行（上学期）	美好生活,我能行（下学期）
自我觉察与人际互动	我能够 我可以试试 ……	（校园小岗位） 图书管理员 小小主持人 电子邀请函制作 小小裁判员 （职业微技能） 小小烘焙师 博物馆讲解员 ……	今天,你扔对了吗 我型我秀 绿色家园一起造 小立立去哪儿玩 小小运动家 宝藏零食排行榜
自觉学习与综合运用	初识思维导图 思维导图进阶 ……		

课 程 维 度	生涯主题成长,我能行	校园小岗位,我能行/ 职业微技能,我能行 (上学期)	美好生活,我能行 (下学期)
自发探索与信息整合	信息搜索知多少 百度搜索的"魔法" ……		
自主决策与素养提升	不同的选择,不同的结果 我选择是因为 选择之后 我为金钱分分队 ……		

　　4)四年级课程内容

　　四年级在课程内容选择方面增加了抽象逻辑思维训练方面的内容(见表9)。

表9　四年级生涯课程内容安排

课 程 维 度	生涯主题成长,我能行	职业微技能, 我能行 (上学期)	美好生活,我能行 (下学期)
自我觉察与人际互动	我们的团队有目标 我们的团队有分工 ……	小立立侦探社 小小游戏设计师 旅游策划师 小小气象员 小小配音师 小小收纳师	智能摄像机用户研究 智能头盔用户研究 智能平衡车用户研究 智能水杯用户研究 智能音箱用户研究 智能手环用户研究
自觉学习与综合运用	家庭生活中的多样学习 校园生活中的多样学习 ……		
自发探索与信息整合	真假信息,辨辨辨 有效信息,辨辨辨 ……		
自主决策与素养提升	小目标的力量 当意料之外来临 ……		

　　5)五年级课程内容

　　五年级学生是小学毕业年级,因此在课程内容方面增加了对过去生活的总结和对未来生活展望方面的主题内容。同时,结合学生发展特点,带领学生触摸时代,理解时代(见表 10)。

表 10　五年级生涯课程内容安排

课 程 维 度	生涯主题成长,我能行	美好生活,我能行(上学期)	职业微技能,我能行(下学期)
自我觉察与人际互动	求助与助人 我的支持网络 我就是我,不一样的花火 我就是我,不断成长的我 ……	共享时代,来了! 美丽志愿者时代,来了! 零碳生活时代,来了! 新媒体时代,来了! 主播时代,来了! 新国潮时代,来了!	共享,让生活更美好 有志　有愿　等你来 小学生零碳生活指南 我们这五年 我是立立小主播 国潮时代,来了
自觉学习与综合运用			
自发探索与信息整合			
自主决策与素养提升	你好,问题 找出“真”问题 ……		

（三）整合了丰富的校内外课程资源

1. 校内资源

前期调查表明,学校青年教师背景专业较为多元,涉及法学、计算机、金融、化学等多个领域,这为我们开设多样性、专业性的课程提供了有力保障。学校将这些背景多元、对生涯课程有兴趣的青年教师组建成生涯课程“种子”教师团队,成为课程开发的主力军。如体育专业的老师开设“小小裁判员”课程;美术专业的老师开设“新国潮时代,来了!”课程等。

2. 高校资源

学校坐落在杨浦大学城,隶属五角场街道,周边高校资源、场馆资源等都十分丰富,这为我们的校外活动提供了外部保障。通过调研,周边高校与我校合作的意愿也比较强烈。目前我们所开展的“图书管理员”课程、“博物馆讲解员”课程,都充分利用上海财经大学的场馆及师生资源,课程实施效果好,周边反响热烈。如“图书管理员”这一课程,带领学生走进上海财经大学图书馆,体验大型图书馆,认识书籍的排列规则,学习索书号,了解索书号在定位图书位置中所发挥的重大作用。

3. 场馆资源

积极探索周边公园、社区等资源。学生们通过实地走访、信息搜寻、调查研究和分析,在体验中解决问题,提升核心素养能力。如"小立立去哪儿玩",通过实地考察,根据所得到的信息进行筛选和分析,制作"政小周边公园排行榜之_____榜"。

4. 家长资源

课程的实施和推进过程中,家长资源进入的意愿也比较强烈。如"小小收纳师"邀请收纳职业的家长进入课堂,担任课程专家,给学生提供直观的感受。

(四)制定了课程评价体系

课程基于四大领域内涵与分年级目标,学生身心发展特点,以及课程课堂活动任务,设定具体的评价内容与形式。

1. 评价主体

完成任务的过程中,学生自己、同伴、教师、家长等都可以作为评价主体发挥作用,实现学生自我能力的提升。如"小小营养师",设置了学生对年夜饭提出建议的任务,这就需要家长参与其中,对学生的表现进行评价。

2. 评价指标

课程以表现性评价为主。在生涯教育课程建构的过程中,随着教育部《义务教育课程方案(2022年版)》的发布,学校积极探索将生涯教育课程转化为综合实践活动课程。根据每学期生涯教育目标,从"价值体认""责任担当""问题解决""创意物化"四个评价指标出发,结合具体的课程内容,选择适当的评价项目,进而设定总体任务、要求及评价细则,并在第一节课、学生活动手册中向学生公布。如"博物馆讲解员"课程设置了为上海财经大学货币博物馆的展品进行讲解的任务,在"问题解决"这一维度,选取了"计划制定"和"信息处理"的评价维度。

四、效果与影响

(一)学生:培育发展核心素养,提升综合能力

在课程学习中,学生根据自己的兴趣学习了活动策划、小记者等知识,他们能够在这些活动中发挥自己所学,自主组织活动。通过五年的学习,学生认识自己、认识社会、认识世界,在发现问题、解决问题的过程中,培育和发展核心素养,提升综合能力。据上海市小学学业质量绿色指标,学生学习自信心、国际视野、高层次思维能力等指数明显上升。

(二)教师:激发专业潜能,提升教育科研能力

学校生涯教育建设课程过程中,组建教师学习共同体,引导、助力教师获得基于行动的专业研究力培育,基于浸润体验的课程领导力提升,以及深化育人理

念等方面。认知层面的转变推动教师的专业提升。据上海市小学学业质量绿色指标,学生反馈教师教学方式在鼓励探究、因材施教、互动教学等方面,指数均显著高于区域平均水平。

（三）学校：打造生涯品牌,形成特色发展

学校以生涯为特色,横向擘画学校育人画卷。结合学科教学、劳动教育、导师制工作、心理健康教育、校园文化建设等工作,让生涯的理念融入学校教育的各个环节中。生涯课程在区域形成辐射效应。如在"学生创新思维和综合能力培育"专场作《指向'素养立意'的生涯校本课程设计思考》发言,"小小烘焙师""游戏设计师"等课程在区域展示交流,多项案例获奖。生涯相关活动受到"人民网""上海发布"等多家媒体的报道和转载。上海电视台新闻综合频道《课外有课》栏目对学校生涯课程进行了专访。

幼儿园科学教育课程的开发与实施

课题负责人：

曹海红　上海市杨浦区控江幼儿园

课题组成员：

徐爱华　上海市杨浦区控江幼儿园

周　玥　上海市杨浦区控江幼儿园

仲晓艳　上海市杨浦区控江幼儿园

一、背景与价值

培养幼儿科学素养已是时代发展对幼儿教育提出的新要求。更新教育理念，踏上幼儿科学教育创新之路，开发符合幼儿年龄特点的、为幼儿未来发展赋能的、能激发幼儿主动探索的幼儿园科学教育课程和实践路径势在必行。聚焦"激发幼儿主动探索"，本课题主要基于四方面需要：第一，基于现代社会发展的需要，培养面向未来的幼儿及社会发展需要的人才。第二，基于幼儿科学教育探索的需要，让幼儿真正成为科学活动的主人，在他们心中埋下爱科学的种子。第三，基于控江幼儿园特色课程突破的需要，特色课程不仅姓"特"，即彰显本园个性，特色课程还应姓"变"，即顺应时代的发展。第四，基于教师科学教育专业素养提升的需要，实现科学教育对幼儿发展的深层价值。

课题研究的价值主要体现在两方面：一是具有学术性价值。完善认知理论，论证幼儿不仅有食物、睡眠等生理需要，更有主动探索、寻求刺激的求知需要。二是具有应用价值，更好地促进幼儿科学素养发展，主动探索，体验过程，爱上科学;更好地提升教师科学教育素养,将科研与日常教育实践紧密结合,促成理念和行为快速更新;完善幼儿园科学教育课程,引领科学启蒙教育园本特色课程迈向新阶段。

二、方法与过程

（一）主要方法

1. 文献研究法

查阅国内外相关文献资料,力图准确了解幼儿园科学教育课程开发已有研究现状,把握前沿情报和研究方向。

2. 行动研究法

在实践中循环往复论证,开发和架构起"激发幼儿主动探索"的系统性、一体化幼儿园科学教育课程体系。

（二）研究过程

1. 准备阶段（2020 年 11 月——2021 年 2 月）

查阅相关资料,学习相关理论,理解相关定义和内涵,并作出初步的概念界定。了解国内外幼教界在科学教育方面的经验,认识本课题研究的价值。

2. 实践阶段（2021 年 3 月——2023 年 6 月）

研究实践由全园共同完成,其中领导组负责顶层设计、把握方向和细化任务,科研组、教研组与后勤组既明确分工,又相互配合。

过程中对研究成果相关的典型案例进行剖析、反思,继而完善成果;在不断"提炼-实施-调整-改进-再提炼"的循环往复研究中,提炼出最优研究结果。

3. 总结阶段（2023 年 7 月——8 月）

收集、整理研究过程性资料,并形成档案汇总,以此为素材撰写研究总报告。

三、内容与成果

科学启蒙教育办园特色要夯实基础,才能走得长远。基于幼儿科学启蒙核心素养培育、传承基础上的实践之路,需要做好顶层设计,核心、关键的内容一定要想在前、想明白,这样的课程才是有灵魂的课程。适切的顶层设计需要研究教师的原有经验,利用教师的教育智慧。

为此,课题组将 45 名教师作为对象设计调查问卷,以了解教师对幼儿科学教育核心元素和对科学教育课程开发依据的认知情况,收集教师科学教育经验。100％教师认为"激发主动探索"对幼儿园科学教育活动是重要的,说明教师具备从儿童立场看待课程,将幼儿作为活动主体的理念。教师认为"主动探索"的表现包括问题意识、收集信息、联系已有经验、建构知识、管理自己和协商合作 6 项。说明全体教师对幼儿科学教育中的主动探索有较全面的认识。教师对于幼儿园科学教育课程开发的依据认识存在差异,部分教师补充将"儿童最近发展区"作为依据,说明这些教师具有在发展区提供"脚手架",帮助幼儿"跳一跳"的意识。

调查综合分析发现,幼儿园科学教育课题开发有基础,部分教师对幼儿主动探索和科学教育课程认知还不完整,但研究热情高涨,贡献已有经验 30 多条,主要涉及实施策略、材料提供、幼儿指导等方面。问卷调查成为研究的底色,助力收获成果的基础。

(一)明确了幼儿园科学教育课程创新开发的依据

(1)依据幼儿年龄特点与学习特点。

(2)依据《3—6 岁儿童学习与发展指南》"科学领域"价值取向和目标。

(3)依据《上海市学前教育纲要》相关目标和要求。

(4)依据幼儿"最近发展区"的理论与思想。

随着《幼儿园保育教育质量评估指南》颁布,其导向和相关内容也成为课程创新开发的依据。

(二)架构了幼儿园科学教育课程目标体系

幼儿园科学教育课程要挖深基础,才能不断向上攀升。科学教育课程目标首先要"基于幼儿、基于发展",同时深刻理解和贯彻《3—6 岁儿童学习与发展指南》《上海市学前教育纲要》等幼儿科学教育导向,落实其核心价值。课题组反复综合研判,构建了控江幼儿园科学教育课程的总目标,如表 1 所示:

表 1　科学教育课程总目标

维　度	核 心 素 养	总目标与要素
情感态度	有好奇心和探究热情,有初步的科学精神和态度	1. 有好奇心和探究热情 2. 有初步的尊重事实的态度 3. 有关爱和保护环境的意识 4. 乐于进行创造性的思考和活动
过程方法	有对探究和解决问题策略的感性认识	1. 有初步的探求未知的能力 (1)观察探索和发现问题

续　表

维　度	核 心 素 养	总目标与要素
过程方法	有对探究和解决问题策略的感性认识	(2) 推理和预测 (3) 实验并记录有关信息 (4) 解释与交流 2. 有初步的技术设计的能力 (1) 确定一个简单的问题或目标 (2) 提出解决或设计方案 (3) 实施方案或实际制作 (4) 设计的评价与交流
知识经验	获得有关周围事物及其关系的经验,并愿意在生活中使用	1. 能探究和认识身边的物质和材料,了解常见的科学现象 2. 关注和初步了解生命与生命过程 3. 关注和初步了解环境与自然现象

　　基于幼儿年龄特点,我们对应总目标核心素养和要素,分解并形成各年龄阶段目标。

　　(三) 开发了幼儿园科学教育课程内容模块

　　高位设计并架构目标之后,课程开发领导小组把握方向,确立了课程开发的基本原则、方法,以此推进课程模块的科学性。

　　1. 开发原则

　　(1) 快乐探究原则。快乐是一种积极情感体验,能让幼儿的探究活动更专注、更努力、更生动、更高效,对探索事物更感兴趣。

　　(2) 联系生活原则。幼儿对生活中熟悉的、身边的事物最感兴趣,最易激发探索的热情。反之,教师也将科学教育渗透生活场景中,激发幼儿开始科学探索的最初动因。

　　(3) 直接体验原则。根据幼儿年龄和学习特点,开发以"身体参与和亲身经历"为表现形式,以"体验和感悟"为内在特征的探索内容。

　　2. 课程内容模块及其价值取向

　　研究遵循原则、分工协作,对原有科学教育资料进行归类和提炼,形成园本课程七大内容模块,各模块内容和实施形式各有不同,但又有机整合和链接,形成多元、统整课程体系,见表2。

表 2 课 程 体 系

模块名称	内 容 要 点	实施形式	价 值 取 向
学习主题中科学活动	1.《学习活动》主题中的科学活动素材点 2. 幼儿生成点	集体学习 个别化学习活动	主题核心经验与科学教育有机融合,以横向拓展和纵向深入结合方式开展科学活动,培育幼儿科学核心素养的同时,推动学习主题的进程
科学专用活动室活动	七大板块科学核心经验(光影、磁和力、空气、电、声音、水、人体)	活动室自主学习	广阔空间里施展手脚,充分享受科学探究过程,获得广泛科学经验,萌发科学兴趣。
户外"拾"趣科学活动	开发利用校舍十大户外场地空间进行科学探索活动。分部:灵灵操场、屋顶露台、沙水天地。总部:银杏树下、樟树周周、HAPPY树屋、沙水大棚、小控院子、长颈鹿花园、控控操场	户外科学探索活动	挖掘和运用阳光风雨、动植物、场地等各种自然条件户外科学活动,丰富体验。
亲子科学游戏嘉年华	1. 园本优质亲子科学游戏素材库 2. 家长设计的亲子科学游戏	亲子科学游戏	让幼儿感受亲子探索科学的氛围,让家长了解科学启蒙教育核心价值,协同培育幼儿科学素养
"天天玩科学"活动	1. 操作小实验 2. 亲子家庭科学小游戏视频分享 3. 热点科学视频分享	五分钟集体分享	基于经验,拓展资源
科学周活动	开幕式、游园会、创客比拼、亲子游戏、博物馆日、闭幕等系列活动	结合六一周,有主题开展全园性系列科学探索活动	开阔视野、增长知识,为幼儿的精神世界打上科学底色
"STEM＋"项目活动	1. 基于幼儿生成问题的科学探索项目 2. 园本化"STEM＋"项目活动资源库活动	"STEM＋"项目式学习	将"STEM＋"理念与课程相融合,通过创造性实践来提升科学教育创新意识

（四）梳理了激发幼儿主动探索的幼儿园科学教育课程模块实施要点

"主动探究"是科学教育课程实施目标,也是科学素养培育的核心。课题组不断复盘实践,提炼出课程实施中激发幼儿主动探索的策略:营造主动探索的活动氛围;关注问题情境的跟进探究;建构满足探索需要的物质环境;引发探索过程的深度思维;引导合作学习的自我管理;积聚家园共育的协同作用。具体实施中,结合每个模块不同特质,聚焦重点、创新方法,形成实施要点。

1. 学习主题中激发幼儿主动探索的科学活动实施要点

教师在关注学习主题显性脉络的同时,也思考其背后的隐性脉络,将主题核心经验与科学核心素养有机融合,以横向拓展和纵向深入结合的方式开展科学活动,培育幼儿科学核心素养的同时,推动主题进程。

集体科学活动中要凸显主动探索,关键要解决"怎么教"的问题:重问题情境、重深度思维、重动手实验、重高低结构活动的有机转换。

个别化学习活动中开辟班级科学角,营造可探究的环境——激发幼儿主动探究的前提。科学投放材料,经验和体系并重——搭建幼儿主动探究的鹰架。内容设计需求化,关注学习主题素材点——落实幼儿主动探究的载体。

2. 科学专用活动室活动中激发幼儿主动探索的实施要点

（1）科学专用活动室的空间打造——聚焦科学,激发主动探索、乐于发现。空间的科学元素打造,感受浓浓的科学味道;空间的合理规划布局,构建开放的活动区域。

（2）科学专用活动室的材料投放满足需求——支持幼儿项目式探究。材料适宜,符合年龄特点;材料多变,满足持续探究;材料多元,拓宽探究广度和深度;主辅搭配,引导操作走向开放。

（3）科学专用活动室活动的交流分享——趣味交流,持续提升幼儿经验。① 交流分享价值把握。巩固已有经验;共享同伴经验;提升表达能力;获得自信体验。② 交流分享组织形式。现场演示式;走动观摩式;结对交流式;问题传递式。③ 交流分享过程要点。细心观察,寻找有价值的分享资源;结合实际,聚焦问题的解决策略;启发思维,坚持开放的分享方法。④ 交流分享成效自判。是否围绕游戏目标,关注鲜活的游戏过程;是否找准教师定位,支持交流分享进程;是否突出分享重点,持续提升幼儿经验。

3. 户外"拾"趣科学活动中激发幼儿主动探索的实施要点

挖掘自然资源,基于幼儿探究兴趣,巧思游戏内容。配置探索装备,追随幼儿探究需求,满足游戏体验。打破区域边界,延续幼儿探究热情,支持游戏创新。

4. 亲子科学游戏嘉年华活动中激发幼儿主动探索的实施要点

把握年龄特点,"玩"中激趣。挖掘家长潜能,激"活"资源。结合当下主题,同"步"课程。

5. "天天玩科学"活动中激发幼儿主动探索的实施要点

基于幼儿经验,多维度选内容。追寻科学原理,组织形式多样。拓展课堂资源,多元主体参与。

6. 科学周活动中激发幼儿主动探索的实施要点

基于幼儿兴趣萌发的需求。满足幼儿开阔视野的需要。依托多种形式融合的联动。

7. "STEM+"项目活动中激发幼儿主动探索的实施要点

顶层设计,项目本土化实践。有机融合,主题创新式探索。

(五)形成了幼儿园科学教育课程实施评价体系

以三方评价全面获取幼儿发展现状、能力倾向、学习方式等个体信息,反思激发幼儿主动探索的科学教育课程的适切性,不断聚焦"主动探索"优化课程。

(1)教师作为评价主体,有利于抓准幼儿"最近发展区",反思科学课程实施效果,提升科学课程实施中的专业自信。

(2)幼儿作为评价主体,有利于了解幼儿对园本科学课程的真实需求和感受,有利于更聚焦"主动探索"完善课程体系。

(3)家长作为评价主体,协同教育。

四、效果与影响

课题研究以来,我们欣喜地看到三个人群在发生变化:

第一,幼儿更加喜欢科学游戏,专注探索过程,发现问题会思考,解决问题能合作,充分感受到科学的有趣和有用。

第二,教师科学教育理念在变化,学会从幼儿感兴趣的内容、有价值的问题、重整合的理念出发去引导、倾听和欣赏幼儿的主动探索。

第三,家长的育儿观念在转变,他们理解并认同科学教育的价值取向,主动加入课程实施,与教师一起支持幼儿主动探索。